TANIGAWA KENICHI COLLECTION 2

谷川健一コレクション 2

わが沖縄

I わが沖縄―初期評論3

II 琉球・沖縄・奄美と日本

谷川健一

冨山房
インターナショナル

目次

Ⅰ　わが沖縄［初期評論3］

『叢書わが沖縄』のはじめに　11
沖縄の思想の生活的視角　13
今日の沖縄にも関連――S・W・ウィリアムズ著　洞富雄訳『ペリー日本遠征随行記』　17
問題を〝持続する志〟――大江健三郎『沖縄ノート』　19
『沖縄・辺境の時間と空間』あとがき　21
強者となる思想を――復帰前年に思う　23
島の思想・沈黙の岩盤　26
空間と時間の不可逆性　34
ヤポネシアと常民　39
琉球弧の解放とは何か　43
「沖縄」を考えるために　57
無視された〝沖縄の心〟――問われる日本人の罪　61
祭の熱狂と沈黙　64

「沖縄学」と「アイヌ学」の今後にあるもの——同化から異化への志向　67
奄美の風土を通しての贖罪——『島尾敏雄非小説集成Ⅰ　南島篇1』　71
スケッチ入れ楽しく——恵原義盛『奄美生活誌』　74
二重の疎外から生まれる視座——『伊波普猷全集』　75
海彼の原郷　79

Ⅱ　琉球・沖縄・奄美と日本

もう一つの沖縄をめぐって——世界観　上中下　99
機織りのうたにある悲話　108
三井楽紀行・常世幻想　111
「海上の道」考　117
この絵本について　131
沖縄への鉄器伝播　136
南西諸島の神観念を明らかに——住谷一彦　クライナー・ヨーゼフ『南西諸島の神観念』　139
沖縄の地名——本土並み変更の誤り　140

恩納ナビの琉歌――柿本人麻呂を想起させる村娘の技法　143
深まりみせる「南島論」　146
沖縄の離島にみた奇跡の神事――久高島のイザイホー　149
琉球弧の世界観　153
琉球と日本古代の巫女文化の比較照応――倉塚曄子『巫女の文化』　164
本のなかの本――長田須磨『奄美女性誌』　165
空白の近代八重山群島史――三木健『八重山近代民衆史』　167
神々の遊び　170
大神島の祖神《ウヤガン》祭り　173
奄美のシマウタ――このたびの旅　177
アイヌと「うるま」　179
渚の民俗学　181
ことばと民俗　189
宮古島にひびく人間讃歌――宮古人頭税廃止八十五周年記念講演　198
南島の村落生活と神　207
古琉球と伊是名　225

草荘神の古型　231
南島の深い闇　234
丹念な作業をもとに――平敷令治『沖縄の祭祀と信仰』　237
学恩の論文集『神・村・人』の刊行に寄せて　239
「南島学」の提唱――宮古ゆかりサミットによせて　241
柳田国男と沖縄――沖縄の発見　244
奄美の魂　246
沖縄　248
沖縄の神々と人びと　253
日本人の他界観　257
宮古島の神と森を考える――シンポジウムを終えて　287
宮古島の神と森を守るために　290
宮古島の神と森　293
宮古島の神と森　296
神の嫁となる夜　299
「沖縄の根」とは何か　301

「南島自治文化圏」への提言　304
不思議なことが日常にある島　307
悠々たる琉球弧の歩み　308
人頭税廃止運動の記念のために　311
辺境の島の祖神祭――心に残る旅　317
アイヌと南の島が交流――宮古島で「神と自然」を考える催し　319
比嘉康雄君を悼む――沖縄人の哀歓とらえる　321
「神の島」愛した民俗研究家の遺言――比嘉康雄『日本人の魂の原郷　沖縄久高島』　324
琉球文化の栄光　325
神・人・自然が織りなす悠久の島々　330
ご挨拶――歌碑建立除幕式にて　344
宮古島と私の歌碑　346
大交易時代の誇り高い王国――渡英子歌集『レキオ　琉球』　349
ウタキ〈神の森〉を守るために――原初の生命宿して　351
実行者の魂　笹森儀助　353
国境　海の境界へ――与那国島と波照間島　357

島の人々の夢を誘うユートピア幻想　359
南島交易と博多――琉球・南蛮貿易への始点であり終点であり　363
宮古島のノロシ　365
英祖王と高麗・南宋　367
明るい冥府　371

付記　379

I

わが沖縄

［初期評論3］

『叢書わが沖縄』のはじめに

「叢書わが沖縄」は日本の中でも特異な歴史体験を有する沖縄の社会を総体として把握するためのいくつかの基本問題を提出することを目的としている。

第一に、いわゆる「沖縄学」の先達ならびに芸術家たちが主体的にどのような形で沖縄にかかわりあったかをとりあげ、そのもっとも端的な具体例として沖縄における方言と標準語の問題をめぐる論争を紹介する。

第二には、沖縄社会の起源をめぐって、人類、考古、言語、民俗などの諸学問の分野をあげての白熱する論争をとおして、沖縄と本土との始源における共同の体験に照明をあてる。

第三に、その後、本土とはなれて独自の歴史を歩んだ沖縄社会とはいかなるものであったかを、最小単位である村の古型と信仰の伝承論理をさぐることで詳細に究明する。更にそれを裏付ける報告記録を別巻に併録する。

第四に、沖縄が諸学問の分野においてどのような位置をしめるかを測定するために、最新の研究成果を集成して、沖縄学の将来を示唆する。

第五に、沖縄の思想とは何か、という現代において火花の散る根源的な問いを、状況に対峙して苦闘しつづける本土・沖縄の知識人の発言をとおして訴える。

以上、列挙した諸点はどのようにして選出したか、編者として一言しておきたい。

いま何度目かの琉球処分を強いられた沖縄が、たとい政治的、経済的にやぶれても思想的に勝つための

「終りなきたたかい」を開始するにあたって、沖縄の存在が日本人にとっていかなる意味をもつかを、一切の状況論的な視点を排除してふりかえってみる必要がある。沖縄が日本文化の根源にかかわる主題を現存させていると同時に、日本民族にたいする最もするどい問いを発していることは誰しも否定することはできない。この沖縄のもつ双面は、けっして無関係ではない。にもかかわらず沖縄に関心をもつ人びとは、本土と沖縄とを問わず、沖縄の固有の部分と変化する部分とを切りはなして自己の立場を形成し、一方を見逃しがちであり、沖縄がその全存在をあげてたたかおうとしていることの深い根拠をさぐろうとすることが不足していたのではなかったか。

しかし考えてみれば、沖縄が変貌する状況に対応しつつ、たたかいを本質的により高い次元へとすすめていく内発的な力の所在を問題にするとき、沖縄を疎外され差別され犠牲になったという被害者の観点からのみ捉えて、その内発的な力の根源を沖縄の社会の基層に求めようとしないほうが、かえってふしぎではあるまいか。今や、沖縄の社会に内在する固有な論理を除外して、沖縄問題の核心に触れることは不可能な段階に到ったことを確信せざるを得ない。

沖縄の小社会にみられる原質は、それを拡大すれば日本列島に適用することが可能である。固有の文化においてより日本的であり、しかもその異質の歴史がそだてた文化は、過去における日本文化の可能性の実験とみることができる。本土を相対化する決定的な鍵をもつ地域であるという意味で、沖縄は日本人にとって自己を映す鏡である。その強制された苦悩の人間的な高さにおいて沖縄は本土を撃つ普遍性を所有している。本土よりも、より日本的であり、同時に本土よりも、より普遍的な存在として、沖縄は日本人には完全に対象化することができにくい。ここに沖縄が日本人の意識の中に占める独自の位相があると私には考えられる。

沖縄は、日本人のもっとも醒めた頭脳と熱い心臓をうばいつづけてきたし、これからもうばうだろう。そうした意味で沖縄を呼ぶのに「わが」という呼称を用いるのは、それ以外に適切な呼び方がないと考えるからである。

（谷川健一編『叢書わが沖縄』第一巻　木耳社、一九七〇年三月）

沖縄の思想の生活的視角

(1) 沖縄の思想は最高の次元においてなにがしかの解放の思想とつながらなければならないし、最低の次元においてなにがしかの生活の思想を含まねばならない。

(2) しかし解放の思想も生活の思想も、それがどのように論じられようとも、沖縄のおかれた時間と空間を抜きにしては考えることができない。

(3) 南島では自己の生活圏――それはリーフ（珊瑚礁）の内側の島である――の周囲を異空間にとりまかれている。したがってその外側に出ればそこは異郷であり、そこからおとずれるものは異族である。

(4) この異空間にたいする牽引と反撥、そこから訪れるものにたいする款待《かんたい》と警戒の二重意識が日常化している。

(5) この二重意識は、外界からもたらされるものは、すべて恩恵として受けとると同時に、それにたいして懐疑の念をなくすることはなかった。たとえば寄木の神というように、木に乏しい島では波打際にうちあげられる材木は大切にされたが、一方それは悪霊がついたものとして悪霊よけのまじないをすることを忘れない。

(6) 海の彼方に異空間と異質の時間を意識するとき、そこには同化と拒絶の二重意識が同時にはたらく。

(7) 鋭敏な異族意識は異空間からおとずれるものを異族とおもうと同時に、相手にとって自分が異族であると考える方向性をもつ。同一化の心情も、それを拒否する論理もそこから発生するところが少なくない。

(8) 南島のばあい、時間は空間を媒介としてしか認識できない。ある島から他の島にむかって容易に渡航できないとき、その空間は時間として認識され、記憶の中に集積し、回流または沈殿するほかない。

(9) 渡航できるとしても、その距離を克服するためのさまざまな条件を必要とする。たとえば、潮や風や、それから道具としての舟など。このとき時間は空間と切りはなすことができにくい。

(10) しかも南島の空間はたんに現実的なものでなく、異空間を含むことによって象徴的なものである。つまりそれは一つの「世界」を形成し、表現する。

(11) 水平神から垂直神への交替がおこなわれても、水平神の信仰が根強くのこるのは、南島では空間を媒介にしてしか時間を認識できないということがある。

(12) 太陽《てだ》の観念でも、本土とちがうのは、それが異空間との境目である水平線からのぼることに神聖な意味がもとめられることにある。

(13) 太陽《てだ》は南島では農業神としての色あいは本土よりもはるかによわい。本土のように同質の世界の頂点に君臨するというよりは、それが非日常的観念をおびた世界の代表者であるという意識がつよい。日神の妻である巫女が非日常世界の代表であるように。

(14) 農業神としての太陽は、本土では神、天皇、それから常民とをむすぶが、その中間的存在には使用されない。

(15) ところが沖縄では太陽《てだ》の呼称は、巫女、国王、按司、権力をもつ役人といったように、権威または権力の代表として社会の各層に使用される。

(16) このことは天皇が常民と農業社会の祭儀と民俗意識を共有しているのにたいして、沖縄の国王がそれを欠如していることと対照的である。

(17) 本土のばあい、天皇崇拝の残像が民衆のあいだに根深くのこっているのにくらべて、沖縄の民衆の尚家にたいする崇敬が琉球処分以後百年足らずして霧消していることによって理解される。少なくとも先島に関するかぎり、尚家にたいする追惜や思慕の念はひとかけらも見当らないといって差支えないとおもう。

(18) 南島では太陽は農業神としての役わりをはたさない。珊瑚礁の地質は水田耕作に適しない。殺人的な暑熱をふりまき、水不足にさせる存在としての太陽は、感謝の対象にはならない。ながい雨は本土の農業では最大の障害になるが、南島ではむしろ日照りのもたらす干魃がおそろしいのだ。

(19) もともと水のとぼしい痩地に適するのは粟であって、米ではない。したがって米には特別に神聖な観念がこめられたにちがいない。南島民の日常の生活の基調をなすものは粟だったはずである。粟に関する祭をふくめた農耕儀礼が多いのには、深い意味があると考えねばならぬ。

(20) 干魃や台風によって珊瑚礁の島はたちまち飢餓におとし入れられる。水飢饉も深刻である。したがって、大部分の島々は長期間の孤立に耐えることができない。

(21) そこで一つの島から他の島にわたる原衝動が触発される。

(22) しかし沖縄の離島は舟を作る木にめぐまれていない。沖縄本島の北部をのぞけば、石垣島、西表島のような大きな島が船材に適する木を自生させているにすぎない。そこで他の島は、宮古本島や多良間島を含めて、船材を求めて石垣島や西表島にわたるということがおこなわれた。とくに西表島は繁茂する原生林と、豊富な水と沃土をもつ島として先島の統一の求心力の中心となったと考えられる。

(23) 船材を伐木し農具をこしらえること、そのためには石器では充分でなく、鉄器が不可欠となった。鉄の輸入は南島に生活革命をもたらした。

(24) 異空間からおとずれる舟がニライから農作をもたらすものとみなされ、「カネ」「カニ」という鉄器に関係ある者を先島の神々が負うように、南島の生活に重要なものは、たんに物質的なものでなく、精神的なものとみなされた。つまり「舟」や「粟」「稲」「鉄器」などは南島民の生活のもっとも基本的な物資であるが、一方それらは非日常的な聖なる空間に所属するものであり、これらの移動や伝播を追求することは、琉球王国の形成過程を知る上に重要な手がかりになる。

(25) そのほかに「黒潮」と「回游魚」の問題がある。先島をとおって北上する黒潮は二つに分れて一つは紀州沖にむかい、他は九州西海岸をさらに北上しつづける。したがって南島の全体を把握するには奄美および九州の西海岸を含めて考えなければならない。

(26) 南島の空間の二重性、それをつなぐための「舟」、舟をつくる「船材」、「粟」および「稲」、「鉄とその製法」「回游魚」などは、「異族」ならびに「異郷」とのコミュニケーションの母胎となったものである。このばあいの牽引力と斥力とを分析することが、沖縄の生活の思想を解放の思想へと昇華させる有力な方法であると私は考える。

なお、本巻に収録させていただく予定であった吉本隆明氏の書き下しは、優に一冊をなす見通しとなったので、「叢書わが沖縄」の中の独立した一冊を形成することになった。読者の御諒承をねがうと共に、御期待を乞う次第である。

（『叢書わが沖縄』第六巻解説、一九七〇年一一月）

今日の沖縄にも関連――S・W・ウィリアムズ著 洞富雄訳『ペリー日本遠征随行記』

本書はペリー提督の日本遠征に随行したアメリカ人、サミュエル・ウェルズ・ウィリアムズの日記である。ウィリアムズは、印刷業者であった父親から技術をまなんだのち二十一歳で中国にわたり、プロテスタント伝道に必要な印刷所を広東で経営し、のちマカオに移った。一八三七年、彼はモリソン号の一行に加わり、日本人の漂流民を本国に送還しようとしたが、日本の鎖国政策のためにそれは不成功におわった。しかしウィリアムズはこの漂流民の一人から日本語をまなび熟達したために、ペリー遠征隊の通訳として随行することを求められたのである。

彼は一八一二年の生まれであるからペリーの遠征に参加したときは四十二歳の壮年であり、その観察は客観的で冷静である。宣教師でしかも生物学に興味をもっていたことも彼の日記を特色あるものにしている。ペリー提督に『日本遠征記』があることはひろく知られているが、本書はそれを補ういくつかの側面を明らかにしている。

本書を読んで感じることは、訳者洞富雄氏の解説にも力説してあるように、ペリーの日本訪問におそるべき底意が秘められていたことである。ペリーの艦隊は浦賀を訪問するまえに沖縄に二度立ちよっている。それは沖縄を占領し、アメリカの海外膨張政策の足がかりにするためであった。ペリーは海軍長官に送った上申書で「文明に付随する悪徳が住民に遺されようとも、彼らの境遇が改善されるたしかな結果によって」沖縄占領を正当化する論法は「いっそう強固にされる」と述べている。この一文を読んで百二十年まえの悪夢をよみがえらせない日本人はいないであろう。ペリーは今日沖縄の置かれている現実をいい当てているのである。

外国船の来訪はたんに通商を目的としたものではなかった。しかし個人としては、日本の庶民は「異人」にたいしては武士階級のように臆病な警戒心を抱かなかった。日本の庶民が言語や皮膚の色のちがいを超えて親和感を示したことはロシアの軍人ゴローニンや外交官のゴンチャロフ、またイギリスの外交官オールコックなどがひとしく指摘しているところであるが、本書でもウィリアムズはおなじような感想を洩《も》らしている。本書はまた形式主義に自縛されなかった武士の一人、吉田松陰の密航事件にも触れている（嘉永七年四月二十五日の記事）。

本書の中で注意を引くのは、ウィリアムズが、一八四八年以降沖縄にきていたイギリス人の宣教師ベッテルハイムにたいして、露骨な悪感情を抱いていることだ。ウィリアムズは福音書を日本訳し、ベッテルハイムは琉球語に訳している。しかも両者とも宣教師であったが、その所属する協会や国籍のちがいが、二人のあいだに微妙な対抗意識をあふったのであろうか。

ともあれ、ベッテルハイムは世界最初の琉球語文典を書いた著名な人物であるだけに、本書はその人間性を知る上に貴重な手がかりを残している。

（「東京新聞」一九七〇年九月七日）

問題を〝持続する志〟——大江健三郎『沖縄ノート』

雑誌「世界」に連載された「沖縄ノート」が今度一冊にまとめられた。大江氏の個性ある文体は、沖縄の屈折した苦渋や陰影に富んだ豊かさを表現するのに、きわめて適したものだ。「しかし」と「だから」が同時に表明されねばならぬ沖縄人の意識をすくい上げるには、大江氏のように饒舌と沈黙が衝突をくりかえす文化を必要とする。

この恵まれた文化をもつ大江氏が「ノート」の中に単純化をいましめる「多様性にむかって」というような文章を書きながら、沖縄と本土とを極端に対比するという単純化をおこなっていることに、私はおどろきに近い感想をもたざるを得ない。

また大江氏がとり上げる人物は、沖縄でも名の知れた代表的知識人や指導者であり、意識的部分にかぎられている。ここでも、沖縄の庶民層は、狂人や非行少年を除いて、切り捨てられるという単純化がみられる。しかも、その代表的知識人がまだ現存して活動しているのに、大江氏はよくもぬけぬけと、その業績というよりは、人間に賛辞を呈することができると、私はふしぎな気がしてならない。つまり、大江氏は人格を刈り込む、というおくめんもない単純化をおこなっているのだ。

大江氏は、本土の人間といえば地域差を無視して一様に考えたがる沖縄人の意識構造をとりあげている。しかも自分自身は沖縄本島と先島《さきしま》とのあいだにみられる断絶や差意識をほとんど問題にしていない。

大江氏の沖縄イメージの単純化の原因は、彼が沖縄にむかって執拗に呼びかけながら、その声が背後の本土の人たちによりよく聞こえることを期待しているからだと私には考えられる。つまりこれは結局本土むけの「沖縄ノート」だ。

大江氏が「僕」という言葉を発するとき、そこにこめられるのは、つねに「僕ら」を意味するところの一人称複数のひびきをもつ。それがこの「ノート」をあいまいにし、氏の沖縄認識をも空転させていると私は考える。大江氏は、よくもあしくも、戦後世代の代表選手としての立場をあまりに意識しすぎるのではなかろうか。

大江氏の作家としてのすぐれた資質とその社会的発言の跛行現象は、今にはじまったことではないが、大江氏が善意の傲慢ともいうべき配慮を捨てたとき、真の「沖縄ノート」が誕生するだろう。

本書は沖縄の現地で苦闘する人たちに役立ち得る代物ではない。

しかし私は、大江氏が沖縄への関心を「自分の内部の永久運動体として持ちつづける」という決意を高く評価する。「持続する志」にくらべれば、すべてはいうに足りないのだ。

この「沖縄ノート」の印税を基金として近く発行されるともれ聞く新雑誌「沖縄」が以上の欠陥の克服に成功することを、心から望んでやまない。

（「東京新聞」一九七〇年一〇月一九日）

『沖縄・辺境の時間と空間』あとがき

南九州の西海岸にそだった私には、南へむかう気持はごく自然だった。私達は幼時、井戸をイガワと呼んでいた。青年時代に、沖縄では井戸をカーと呼ぶことを知って、たちまち南九州と沖縄とのあいだに地下水脈が流れている気持になった。その一語が私と沖縄とをむすびつけた。

私の故郷には船津という漁業部落があって為朝のちぎれた片袖をまつった神社がある。そこは為朝が村人に惜しまれながら沖縄へむけて船出した浦といわれ、このことは馬琴も『椿説弓張月』に記しているから、なにがしかの根拠をじっさいにもっているところだったにちがいない。

南九州の西海岸と沖縄とは、折口信夫の「琉球国王の出自」などをみても深いつながりがあったことが推測される。第一尚氏の王朝を開いた佐敷の按司の佐敷という地名は、私の故郷のすぐ近くにあるのである。後年、そうした事実を知るに及んで、私の血にはたらきかける「南の呼び声」がけっして偶然ではないことを確認する。柳田国男が『海南小記』を九州の南から始めている理由を私なりに理解することができる。

しかしそれは私という個体が南九州に生を享けたためであろうか。じつは東北地方を旅していて、沖縄との深い親縁をしばしば感じることがある。とすれば、日本列島の深層にあるものを、沖縄では表層にたしかめ得るのは、日本人ならば、ごくあたりまえのことのように思われる。

私が沖縄について書いた若干の文章も所詮はそのことをいっているだけのことである。すなわち沖縄のもつ時間と空間の眼で、日本の深層を見直してみたいということにつきる。沖縄には、形式化された日本人の精神様式を、その根源に立ちもどることによって破砕するものがある。珊瑚礁の痩せた島々。しかしそれは、精神の火薬庫なのだ。

＊

本書はその内容を多くの人に負っている。まず、宮古の岡本恵昭氏の御協力に感謝する。また、中村十作の関係資料を提供された中村敏雄氏をはじめとして、横内円次氏、下地馨氏、城間忠氏、宮良賢貞氏、仲宗根恵三氏、石垣勝稔氏にも御礼を申し上げる。

稲村賢敷氏の『宮古庶民史』と喜舎場永珣氏の『八重山歴史』『八重山民謡誌』も多大の参考となった。稲村・喜舎場両氏に敬意を表する。

＊

当初拙文を新聞・雑誌などに発表するにあたって、掲載の労をとられ、かつ本書に収録することを承諾された左記の方々に謝意を表する。

「展望」元編集長中島岑夫氏、「現代の眼」赤藤了勇氏、「中央公論」編集長島村力氏並びに同編集部鎌谷衛氏、「東京新聞」渡辺哲彦氏、「日本読書新聞」中野幹隆氏、木耳社編集部島亨氏。

本書をまとめるにあたっては、三一書房石田明氏の配慮をわずらわした。

＊

最後に、本書の装幀をすすんでお引き受け下さった原弘氏には、その御好意にたいして、心からお礼を申し上げたい。

（三一書房、一九七〇年一一月）

強者となる思想を——復帰前年に思う

沖縄の本土復帰の準備はすすめられているが、意識面の立ちおくれは否定すべくもないと思う。これまで被害者であり、かつ弱者の立場に立たされていた沖縄が考えるべきことはただ一つ「いかにしたら沖縄は強者の思想を獲得できるか」ということにあると私は考える。醜い日本人を指摘し、本土を糾弾することだけでは、弱者は永久に強者に転換できないのである。しかし私は昨年十一月一杯、沖縄を旅行して、この強者の思想への欲求が少数者を例外として、まだまだ乏しいのに失望した。強者になるには、冷静に自己をみつめなければならぬ。それにもかかわらず、大江健三郎の『沖縄ノート』の中に慰籍を見出しているような風潮が、私には物足りなくわびしかった。沖縄のながい屈辱の歴史と孤島苦を考えれば、私のそのような感想は沖縄を正しく理解してもいないし、また性急すぎると反論する向きも出てこよう。それを私自身知らないわけではない。けれども、本土復帰のあかつきには、沖縄が現状のままでいられるとは考えない。沖縄にたいする冷酷な仕打ちは日々につよまっている。沖縄への同情のあるまなざしを浴びて理解者から保護されてきた状態は日々にうすらぐであろう。沖縄が戦後二十五年かけてつちかってきた努力の成果は、その血と汗の一切をこめたたたかいは、つめたくあしらわれるときがこないとは限らない。しかし足蹴《あしげ》にされてから、くやし涙にむせんでも、もうおそいのである。現に、本土の政治家から「甘ったれるな」ということばが吐かれている。これを保守政治家だけだと思ったら、大きな誤算であろう。おそらく革新政党やそれを支持する組織も、口にこそ出さないが、行動の面でそれを表明しているのである。

祖国復帰は幻想である、と知りながら、ぬぐってもぬぐっても眼底からしみ出る血のように祖国に期待をよせないではいられない沖縄の人たちの心情のうずきが、自分自身の意志をうらぎるほどにつよい生理的欲求にまでなっていることを私はみとめつつ、かなしく思う。

日本を愛するがゆえに、日本をはなれなくてはならぬ。日本に期待をかけるがゆえに、日本を拒絶しなくてはならぬ、という身を引きさかれる矛盾のただなかに自分を置くことで、沖縄はつよくなるほかないのである。私は沖縄の人たちに良識ある国民としての言動を期待しない。なにはともあれ、沖縄が断乎として強者の思想を獲得しようという意志をもつことをのぞむのである。

沖縄がつよくなるためにどうしてもくぐり抜けねばならないのは、自己正視の苦痛に耐えて冷静に自己を解剖していくという作業過程である。この作業なしにはいかなる過激思想にとりつかれようと、つよくならない。自己を冷静に解剖するとは、沖縄の社会に内在する固有の論理をさぐり、発見することである。この論理は戦後二十五年のあいだに形成されたものではない。しかし私のみるところでは沖縄の人たちには、まだ自己の社会と歴史を凝視する努力が不足していると思う。たとえば蔡温《さいおん》は大政治家だということになっているが、八重山にゆくとこの通念にたいする疑問が湧くのを否定できない。人頭税下の寄人制度（強制移民政策）が民衆に何をもたらしたか、この一事において私は蔡温を大政治家とみとめることをためらう。そして沖縄の歴史がまだまだ本島を中心としていることを知らされるのだ。沖縄に内在する固有の論理によって、そうなのだ。しかも疎外された先島において、喜舎場《きしゃば》永珣《えいじゅん》、稲村賢敷《いなむらけんぷ》、慶世村《きよむら》恒任《こうにん》、池間《いけま》栄三《えいぞう》など諸氏の歴史があるが、それを土台にしてあたらしく先島の歴史を編もうとする努力はなされていないことを私は三回にわたる沖縄旅行で確認する。

　いちじるしく過疎化をたどっている先島から若者が外に出ていくのを引きとめる力は何か。観光事業か。否。工場誘致か。否。先島の歴史を子どもたちに徹底的にたたきこむことである。歯をくいしばって生きた先祖の生活を知ることによって、子どもも歯をくいしばって耐えるであろう。沖縄の人たちは、強者となる思想を、沖縄の歴史と社会の中からとり出しそれを鍛える以外に方法はないことを銘記すべきである。

　私には、沖縄が本土復帰のあかつき、本土の人間の狡猾なやり口に手もなくやられてその無垢の魂と自然とをまたたく間に汚されていくのは必至であるように思われる。私にはその姿が目に見える。沖縄が戦後二十五年間孤立していたのは、プラスがまったくないわけではなかった。その時期に沖縄は自己の純粋な言動をもち得たのである。しかし復帰したばあい、どうなるかと考えると、空おそろしい気になる。

　私が沖縄の人たちに、一にも二にも三にも強者の思想を獲得してほしいと、懇願もし、強要もするのはそれがあるからだ。

　沖縄の人たちの意識は、今なお本土日本人の慰籍と同情とをひそかにもとめているという点で中途半端をまぬかれないと思う。こういう中間領域を突破しないかぎり、沖縄は強者になり得ないばかりでなく、強者への志向を見出すこともできない、というのが現状ではあるまいか。

私などのようなゆきずりの旅人が沖縄について発言すると、せせり出て何をいうかという風潮がないわけではないことも知っている。しかし沖縄の人たちは、本土の役人や学者や文化人などのふりまわす肩書きにたいそう弱いではないか。権力や権威に拝跪《はいき》するこうした思想を粉砕することからすべてをはじめねばならぬ。そうでなくては沖縄がいつまでも弱者の域を脱することができないことは、あまりにも明白である。

（「琉球新報」一九七一年一月四日）

島の思想・沈黙の岩盤

私は那覇で、三島事件を知ったのですが、流れてくるニュースを聞くタクシーの運転手などの反応は、三島たちに傷つけられた自衛官たちがかわいそうだということでした。沖縄の人たちの「やさしさ」が端的にあらわれていると感じました。沖縄では四人に一人が今度の戦争でまきぞえをくって、死んでいます。その戦争体験について、沖縄の庶民は寡黙ですが、この沈黙の岩盤の上に沖縄の戦後はきずかれているのです。ですから沖縄で起っているさまざまな現象は、氷山の一角といえましょう。ガジュマルの気根のようにこの見えない岩盤を抱きかかえている沖縄の人たちの意識を考えねば、三島事件に対する寡黙な感想の根拠も分らないでしょう。三島事件だけではない、すべての現象がそうだと思います。見たところ何もない貧弱な珊瑚礁の島なのですが、その珊瑚礁の基底部はおそろしいほどのふかい根をもっています。しかしそれが持続しているところに特色があると考えます。目うつりしやすい本土の人間は、過去の岩盤を忘れて新奇を追いがちであり、三島の行動はそれへの反措定でもあったわけですが、沖縄の人たちはもっといきのながい時間を生きています。三島事件に対する沖縄の人たちの沈黙の批判があったとすれば、そこに根拠があると思います。

ところで、宮古の大神島や八重山の黒島では、今でも雨水を飲料水にしているという事実があります。ボーフラのはいった水で、ボーフラが底にしずむのを待って、それで泡盛を割ってのむというくらしをしているのですが、電灯は大体三、四時間しかつきません。医師は黒島には医介輔が一人いますがこれは衛生兵あがりの免許のない医師で、治療も制限されています。そういうところでは医師が極度に不足しています。石田郁夫さんに聞きますと伊豆の島には青ヶ島まで含めて、医師はいるそうです。ですから、沖縄の離島の医師不足とは比較できません。そのために先島の老人たちはひどく不安がっています。このまえ、家にきた学生と話したのですが、先島に医師を派遣することの急務を説明すると、革命思想にとりつかれている学生は、それは改良主義じゃないか。日共のやるようなことだ、といってのけました。このとき私は腹の底から、この野郎と思わずにはいられませんでした。生命にかかわる問題を解決することを、改良主義などと考える考え方のほうが、よほど改良主義じゃないか。

百合若伝説とサシバ

一匹の魚の運命、一羽の鳥の生命に思いをいたすことから公害へのたたかいははじまると思うのに、そうしたことをてんから考えたことのない連中が公害闘争をふりかざして現地にめいわくをかけている。私が述べていることは公害闘争の基本的姿勢だと思っています。たとえば、最近新聞でも報じられたように沖縄の国頭《くにがみ》の山林をアメリカ軍が演習場にしようとして、地元民の烈しい抵抗に遭っていますが、そこはノグチゲラと呼ばれる世界的な珍鳥の棲んでいるところなのです。演習場になれば、その鳥もいなくなることははっきりしているのです。

鳥が死ぬといえば、宮古島の離島である伊良部島の下地にパイロットの訓練場をこしらえる計画があり、地元では賛否両論にわかれています。伊良部島の漁業部落である佐良浜では、飛行機の爆音で魚が逃げるといって反対しています。この伊良部島の上空は、毎年秋になると、サシバの大群が、空がまっ暗くなるくらいに翼をつらねて、南へわたっていくコースにあたっています。この渡り鳥は、新北風《みーにし》と呼ばれる北風の一番を受けて、きわめて正確な日取りでとぶのです。ところで、もしパイロットの訓練場ができたら、このサシバという小さな鷹はもうその上空をとばなくなるでしょう。多良間の離島の水納島《みんな》には、途中で力つきて死んだ鷹の墓があり、百合若伝説とむすびついているが、それはサシバがそのあたりを毎年とぶから生まれた伝承です。

本紙の鼎談でまえにも述べたことのくりかえしですが、八重山の海は魔力的な美しさをもっているのでそこを観光化しようと目をつけているものはすくなくありません。琉球政府も石垣市や竹富町もすすんでそうした気がまえでいるかも知れませんが、そこには重大な問題があるのです。

なぜなら、八重山の珊瑚礁の近くの海は、そこに住む漁民たちのかけがえのない漁場なのです。石垣市の海岸や黒島・小浜島ざっと四百世帯、およそ二千人あまりの家族が漁業でくらしを立てている部落があります。その漁業部落は、沖縄本島の糸満部落から、明治二十年代にやってきて、そこに住みついたものですが、こうした人たちの生業が竹富島を中心とした八重山の海で展開されているのです。

そうした糸満人の漁夫の話を黒島で聞いたことがあります。黒島のばあいは西表島《いりおもて》の南がわの珊瑚礁［リーフ］が漁場ですが、その漁法というのは、モーターをつけたサバニのともに二本のロープをつけ、それぞれに二人の漁夫が、自分のからだをまきつけて、そのサバニに四時間も五時間もぶら下るような形で海中にからだをひたしたまま、曳かれていくのです。もちろん防水の衣類をつけてはいるのですが。そして水中眼鏡で海中をのぞきこみ、魚やイカをもりでつきさすのです。その漁夫たちは、フカにおそわれる恐怖がたえずつきまとうと、こもごもに語りました。このような苛酷な作業をして漁業をいとなんでいるのが実状なのです。

無名の前衛の活躍が

ところで、八重山の珊瑚礁の海に海中展望塔をつくり、グラスボートをうかべ、あるいはモータボートを走らせるということになればどんなことが起るか。観光客のために海がよごれてしまって、珊瑚礁の珊瑚が死ぬ。珊瑚礁が死ねば、そこに卵を産みにくるクブシミというイカや、そこをねぐらとするグルクンという魚がよりつかなくなる。ギラと呼ばれるシャコ貝だってなくなる。という次第で、ペルシャ陶器のように明るい青さをもった八重山の海は完全にダメになるということははっきりしているのです。

沖縄の人たち、あるいは地元の人びとはあるいは言うかも知れません。そんな自然の美しさなどにかまっておっては生活はできない。美しい自然を売り物にしなければならぬほどに窮迫しているのだと。しかし、観光客が落す金は、けっして地元の住民の手にわたらないように、観光資本がさまざまな俗悪な施設をつくるのです。こうした事実について、水産学の研究をしに八重山にやってくる本土の学者たちがどれだけ気にしているかという疑問が私には湧きます。また糸満などの漁師の生き死にをもふくめて、八重山の糸満の生活状態をしらべている民俗学者を残念ながら私は知らないのです。

自然が死ぬということは人間の生活もダメになるということで、これは、本土では実験済みのことです。人間に汚されていない自然をみることができるのは、もう先島ぐらいしかないのではないか、にもかかわらず、本土の人も沖縄の人も、そのかぎりない貴重さに気が付いているとは思えません。しかしそれはとりかえしのつかない結果を生むことをここに警告しておきたいと思います。一匹のグルクン、一羽のサシバやノグチゲラがいなくなるとき、沖縄は死ぬでしょう。まことにふしぎな論理ですが、自然の仕組はどうもそうなっているらしいのです。感性と理性が共存しない人間は不具であると同様に、自然と人間の共存がみられない社会は欠如した社会なのですから。私は何を言いたいか。先島のそうした不便な生活には、外来者をムキにさせるものがあります。ムキになって、先島の住民の幸福と取りくむヒロイズムが、つまり無名の前衛の活躍する場所が残されているということなのです。これを改良主義と呼ぶならば、改良主義にあまんずる人がでてきてほしいと思うのです。

古代が現代に近接し

いま復帰寸前の沖縄でさまざまな矛盾が爆発していますが、そこには共通の根があるのです。そして本土人の眼をうばう尖鋭な行動の底には、あるいはすぐそのわきには、「古代」があるのです。ですから古代から進歩して現代へという図式は沖縄では成立しにくいのです。沖縄ではユタと呼ばれる民間の巫女がばっこしています。「ユタ買い」という言葉もあるほど、ユタ道楽がさかんですが、これは医師不足と相俟ってますますはげしくなる一方です。

しかしこれを迷信とばかり見るのは当らないでしょう。その理由は沖縄の庶民の精神的なより所がユタにしかないことを示しているからです。海上の交通はきわめて危険です。そこで海岸ではユタにたのんで海の旅行の安全を祈る行事が毎日のようにおこなわれているのを私は宮古島で見ました。

沖縄のフォークロアというのはすでに過ぎ去ったものへのノスタルジアではなく、また日本民俗学の連中が考えるように、残存文化でもありません。沖縄を理解するためには、フォークロアをクッションにして考えない限り、沖縄の庶民の生態を考えることはできないのです。沖縄のフォークロアは鍋の底についた滓のようなものではありません。だから、いわゆる「珍奇なもの」とみられる「土俗」ではないのです。

たとえば大神島の場合、二十三戸しかないのですが、そこで五ヶ月間、祖神祭《おやがみまつり》というのがあります。これは命を賭けた祭です。祖神となる女性は十一名ですから半分の家庭から祖神が出て壮絶な祭をいとなんでいる訳です。たんなる儀式としての祭ではない。その場合フォークロアはたんなるフォークロアかどうかという問題があります。生活の物質的な次元から、最も奥深い深層心理の底まで統一されている生活の中心軸とは何か。それを私は考えてみたいのです。ですから私の呼ぶフォークロアは日本民俗学の分類の枠内にはいらないのです。

沖縄の人たちの精神障碍が本土の二倍であることは今度の国会でも喜屋武議員が報告しているところですが、じっさいはもっと多いでしょう。そうしてその精神障碍の潜在的部分はその十倍もあるでしょう。とすれば、それがなぜかということを追求するのは、医学的な面だけでは充分でなく、社会の現象を表層的に分析しただけでも充分ではありません。それこそ、氷山の底の部分、それは氷山でなく火山と言ってもいいのですが、その底の沈黙の部分に降りたってみなければならないのです。つまり沖縄の人たちの生き方や考え方を手がかりにして、それをトータルに追究して、はじめて沖縄の人たちも納得させることのできる説明が得られます。私はそれを自分勝手にフォークロアの方法と呼ぶのです。現在の日本民俗学にはトータリティの意識が欠けているのです。

思想が現実を動かす

おそらく復帰になれば、政治と経済と一体化した形で本土の圧倒的な資本が流入してくるでしょう。一種の思想の系列化と同時に思想の自由化という形の思想のなだれこみがおこなわれるでしょう。そのとき、政治的、経済的、思想的に、沖縄はどうして自分自身をうしなわないでゆけるかという問題が一番大きな問題として出てくるのではないかと思うのです。私の考えるところでは、沖縄は何で本土の攻勢のまえにさらされて、本土と太刀打ちするかといえば、思想的に太刀打ちする以外に方法はないと思うのです。しかも沖縄の思想は観念的なものでなく、そのながい歴史の苦難をくぐり抜けてきたものだから、それは現実と遊離したものではなくて、現実の延長上にあり、現実をうごかす力をもっています。極言すれば、沖縄の思想が確立されてはじめて、沖縄の現実というものが動いてゆくというところがある。普通の定式からいえば逆なのですが、また沖縄の現実のうごきがはげしいので、一見現実がさきに立ち、そのあとを思想が追っかけるように見えるけれども、それは本土の日本人の眼にそう映るだけで、やはり沖縄では現実から生まれた思想が現実をうごかしているところがあると思うのです。沖縄の思想はそれが解放の思想であっても生活の思想とつながっています。だから生活の思想の一つの特徴である政治的無関心さを本土流の考え方で問題にするのは大きなあやまりです。観念的な本土のインテリや学生は、そこでかならずつまずくと思うのです。その無関心さは長い間、隔離され疎外されたまま放置されてきた島の思想と呼んでいいのですが、つまり無視され抹殺されたもののもつ無関心さ、政治を担当する者への蔑視を含んだ無関心さなのです。だからそれはその底には痛切な心のひびきが秘められています。苦痛を訴えることができない人間はもはや叫ばないでしょう。それとおなじものが沖縄の人たちの口ごもりのなかにはあります。だからその一見無関心さを思わせる沈黙のなかには痛烈な政治への批判があることを考えなくてはならないと私は思います。沖縄の人たちの思想は、本土日本人の観念性や系列化した思想とは無縁です。そこでは感性と理論とは分離しようと思ってもできない。そこに沖縄の人たちの無類のやさしさとつよさが同時に存在し、この二つのものは表裏一体となっていることをみとめる必要があると思います。

（「日本読書新聞」一九七一年一月二五日）

空間と時間の不可逆性

(1)

「後狩詞記《のちのかりのことばのき》」に九州椎葉の山中の狩の作法を書きとめた柳田国男は、こういう仕事が外国人に先取りされたくないので、自分が手がけたのだ、という意味のことを述べている。手許に書物がないので、正確を期しがたいが、多分そういう言葉が書いてあったとおもう。そしてその柳田国男はまた、ある座談会の中で「軽薄なる那覇文化人」という言葉を使っている。私は東京にいて、東京の文化がたえずヨーロッパやアメリカの文化の動向に気を使っているのを知っているから、この言葉を他人ごとでなく身に沁みて感じる。那覇にきて軽薄なる東京文化のその縮小版に接する気がすることがときどきある。

つまり那覇の文化人は東京の方向をむいていて、その沖縄列島内部にあまり目を向けようとしていないのを感じる。

外国人に先取りされたくないから、沖縄内部の古い習俗を書きとめておこうなどと考える広い視野と気概をもった人は少ないようだ。私は沖縄の人と会って、沖縄のことを語るのが好きだ。私が知りたいとおもうことを色々と聞かせてくれる仲松弥秀氏のように、琉球弧をくまなく調査した人はめずらしい。こうした人は沖縄ではもっと大切にされて然るべきである。

私は那覇の町があまり好きではない。用がなければ私はタクシーで那覇の町を出てしまいほっとする。勝連半島や勝連城址の眺望はすばらしい。佐敷の月代宮や斎場御嶽や久高島をひっくるめて、私はそこに「文化」を感じる。この文化は事大主義的でなく、人にこびない文化である。だから中城公園からの眺望を台なしにしてしまった東洋石油工場はかえすがえすも残念である。沖縄のためという大義名分を掲げた沖縄エゴイズムの拙劣きわまる現実的適用の一例である。

私は琉球弧は一括して考えるのではなく、ばらばらにしたほうがよいのではないか、という考えをもっている。そうすれば反復帰＝沖縄エゴイズムという定式は打破できるのではないか。沖縄列島といい、琉球弧というが、現実には、それぞれの島が、単位であって、沖縄もしくは琉球弧はその総称であり、島々の連合体を指すという南島の生活社会のすがたは昔も今も変らない。その意味で沖縄の島々は、共同社会であり、それ以上にコンミューンに近い性格をもっている。

沖縄エゴイズムというのは安定を欠いた船に似ている。その重心はたえず移動する。この海に浮んだ船は自信のない、不安定な航路しかとりえない。

私は宮古は沖縄の中で独立したらどうかとおもっている。八重山にたいしてもそうである。少なくとも、先島の統一以前の宮古共和国や八重山共和国のあったすがたにかえしてみることが、反復帰の思想の点検には必要ではあるまいか。

宮古共和国と八重山共和国があり、宮古の中ではさらに多良間共和国があり、現在二軒の住家しかないと聞く水納共和国があってもいい。むしろそこから反復帰の思想を出発させるべきではないか。

ここでいう独立はもとより実際には不可能なことであるにきまっている。しかし沖縄の思想の弱点だと私がおもう「事大思想」、つまり、大なるものに事《つか》える思想を逆転させる思想、仮りにそれを「事小思想」と呼ぶことにするならば、事小思想こそ今日の沖縄には必要である。先島は沖縄本島に反復帰し、先島の離島は宮古本島や石垣島に反復帰するという空間の不可逆性の思想を確立させるべきではないか。

それぞれの島が独立不羈の精神をもやしながら、沖縄連合共和国を形成するというとき、そこにはヤポネシア思想のもっとも徹底したすがたがある。

(2)

反復帰とは何か。あとをふりかえらないことである。これまでのべた空間の不可逆性にたいして、時間の不可逆性というものがある。反復帰論はその頂点の思想であり、沖縄の戦後の思想に一紀元を画するものである。しかしふりかえってみれば、沖縄の戦後の思想は、アメリカと日本にたいして発せられる「ノウ」から始められるべきものであった。私は今回、沖縄県史編纂室がおこなっている、沖縄戦の非戦闘住民の聞書の記録をよんで、その感じをつよくもった。沖縄の戦後思想の原点をそこにみたとおもった。この仕事は、あらゆる思惑をこえて、沖縄の戦後の思想の基盤を提供するものだ。思想は一方に出口をもったとき、その名に値しない。現実の不可能性に沖縄は賭けるべきだと私は書いたことがあるが、沖縄の現実はまさしく不可能性の上に立っている。これから汲みとらない思想はウソであるという以上に愚劣である。本土にたいする反復帰の思想は沖縄の戦の灰燼の中から始められるべきものであった。それは当然沖縄の独立論にみちびかれるだろう。しかし問題は沖縄の古王国を再現しようという王統派の考え方が結局は過去との合体におわってしまうということにある。最近、謝花昇の評価をめぐって新川明氏とその論敵のあいだに論戦がくりかえされているが、新川氏の意見というのは、要するに謝花昇をまるごとにみとめ、それを偶像化することは、思想の可逆性をゆるすことにつながる。しかし沖縄の今日の「思想的現実」はその不可逆性につきすすんでゆかねばならない、そこのくいちがいをどうするのだ、ということだと私は理解している（これは新川氏自身とは何の関係もない。私ひとりの判断であるから念のため）。

おそらく思想というものは、そうしてすすんでいく。反復帰とは何か。あとをふりかえらないことである、と私がまえに述べたのはそういう意味である。今日も明日も明後日も歩いてゆかねばならない。それが沖縄のおかれた現実だ、ということを新川氏は云いたいのだろうとおもう。

(3)

沖縄学はその出発点において、知識と思想の雑然としたアマルガムであった。それは発展するにつれて知識の精緻さを加え、細分化をたどったが、しかし思想の方向性は一定していた。その思想の一定性とは本土と同値化する方向であり、異質化する方向ではなかった。沖縄学の知識は進歩した。しかしその思想は不問に付されていた。本土ではもはや学者が思想家と混同されることはない。しかし沖縄ではながいあいだ学者が指導者であり、学問のある人の意見がそのままとおっていた。それは今日でも濃厚に残っていて、指導者づらをしている。つまり学問知識は思想の代役をはたしている。いわゆる離島の医介補のごとき存在である。しかし沖縄学自体の知識は思想的に問い直さなければならない段階にきた。それはとうぜんの運命であった。

沖縄には硬直した沖縄学の思想を打ち砕く庶民の生活がある。それは庶民の原形質と呼んでも差支えのない生き生きしたもので、広大な時間と空間と取り組んでいる。だからこそ沖縄ではフォークロアはフォークロアとしてはすまなくなるのだ。「新沖縄文学」（一六号、座談会「現代における文学と思想」）で大城立裕と米須興文が、秋元松代の「かさぶた式部考」に疑問を呈していた。それは私には大変おもしろくおもえた。沖縄のようにフォークロアの純粋な風土からみれば、秋元松代が進歩的観念の丸薬にフォークロアの糖衣錠をつつんで、観客にのませるやり方は、いかにも安手な感じがする。また東京の観客もその程度のフォークロア趣味で満足するのはいかにも笑止である、という感じが私にはよく分ったのである。本場の酒を呑んだものは茶粥に酔うことはできない。

(4)

沖縄のもつ一切のもの、そのマイナスとおもわれているコンプレックスのすべて、これはプラスにすることが可能であると私はおもう。人頭税や沖縄戦による「心的傷害」も、これをつきつめてゆけば、それはたんなる精神傷害の域を脱して、沖縄のおかれてきた歴史風土を解く鍵となり、その鍵を手に入れた以上はそれを理論的武器にすることができると私はおもう。「差別」もしかりである。フォークロアもそうである。この「心的傷害」や「差別」やフォークロアをつきつめることによって、本土にたいして「ノウ」と云うことができるのだ。あらゆる思想がノウから出発するように、沖縄の思想もノウから出発しなければならない。このノウを欠いた沖縄の主体性というものはあり得ないのであって、漠然と沖縄の主体性を唱えるだけではあいまいである。すなわち沖縄は戦後はじめて主体性をもった行動を開始したが、その根柢にノウを欠いたばかりに、支配層の復帰先どりに手もなくやられたのである。

フォークロアについて云えば、米須興文がいうように、それは沖縄の精神風土の深層を形成するものとして、沖縄の文学を論ずるばあい不可欠のものとなるだろう。米須は沖縄とアイルランドの文学を比較し類似的なものと考えている。この考えは示唆的であるが、しかしそれはたんに文学の次元にとどまらないだろう。そして思想から政治の問題へと発展させることができるだろう。

反復帰の思想は、普遍性の岩盤につきあたるために、歴史的風土の特殊性をつきぬける必要がある。歴史風土的条件を止揚すること、それは空間と時間の不可逆性の中をすすむ以外にない。そこにはどんな孤独がつきまとおうとも、真の共同社会をうちたてることを目指したものの、たのしさがある。外部者もそれに加わるだろう。私もまたその一人に。

(「新沖縄文学」一九号、一九七一年三月)

ヤポネシアと常民

島尾の発想で日本を考える

ヤポネシアという言葉は、奄美大島在住の作家である島尾敏雄の造語である。奄美・沖縄の島々は、それよりさらに南につらなるインドネシア、ミクロネシア、ポリネシアなどと共通な南方的要素の濃厚なところだから、奄美以南の島々をヤポネシアという呼称で表現するのが適切だと、島尾敏雄は主張した。ネシアとは、島を意味する。この島尾の発想はユニークなので、私はこの語を借用して、それを琉球弧だけに限定しないで、日本列島全体の風土と文化の問題を考える手がかりとしてきた。

なぜ日本というかわりにヤポネシアという言葉を使用するかについては、それなりの理由がある。日本というとき、国家とそれにつながる権力者をぬきにして考えることはできない。

権力きらうコモン・ピープル

しかしヤポネシアは、国家のわく組みの内側にあって、しかも支配層とはおよそかかわりをもたない人びとの風土を意味する。日本列島社会が国家組織も権力者もまだもたず、日本という名前で呼ばれない時代からヤポネシアは存在した。そして民衆もまた歴史のかなたから今日まで時代や体制のいかんにかかわらず生きてきた。こうしたありふれた人びとはまた、コモン・ピープルの訳であるところの常民の名で呼ばれる。

常民は自分の生活をはなれて、何が善であり何が悪であるかに心をわずらわすことがない。常民にとって、生活にプラスするものが善であり、生活にマイナスになるものが悪であるということは自明である。彼らの関心は自分の生活の埒外《らちがい》に出ることがない。

しかし、だからこそ常民は、戦乱のあいだも、弾丸の下をくぐって畑に種子をまくことを忘れないのであり、日本の支配層の引き起こした戦争が敗れたそのあくる日から、灰塵《かいじん》と化した大地の上に自分の生活を再建することを疑わなかったのである。戦後の復興が雑草のようにたくましい常民のたまものであることを、日本のいかなる権力者も否定することはできない。

「カエサルのものはカエサルに、神のものは神に」という言葉がある。この神を常民におきかえてみることもできる。「権力のものは権力に、常民のものは常民に」という風に。そこには、権力はどのように強大であろうとも、常民の底の底までは支配できない、という考えが横たわっている。このような常民の生活する場所としての日本を、私はヤポネシアという言葉で呼ぶのである。

安倍貞任やオヤケ赤蜂の例

中央に集中する国家権力が、地方に散在する常民の魂の根底までも支配できない例をいくつかあげてみる。戦前の国定教科書では、中央に弓をひいた逆賊あつかいにされている安倍貞任とその血族の子孫は、情深い統治者として東北の民衆の心の中に明治初年まで生きていた。古代にさかのぼって、中央政府に反乱したかどで殺された九州の磐井《いわい》は、福岡県の八女《やめ》地方の人びとにねんごろにとむらわれてきた。目を遠く南海に向けると、八重山の土豪であったオヤケ赤蜂《あかはち》は、首里王府の軍勢に征伐されたのちも、土地の人たちには神とまつられ、今もって自由と民権を守った英雄とあがめられている。また首里王府に逆臣の烙印《らくいん》を押されている勝連半島の阿麻和利《あまわり》は、その割拠していた土地で悪口を言うことは現在でも禁物である。そして、彼が敗走するとき空腹をみたすためのモチをそなえる行事が五百年あとの今日も行なわれている。

これらのことは何を意味するか。押しつけがましい官製の歴史とは違った歴史意識が、雪深い東北の大地から、雪を見たいと溜息《ためいき》ついている沖縄の島々まで確固として存在していることを物語りはしないか。日本がその風土全体をできるだけ中央権力に同質化しようとしているのに対して、ヤポネシアは、中央権力が掌握し支配する時間とは異質の時間を生きてきた常民たちのものである。それぞれの地方風土はそれぞれの異なった時間と意識をもつ。こうした多系列の時間と意識空間を分有する常民の風土の総合的な名称がヤポネシアである。

一つの神にぬりつぶす弊害

あえていえば、それぞれの地方の常民は、それぞれに異なった神をもつ、ということになろう。これに反して常民の感情と意見を無視して、国定教科書にみるような一つの歴史、国家神道にみるような一つの神にぬりつぶそうとしてきたのが日本である。そして「高度経済成長」という一つの神を、ナショナル・コンセンサスとして地方住民に強制した結果、今日みるような世界にまれな「公害」という「文化」を生んだのである。

このような無残な状態を招いたものが、日本の支配層に巣食う大国意識の所産であることを指摘しておくことは、無意味なことではない。それは厳密に言えば、大国にあこがれる島国根性にほかならない。日本列島は南北にわたって長く伸びた島々のつらなりから成り立っている。その文化の特徴はミクロ（微小）でポリ（複合的）であるということである。アメリカ、ソビエト、中国など大国はこれと正反対で、マクロ（巨視的）でモノ（単一）な文化の特色をもっている。

ミクロネシアやポリネシアと同質なものを含みながら、日本列島がそれらの島々と違うところは、アジア大陸の東のふちに沿っていて、大陸から外来文化の刺激を絶えず受ける位置にあることである。このため大陸へのあこがれは古来絶えることがない。この意識のあるところ、日本文化の基調である「ミクロ」で「ポリ」な特徴は忘れられ、「マクロ」で「モノ」な大国意識にうつつをぬかすのが、日本の性こりもないこれまでの歴史であった。その結果、日本がいまどんな危険な曲がりかどにさしかかっているか。心ある人たちがひとしく警告しているところである。これに対して名もなき常民の抵抗がおびただしく始まっている。この抵抗の精神のゆきつくところ、それは権力者が自分の欲する同質性にぬりつぶそうとする日本でなく、常民のエネルギーがささえるヤポネシアであることは明らかである。

（「読売新聞」一九七一年五月一日）

琉球弧の解放とは何か

「島とは」と少年は読んだ。「陸地の一部で四方を海に囲まれた所をいう」

（チェーホフ『かわいい女』より、小笠原豊樹訳）

本土—本島—先島

式場隆三郎　郷土に対する目をふさぐことが文化的だという考えが、かなり沖縄の文化人に濃厚だと思います。

柳田国男　元来那覇人は軽薄で便宜主義で、丁度日本人の初期の明治の外国文物に対する態度を持って居ります。私共は大正の中程に行った時に既にそうした態度が目についたものだから、諸君等は日本国全体の情けない外国崇拝を反省しなくちゃならぬということを遠廻しにいったんです。

式場　今度の問題（方言論争）でいろいろな人から意見をききますと、まず第一番に口にのぼるのは、大抵今の柳田さんの言葉のように、沖縄の人は今でも丁度内地の文明開化の時代みたいだね、という言葉です。現在沖縄文化を指導している立場にある人々には、内地の多くの識者から自分等の態度がそんな風に解されているということを認識して、今後はふかく反省すべきものがあるだろうと思います。

柳田　まあ、とにかく心ぼそいのだね。中央におくれはしないかと思って、だから自分の良いものを見きわめる余裕がないのだ。

これは昭和十五年に起った方言論争にふれておこなわれた対談の一節である（木耳社刊、叢書『わが沖縄』第二巻所収）。

私は沖縄を旅行していて、この一節を思い起すことがあった。私は沖縄の人たちに会って沖縄の話を聞きたいとおもうのだが、沖縄の文化人は沖縄社会の内部について話をするよりは東京について話をするのを好むように見受けられた。はじめにことわっておくが、これから述べることは特定の個人を指して、そう言っているのではなく、那覇文化人には平均してそうした傾向があると考えているのである。

首里・那覇の文化人の眼はたえず東京に注がれている。沖縄の新聞には沖縄在住の評論家や詩人や学者などがさかんに書いているが、彼らは沖縄の中で地道に調査研究をやっている人たちの成果を紹介したり引用するよりは、東京の文化人の文章を引用することがはるかに多い。それは東京の文化人がさかんに外国の思想家や詩人の文章を引用するすがたを思い起させる。ただ戦後二十数年をへて、東京には荷風ばりの外国崇拝は見られなくなった。通用しなくなったと言った方がいい。しかし那覇文化人の東京コムプレックスは依然として猖獗《しょうけつ》をきわめている。「まあ、とにかく心ぼそいのだね。中央におくれはしないかと思って」という柳田の言葉はいまもってなまなましいほどに生きている。私は沖縄という小さな島にいての心ぼそさがよくわかる。だから同情するのだが、彼らの関心が首里・那覇以外に出ないことを一方では知っているから、底の底まで同情する気にはなれない。それは、彼らが沖縄の他の地方、とくに先島などに同情がないからだ。今日私が痛感することを、柳田国男は半世紀まえの大正十年にするどく指摘している。その年沖縄をおとずれた柳田は沖縄の有識階級をまえにして、「世界苦と孤島苦」と題する講演をおこなった。柳田の所論は沖縄の知識人たちが、中央文化の吸収に恋々として、沖縄自身に従属するさらに小さな孤島があることを忘れようとし、また往々にして、これをとり残してひとり進もうとしている状態を痛撃したものであった。こうした傾向は日本そのものにもあてはまる。彼はいう。日本はすこし規模の大きい沖縄島にほかならぬと。

「今の日本という国の世界の文明国団に対する笑止千万なる関係ともよく似ていた。五大国の一などという空な語をもって物を知らぬ人をおだてて、何ら模倣以上の努力をせずして半世紀はすでにすぎてしまった。得るところのものはつねに取残されはせぬかという不安と、邪推にかたむかざるを得ぬまま子根性のさびしさである。」（叢書『わが沖縄』第一巻所収）

柳田の指摘は今日の日本になお有効であるが、彼の言わんとする究極のところは、世界の文明国と日本、日本と沖縄、沖縄本島と先島の関係が相似であるということを知ることによって、沖縄の知識人は沖縄のためにも日本のためにも、ひいては世界全体のためにも貢献することが可能であるということであった。それには沖縄本島とそれ以外の孤島との比較を徹底していって、現在の自分たちのなやみが、かつては沖縄の属島の人びとの不幸であったことを認識する要のあることを説いたのである。柳田の自伝である『故郷七十年』をみると、沖縄の知識人たちはそれを聞いてちょっと嫌な顔をしたそうである。わざわざ沖縄くんだりまでやってきて、なんで人の痛いところに触れる必要があるのだろう、とおもったのかも知れぬ。しかし柳田は沖縄人をけっして故意に誹謗したのではなかった。

沖縄ではめずらしく偏見のない人物、と柳田に評されている比嘉春潮の『沖縄の歴史』ですら、先島の人頭税についてはわずかなページしか割いていない。二五〇年以上も先島の喉にくいこんだ首つり縄のようなその痕跡をせめて体験者が生きているうちに明らかにしておきたいという私の希望に耳を貸す知識人はほとんどいなかった。私はやむを得ず自分で歩きまわって調べ、それが今後の調査を触発する土台になってくれればとねがったが、おそらくそれもむなしかったようである。おそらく今となっては手おくれだろうというおもいが私の胸をかむ。人頭税を調べたところで、現在の沖縄の状況が一インチでもよくなるわけではないことを私は知っている。しかしすくなくとも、首里王朝中心の文献をもって書かれた沖縄史の偏向を是正すれば、先島への関心をむけるのにわずかでも役に立つだろうというおもいに駆られているのである。

琉球の真の主人公は誰か

先島にたいする無関心と中央文化にたいする異常な関心が、那覇文化人の性格を規定する。それは屋良主席などにも見られる。私が聞いたところでは、屋良さんはその在任の二年半をとおして、先島を数回おとずれたきりである。日本政府との交渉に多忙をきわめたといえばそれまでであるが、私は反射的に、明治の上杉県令を思い出すのだ。その報告書には、民情に親しく触れることを無上のよろこびとす、といった言葉が述べてある。笹森儀助、岩崎卓爾、中村十作も同様だった。私は彼らが先島を自分の活動の場所にえらんだことをけっして偶然とはみないのである。沖縄を知ろうとする者は那覇にとどまることはできない。そして沖縄を知ることと、沖縄の庶民を愛することはおなじことなのだ。

中央志向の強烈な那覇文化人の特徴である沖縄の内部の蔑視について一例を示そう。吉本隆明の「異族の論理」は那覇文化人には強烈な衝撃力を与えた。以来、異族の論理は流行語となる。しかし那覇の文化人はそれを護符のように大切に抱いているだけで、自分も触発されて沖縄の社会の内部に異族の論理を発見しようとはつとめはしない。私はすくなくともそれを実行している人間に出会ったことがない。だから私などが日本を相対化する根拠を沖縄のフォーク・ロアに発見しようとつとめても、せいぜい「土俗の祭」を見にきたくらいにしかおもわない。私は沖縄の文化人が「土俗の祭」などと呼ぶのに反撥をおぼえる。そこには自己蔑視につうじる庶民蔑視があるからだ。土中の青カビからペニシリンを抽出するように、私は今でも沖縄のフォーク・ロアが日本の天皇制を相対化するおそろしい力をもっていることを確信しているのだ。

私はかつて宮古島の離島の来間島《くりま》の人たちが、島にかえるためサバニ（小舟）を待っているのと一緒になったことがある。男も女も褐色の肌をして、跣足で砂浜に立っていた。私は中南米の住民でも見るように、彼らの横顔をあかずにながめていた。鳶色がかった彼らの瞳は自分たちの島にむけられ、それ以外のことは何も念頭にないようにみえた。彼らは、私にとっては、異族にちがいなかった。宮古本島の離島の池間島にわたったときも、その島の人たちは、自分たちは人種がちがうということを平気でしゃべっていた。池間の漁民たちはとおく南洋まで遠征する。その池間島から宮古島にかえろうとして、海がひどくあれた。私は波止場に立って、海をみながら池間島に泊ろうかどうしようかと考えて、そばにいた老漁夫に聞いた。

——海はシケているのかね。

——いや、ナギだね。

私はこの老漁夫の言葉にしたがって、船にのることにした。私が海を見る目と老漁夫が海を見る目がちがうことを教えられた。異族の特徴とは何か。中央志向がないということである。沖縄の庶民に関するかぎり、東京文化への幻想などまったくもっていない。そのかわり、彼らは小さい島でしっかりした人生観をもって生きている。彼らは自分のたましいのゆくえをちゃんと見届けている。たましいのおちつく先の死後の世界を、南島語で後生《ぐしょう》というのだが、彼らの後生はどうやら東京のほうにはなさそうなのだ。

那覇の知識人たちは異族の論理をふりまわす。しかしふりまわすことで、彼らは東京文化となにがしかのつながりのあることを確認したいのだ、と石田郁夫は批評する。私はこの批評は当っているとおもう。異族の論理を口走ることだけで自己満足している那覇の文化人や学生よりは、中央志向をまったくもたない池間島や来間島の人たちに私が心を引かれるのは当然ではないか。彼らは私がききたいとおもう沖縄の庶民の生活をつきることなく語ってくれる。東京の話にうつつを抜かす那覇文化人と対蹠《たいしょ》的である。異族としての存在を否定していない先島の庶民たちこそが、琉球弧の真の主人公だと私はおもう。広大な空間と巨視的な時間が濃縮された形で存在しているのを見ることができる。私にとっては那覇は沖縄の中心ではない。しかも那覇の文化人は沖縄と本土との牽引《けんいん》と反撥の関係にのみ心をうばわれて、琉球弧の中に自分を解放しようとはすこしもしないのだ。たとえば戦争責任論を一つとってみても、それは近代日本の天皇制は沖縄においてはどのような受けとり方をされたか。琉球国王と天皇とをどのように区別して考えたか。太陽《てだ》といえば、国王、按司、高級神女、権力者を指す言葉である。天皇も国王も太陽《てだ》である。しかもどこがちがうのか。天皇が太陽と関係があることはたしかである。太陽は稲の生長に重大な影響をもつ。稲の成育は日照時間に左右される。しかし稲作中心の本土とはちがって沖縄では粟作が中心であり、しかも太陽が照りつづくと深刻な水ききんを引きおこす。沖縄では太陽はけっして慈愛を与える存在ではない。南島では、太陽《てだ》という観念は何を意味し、どのような映像を惹きおこすか。こうして沖縄では、もっともするどい現代的課題は、もっとも古い原始的な生活観念とむすびついている。沖縄ではフォーク・ロアがフォーク・ロアですまされない理由がここにある。このように考えると、那覇の知識人はその局限された課題に、自分をしばりつけるだけではもはやすまなくなるのはあきらかだ。

本土志向の背景にあるもの

私はここで戦後の沖縄に代表されるとおもわれる三つの思想をとりあげてみたい。本土の日本人を糾弾する大田昌秀の「醜い日本人」の思想、本土志向を拒否する新川明の「非国民」の思想、日本と沖縄の同質性と異質性とを意識面から追求する大城立裕の「複眼」の思想、この三者は本土日本人にたいする批判・拒否・懐疑というようにその方向は異なっている。しかし三者ともに本土と沖縄の緊張関係の上に紡ぎ出された思想という点では共通している。本土日本人にたいする沖縄がわの意識が強烈であり、そのわりには沖縄と本土の内部に存在する核心とのむすびつきがよわいということも似通っている。もとより三氏とも沖縄社会の歴史と取り組んでいる。しかしその取り組み方に私なりの要請が二つある。

一つは三氏とも、沖縄の近代社会をそれ以前の社会から切りはなして独立させた形で、政治思想や社会思想を論じていることだ。日本近代史の一環として沖縄をとらえることはできるにしても、沖縄の社会のように古代的社会からいきなり近代社会に編入され、しかも近代にも古代的なものが濃密に存在しているところでは、そうした方法で沖縄の社会に内在する固有の論理を引き出すことはむずかしいのではないか。もう一つは三氏とも活字をとおして、歴史を実証しようとしていることである。活字文化は首里・那覇を中心としている。琉球弧の大部分が活字なしですごしてきた期間はながかった。しかも沖縄の庶民は活字のない生活から独自の文化を作りあげた。

私のいいたいことは要するに、底知れぬふかさとひろさをもった沖縄の時間と空間の中でその思想を展開してほしいということだ。大田氏のとりあげる沖縄の民衆意識も、大城氏のめざすフォークロリックな文学も、新川氏のとなえる異時間と異空間の思想も、すべて沖縄の庶民の世界にその根源をもっていることは疑いえない。沖縄の庶民の大部分は活字とは無縁に生きてきたのだ。三氏の思想が展開する場はふところのふかい庶民の世界しかないはずだ。

沖縄と日本本土との関係を固定軸にして、つねにそれにそって物を考えるのは沖縄の文化人に共通した姿勢である。それは沖縄のインテリの宿命とさえ考えられる。たとえば、仲原善忠は、島津の琉球支配は民族統一の必然的結果であったとし、島津の収奪を合理化したが、それは沖縄と日本との関係を、客観主義なよそおいの下に、本土がわに立って判断しようとしたからである。たしかに沖縄と奄美の社会は生産力の向上という点で進歩したのかも知れないが、それが精神的な痛苦をいやしてくれたかというとそうではない。被圧迫民に客観的な歴史などそもそもないのだ、といって図式的な左翼の歴史観が沖縄の社会に現在盛行しているのも、ある意味での偽客観主義にわざわいされているのだ。一方、伊波普猷は島津の圧制を非難したが、その軛を解き放った琉球処分をドレイ解放として讃美した。仲原、伊波には本土との同化意識が無意識にはたらいている。大田、大城、新川の三氏が本土への糾弾、拒否、懐疑をあからさまに表明しているのと裏はらであるが、沖縄―本土という思考軸が一定してつよいところは共通である。この思考の固定軸をこわすには、沖縄―先島という思考軸をもう一つ加えねばならないことははじめから力説していることである。どだい、首里に王府がもうけられたのは、たかだか今から六世紀まえにはさかのぼらない。首里が沖縄の中心となったのは割合に新しいのである。そのまえにも悠々たる沖縄の歴史はあった。琉球弧に統一した中心などはなく、それぞれの島はそれぞれの独自な歴史をあゆんでいた。中心が無数の島々にあると考えてもよかった。こうした琉球弧の歴史は、日本の統一国家である古代天皇制すら相対化するほどの巨視的な時間をもっている。まして首里・那覇の文化人たちが文献操作だけに血道をあげて究めようとしている王朝の歴史などは、琉球弧の中ではわずかな時間を占有するにすぎない。六世紀足らずまえからはじまる首里王朝史になお執するとなれば、そのうちの二世紀半を先島の民が人頭税に苦しみぬいた事実の比重は重いのである。

沖縄の知識人が沖縄—本土の固定軸しかもたない原因はほかにもある（私は沖縄を沖縄本島の意味で使っている。先島では沖縄本島に旅行することをオキナワにゆく、といっている）。それは沖縄の歴史をひもといてみると、第一尚氏が三山を統一する以前の群雄割拠の時代から、舶載の文明を輸入し、とくにその武器を利用することで敵を制するものが勝利を占めた。自分が外来の勢力を利用しなければ他人が利用して自分はそのために滅亡する。このために外と親和をむすび内とたたかうという不自然な傾向が生まれた。唐《とう》にしろ大和《やまと》にしろ中央とむすぶものがかならず勝つという考えが沖縄社会の見えざる伝統となった。だから沖縄の指導者層の中央志向の底には、こうした心理が今日まではたらいていると、柳田国男は独自の見解を披瀝するのである。

現在でも沖縄の指導層が、東京やその他のところからやってきて、肩書をやたらとふりまわし、指先をちょっと水にぬらす程度に沖縄をながめては、毒にも薬にもならぬことを言ってかえる連中に拝跪している図は滑稽をとおり越して悲惨であるが、それは沖縄の指導層の自信のなさから出たものだけではあるまい。

どこかで中央とつながることによって、沖縄の内部を制しようという意識がはたらいているにちがいない。たとえば、謝花昇は沖縄の社会に殺されたのだ、という考えが沖縄の中にある。私はこの評言を聞いたとき、沖縄の窒息するような社会を思いえがいた。

中央の権力者とむすぶことができずに敗北したものは、狂死するか、沖縄を去るしかない。この息づまるほどにせま苦しい沖縄の社会では、中央の実力者とむすぼうという積極的な姿勢と、そうした社会からの離脱という消極的な姿勢が重なりあって、本土志向が生まれるのだ。伊波普猷が沖縄を去った理由などもはっきりしないが、こうした背景をぬきにしては考えられない。今後、沖縄社会の本土系列化はゆきつくところまですすむとおもわれるが、その結果、沖縄の社会に内在する根本問題を自分の眼をたよりに見てゆこうとする努力はますますうすれていくだろう。本土復帰は、政党や財界や労組や学界や学生運動を系列化していくだろう。沖縄―本土という固定軸はますます強まるだろう。沖縄人の沖縄による沖縄のための思想といったものは、まず沖縄人の手で破壊されるだろう。沖縄が日本本土から隔離されていたおかげて芽を出しかけていたその独自の思想は困難な状況にさらされるだろう。

一方、戦後の沖縄の思想である大田昌秀の醜い日本人への痛烈な指弾、大城立裕の異質と同質とのあいだの懐疑的な綱わたり、新川明の日本人たることの潔癖な拒否、それらは沖縄と日本の仕切りがとれてしまえば、これまでのような形では衝撃力を保てなくなるだろう。その衝撃力は、沖縄の庶民の世界への肉迫という道にしか保障されていないだろうと私は考えている。

思想的な武器としての精神的傷痕

沖縄の混乱は復帰を寸前にして激化している。屋良政権の屋台骨をゆすぶるような黒い霧が沖縄の社会を蔽っている。琉球政府の高官たちを軒並みにおそった汚職を、与党である革新陣営からつきあげられると、副主席や局長はいっせいに辞職をほのめかす。集団的に居直ったかとおもうと、集団的に投出す、という極端から極端に走るやり方は、伊波普猷が「かつて政友会が少数党になった時、沖縄の代議士等が即日電報で脱会届を出した」と述べているのとまったく同様である。もう屋良政府は革新政権などとは言われぬほどに変質してしまっているのだが、沖縄の復帰運動にはもともとそうした体質があったのかも知れない。

いわゆる島ぐるみといわれる運動には、集団的な運動のよわさが内在していたのかもわからない。そのよわさがあったからこそ、手もなく日本政府にその成果をさらわれたのだ。話は二十数年まえにさかのぼるが、私は二・一ストが中止された当時、いなかにいて道をあるきながらフランス人の神父と話をしたことがある。そのとき神父は言った「指導者の命令一下、ゼネストをぴったり中止するなんて、フランスでは思いもかけないことなんです。どんなに中止命令が出ても、私の国では、どこかの労組、どこかの有志が、自分なりに意志を表明します」。私はこの話を聞きながら、一億総火の玉が一億総懺悔にかわったのをぼんやり思い浮べていた。その縮小版が沖縄にはいっそう明確な形でみられるのだ。

沖縄の人たちは幻の二・四ストを今でもくやしがる。あのときゼネストを打っておけば、沖縄のエネルギーは今日のようにむざんな分裂を示すことがなかったという。そして屋良政権の裏切りを憎悪するのだが、ではなぜ、中止命令にしたがったかということには考えおよばない。

そこには本土と似通っていながら、いっそう強烈な形で、集団的に極端から極端へとゆれうごく沖縄人の深層心理が介在しているのだ。極端から極端へゆれうごくといえば、三島の自決事件のときに沖縄人の反応はきわめて冷静であった。しかし事件に衝撃をうけて二人の沖縄人の青年が自殺した。これはたんなる個人の問題ではあるまい。やはり沖縄社会の不安定な情念が噴出したとみるべきである。

現在、沖縄の精神障害者の率は本土の数倍にのぼるといわれ、国会でも沖縄選出の議員によって報告されている。これはいかなる理由にもとづくものであるか。米軍基地の絶え間ない爆音が精神の障害をひきおこすことはいわれている。それだけではあるまい。伊波普猷が指摘するように、島津の琉球支配による沖縄人の「心的傷害」が今なお尾を引いているのかも知れぬ。そして先島には沖縄本島からの隔絶と人頭税の収奪があった。伊波によると、島津の琉球入りのあと、それから明治政府の琉球処分のあと、沖縄の若者たちは前途に絶望し、ヤケッパチになって頽廃的で無気力な生活に沈湎《ちんめん》したのだそうである。それに太平洋戦争の言語に絶する苦難の体験がくわわる。沖縄人の精神的傷痕は、目に見えぬところで膿み、その傷口は今もってふさがっていないとみるべきである。沖縄の人たちがこの事実を直視したら、それをもって逆に一つの武器に仕立てることができるであろうに。

沖縄の内部を直視すれば、精神障害という社会問題であっても、それを思想的な武器にすることができるのだ。すなわち、沖縄の人びとは、その精神のもっともおく深いところにおいて、傷を受けているのだ。この傷の症状だけに気をとられることなく、その原因をつきとめるならば、沖縄が日本の中でどのような位置におかれつづけてきたかという冷静な自己認識が可能となる。それは日本にたいする幻想をはぎとるのに役立つだろう。自分自身の外部に歴史があるとおもうとき、人はふるい立たない。自分自身の中に歴史を確認するとき、歴史と自己の運命感が一体化するのだ。

琉球弧の真の解放とは何か

しかしくりかえし言うように沖縄の人たちは、沖縄の社会の内部の問題を軽視し、直視したがらない。それはとうぜん自己疎外の態度となってあらわれる。まえにのべた東京の文化人や役人にたいする必要以上のもみ手がそうである。本土の学者が沖縄の文化財をふんだくるようなことをやっても、抗議一つできない。しかも一方では、こうした片手落ちの中央志向は、沖縄の指導者層が、本土向けの顔と沖縄向けの顔とを使いわける態度となってあらわれる。沖縄の知識人の中のごく一部にすぎないが、本土向けにはある種の謙遜さを装っている。しかし沖縄向けには指導者づらをかくそうとはしない。これも日本本土のかつての知識人が外国向けと日本向けとを使いわけた態度に似ている。そういう使いわけが見破られないとおもったら、あまりにおめでたい、と言わねばならない。本土向けには全共闘を理解するかのような文章を書き、沖縄向けにはそれがハネ上がった運動だと非難するようなことを書く。こうした態度は政治面にもあらわれる。

私は屋良政府が沖縄本島の中城湾に東洋石油の進出をゆるし、宮古島の伊良部島にパイロット訓練場をたやすく許可しているのをみて、この革新政府をうすっぺらなものとして完全に軽蔑した。この軽蔑感は今もって変わりない。昨年の秋に竹富島にわたったとき、その当時はまだ土地買収のうごきはみえなかったが、竹富島がかならず観光業者の目のつけるところになると直感し、そうなれば八重山全体の破壊になることを憂慮し、那覇の文化人たちに訴えたが、まったく反応は示されなかった。この竹富島の問題は、今年の正月匆々に「日本読書新聞」でも私は述べている。私の予感は不幸にして的中した。その後、沖縄や本土の新聞が書き立てているが、観光資本の攻勢は一向にやみそうにない。知るとおり、石垣市の海岸には四百世帯におよぶ漁業部落がある。彼らは竹富島を中心とした海域で漁業をいとなんでいる。観光施設によって、その漁業が完全に破壊することは明白であるということを、私はその漁業部落の指導者数人から直接聞いた。

八重山の海の調査は東大の水産学科の学者連中が何度もおこなっている。しかもこの学者たちは、八重山の海が観光資源として適切だという判断をしても、それが石垣市の糸満人を中心とする漁業に打撃を与えるという警告はしていないはずである。そのことも漁業部落の人たちから聞いた。こうした学者たちはいったい何を考えているのか私にはわからない。いっそうわからないのは沖縄の指導者たちである。彼らは日本でもっとも美しい海を叩き売ろうとしているのだ。それでなくともそれを黙過しているのだ。

私は八重山で、竹富島にゆくとき、そこの小学校の教師と船に乗りあわせたことがある。三十四、五の男だったが、私が川崎に住んでいると聞いて、ただちに工場の煤煙を思い出したらしく、

――私たちはスモッグというものがどんなものか、わからないのです。と、首をふった。スモッグの正体を思い描くことすらできない世界がまだ日本にある。内村剛介の辛辣な口吻を借りれば、まだ「ジャパン」でない日本がいくらかのこっている。しかし八重山の海はこのままではとおからず死ぬだろう。私はもう絶望している。

大した吟味もせず、沖縄に観光資本の進出をゆるし、やみくもに工場を誘致するといった考えも、煎じつめれば、沖縄の近代化を促進するという沖縄の知識層の思考の固定軸に忠実にそっている。明治の日本がヨーロッパをめざしたのとおなじ文明開化ふうの考えを、沖縄の指導層は捨てることができないのだ。沖縄―本土という固定軸が、沖縄―先島というもう一つの軸を犠牲にした上で成立していることも気にかけずに。

そしてひたすら日本の四十何番目かの県にもぐりこもうとしているのだ。かつて村上一郎が本誌に書いた雄勁な「南海道の思想」が沖縄の指導層にとりあげられてこなかったのを私はふしぎにおもう。本土復帰か反復帰かという問題の立て方の中に、こうした発想がつぶされていくのを、残念におもう。もし屋良政権が日本政府と交渉するときに、南海道の構想をもって折衝するくらいの気がまえがあったら、沖縄の指導層をいくらか見直すのだが、想像力を必要とする構想はまったく湧かないらしいのだ。沖縄のオピニオン・リーダーである新聞が一度でも提唱したというような話もきかない。二者択一の観念ではなく、のびのびした発想を琉球弧いっぱいに展開することはできないものなのだろうか。

（「現代の眼」一九七二年八月号）

「沖縄」を考えるために

巨視的『海上の道』

私は宮古群島の北の果てにある池間島の灯台から八重干瀬《やえびし》をはるかに望見したときの感情を今も忘れない。この八重干瀬の名をもつ環礁は、そこに産する特別な宝貝を求めて、中国大陸の人たちがはるばるやってきた、と柳田国男が推論した場所だったのだ。宮古本島の広さにも匹敵するという巨大なリーフ（サンゴ礁）

に打ちよせる白波は、折りからの夕陽に染められて金色の冠のようにかがやき、私の眼を釘《くぎ》付けにした。

今から半世紀まえの大正十年に、柳田は沖縄を旅行して、八重山の一新聞に「あらはまのまさごにまじるたから貝むなしき名さへなほうもれつつ」という歌をのせているが、宝貝によせる柳田の関心は、じつに四十年後に、独特の仮説、すなわち宝貝への衝動にかられて沖縄列島にやってきた人たちが稲と稲作技術をもたらしたという説となって結実をとげた。

柳田の民俗学にとって、稲作の渡来の課題は、日本人の信仰の起源を解き明かすこととおなじであった。柳田の最晩年の著作である『海上の道』（筑摩書房刊）は、この課題に挑戦して、古代中国で貨幣として珍重された宝貝の話を中心に、雄大な構想力を発揮したものであるが、それはまた、日本人の死後のたましいがかえりゆくべきところを示唆したものとしても重要である。沖縄を理解するには、途方もなく巨視的な時間と空間のなかに琉球弧を置いてかからねばならないことを、この『海上の道』はおしえている。

明治十二年の琉球処分で日本統治の一環に組入れられた沖縄が行政的にやっと本土の府県並みに扱われるようになったのは大正九年である。その間の沖縄は、本土並みの人権と自治の獲得を目指すものたちの苦闘の歴史であった。とくに日本と清国との間の緊張が高まる明治二十六年は、中村十作や城間正安にひきいられた宮古島の農民が、人頭税の廃止を求めて不屈の闘いを展開した年である。人頭税は先島《さきしま》と呼ばれる宮古・八重山両群島だけに課せられた苛酷《かこく》きわまる悪税で、明治三十六年に廃止されるまで、じつに二百六十六年間つづいた。当時、笹森儀助は先島を経めぐって、人頭税とマラリアに呻吟《しんぎん》する無告の民を目撃し、腐敗した政治にたいする憤怒をもやした（その告発の記録『南島探験』は笹森の名を不朽にするものである）。

『沖縄の民衆意識』

そしておなじ明治二十六年に、沖縄ではじめて言論の道具として新聞が創刊された。沖縄で発行されたこれらの諸新聞を基礎資料として駆使しながら、大田昌秀は『沖縄の民衆意識』（弘文堂新社刊）を書いた。大田は、明治三十年代初頭の謝花昇とその敵対者との対立関係を、日本本土と沖縄、もしくは沖縄社会内部の緊張からかもし出される意識の力学として捉《とら》える。日本本土の支配層が差別の鞭《むち》と同化の飴《あめ》をもって沖縄を追いこんでゆくとき、沖縄がわがそれにどう対処したかにも精細な分析を試みる。沖縄の人たちの意識構造とその行動様式を冷静に認識しようとする大田の情熱がこの労作をすぐれたものにしている。

沖縄の社会は日本本土によってつねに断絶と飛躍を強いられた。それに反応する沖縄の牽引《けんいん》と反発は今後もつづくことは明らかであるが、本書に提起された問題は、沖縄像の核心に達するための多くの可能性を秘めている。なお本書で論じられた沖縄の近代化が日本と同化する志向をもつ危険性については、同化教育の一環として沖縄で方言禁止の教育がおこなわれたのに反対して論陣を張った柳宗悦などの「方言論争」を見のがすことはできない。

現状暗示の戦時

昭和二十年四月から六月にかけて、沖縄本島とその属島は、圧倒的な物量をもっておそいかかる米軍をまともに受けて、凄惨《せいさん》な戦場と化した。しかも日本軍は沖縄の人たちを守ることはおろか、そのあからさまな敵対者となった。米軍と日本軍の双方にはさまれて孤立無援の沖縄の姿は、今日沖縄の置かれている状態をそのまま暗示する。これからすれば沖縄がいま戦争に反対し、自衛隊の配置に疑惑をいだくのは、ごく自然なことである。

『沖縄戦記録』の鋭さ

「沖縄県史」のなかの一巻として出版された『沖縄戦記録』（沖縄史料編集所編）は千人近い沖縄の非戦闘員で戦争の体験者に一々当って、その聞き書きをとったものであるが、本土の常識では測ることのできないほどの犠牲のものすごさを、なんの形容もなく淡々と語ってゆく沖縄の庶民の声にほとんど戦慄《せんりつ》する。私はいまだかつて、極限状態におけるこれほど純粋な人間のことばに接したことがない。島津の沖縄侵略のときの沖縄がわの声は残らなかったが、沖縄戦の民衆の声は、稀有《けう》な人間記録として、本書によって後世にながく伝えられる。この書は、沖縄の戦後思想の原点を示していると同時に、沖縄県民のうち三人に一人が死ぬという犠牲の意味を、本土にむかって鋭く問いつづけてもいる。

人々が『沖縄の証言』

最後に沖縄の戦後史のなかから一冊を選ぶとすれば、抑制のきいた、しかも具体的な叙述で終始する『沖縄の証言』（沖縄タイムス社刊）を推したい。戦火で灰に帰した沖縄の戦後は「大洪水」のあとの人類更生の物語にひとしいものがあったにちがいない。それは本書のまえがきのなかにある「戦火が終息し、無数の壕から幽霊のような姿で地上に現れた生き残りの住民が、占領米軍の支配のもと、虚脱から立上り、地上に再び秩序と人間社会を築き上げるまでの……軌跡」ということばにもうかがわれる。本書は、数百名にのぼる沖縄の人たちの証言を糸として、織物を織るような記述の仕方をとっている。

私は本書をごく最近に読んだのであるが、そのきめのこまかい描写から、まるで小説を読むようなあざやかな印象を受けた。一定の視角からとり扱った沖縄の戦後史の多いなかで、本書を際立《きわだ》たせる特色は、日常的視点から沖縄戦後史の全体像に迫ろうとしているところにある。しかし、それには大城立裕の小説「琉球処分」や「カクテル・パーティー」に見られるように演劇的手法がとり入れられていて読む者を最後まで倦《う》ませない。

なお、沖縄をよりくわしく知るためには、沖縄学の父と呼ばれる伊波普猷や、はじめて沖縄の歴史に科学的方法を適用した比嘉春潮の諸著作（ともに沖縄タイムス社刊）を避けて通ることはできないことを付記する。

（「朝日新聞」一九七一年一一月一日）

無視された〝沖縄の心〟——問われる日本人の罪

第三の「琉球処分」に

私たちは薩摩の琉球侵略や明治政府の「琉球処分」の例を、これまで文字のうえで知ってきた。しかしいま私たちは、その第三の琉球処分といわれる沖縄返還協定の強行採決の立ち会い人となった。後世の日本人は、当時の日本人がなぜそのようなことを許容したか疑惑を持つであろう。しかも私たちはその疑惑に答えられないのである。

沖縄の血の叫びは無視された。沖縄をして過去の苦しみを味わわせてはならないとする本土の声も、あわせてふみにじられた。日本の支配層にとって、沖縄は軍事的価値しかもたない。それが今度の沖縄国会の審議過程においてあきらかになった。佐藤政府はアメリカの世界戦略の一環としての沖縄しか見ていないのだ。

おもえば沖縄が歴史を転回させるのは、つねに外部の強制力によってであった。沖縄の歴史の転回をうながす外部の措置は、まさしく「処分」の名に価するものであった。そしてひとつの処分はつぎの処分によって引きつがれるというのが、沖縄の歴史のこれまで一貫した在《あ》り方であった。すなわち、沖縄は本土から遠ざかろうとすれば引きよせられ、本土に近づこうとすれば突き放された。それは本土と沖縄との関係の基本的なすがたを示すものであった。

薩摩藩は江戸時代に匹敵する期間沖縄を領有した。沖縄は異民族として突き放され、疎外された形で収奪された。薩摩藩はその行為に対して、ただひとつの弁明しかできない。つまり琉球弧から収奪した富を蓄積し、明治維新を切り開く原動力としたという、くるしい言いわけである。かりにそうであるならば、明治以来の富国強兵策の当然の帰結である太平洋戦争末期のあの悲惨さを、沖縄に負わせる理由とはなんであろうか。

いまを去る二十六年まえ、沖縄本島の西がわにひらける水平線は、百隻をこえる米軍の艦船で真っ黒に埋めつくされた。米軍は上陸地点めがけて一坪（三・三平方メートル）あたり二十発の弾丸を打ち込んだ。こうして激烈な死闘がくりかえされた。向日葵《ひまわり》は狂い、仏桑華《ぶっそうげ》は血に染んだ。壕《ごう》の中のあかんぼうは泣き声を立てると敵兵に所在を知られるというので、日本兵に射殺され、あるいは首をしめられた。

石のように重いことば

そしていまから二年前、私は日米共同声明の直後、沖縄を訪れて、知識人と庶民とを問わず、不覚の涙を流すのをみた。彼らのくやし涙を目のあたりみて私はなぐさめることばを知らなかった。戦争時の地獄のくるしみも、敗戦後二十数年間の渇《かわ》きもなんの役にも立たなかった。人々は「私たち沖縄の人たちの運命は……」とか「沖縄は宿命の島です」とか言いさして声をつまらせた。このことばを使わせてきたのは、沖縄の人たちでなく、本土の日本人なのであった。それはなんとまた、石のように、金のように重いことばなのであろうか。いやそれは、なんの理由もなく日本軍から斬殺《ざんさつ》された沖縄の無告の人たちの首のようにも重いのである。

怒りも涙もかれた彼ら

戦後の異民族支配の苦難の生活の中でひたすら祖国を夢みた沖縄は、形は本土に引きよせられ、その実はみごとに突き放された。戦争の惨禍は沖縄にだけ背負わせ、その土地は軍事目的に使用するという日本の支配層の基本的な在り方は、戦後二十六年間を経ても、いささかも変わりないことが、この沖縄国会で実証された。もはや、沖縄の人たちの乾《かわ》いた頰《ほほ》、蒼《あお》ざめた唇から、なげきが洩《も》れることはないと私はおもう。沖縄の心は本土政府の侮蔑《ぶべつ》的な仕打ちにたいする怒りにふるえているだろうが、嘆息も涙も彼らはそのながい苦悩の歴史の中で出しつくしているからだ。

しかし、彼ら沖縄の人たちは、それを自分たちの運命と呼ぶことを今度こそ拒み、日本にたいする期待を断ち切ったところからすべてを新しくはじめるにちがいない。

沖縄に課せられた苛酷《かこく》な現実の方向はここ当分変わることはあるまい。これからも巨大な基地のむこうに珊瑚礁《さんごしょう》の青くあわ立つ海がみえるといった風景はつづくだろう。だが果てしない苦難の歴史の物語があたらしく書きはじめられるとき、沖縄の人たちの日焼けしたやさしい笑い顔には、異邦人のようなある無関心さがみとめられるだろう。そしてその瞳《ひとみ》はまっすぐに私たちに向けられ、突き刺さってくるだろう。

現地沖縄の必死の声をきかず社共両党欠席のまま採決をあえてした佐藤政府の名が、歴史に残ることは確実である。だがそれをとどめることのできなかった本土の日本人として、私たちは沖縄を第三の琉球処分に追いこんだ罪を、無言で問われることだけは覚悟しなければなるまい。

沖縄はその心に黒いリボンをつるし、弔旗をかかげよ。


(「中國新聞」一九七一年一一月二六日)

祭の熱狂と沈黙

私は昨年の十一月、沖縄の宮古島で見た光景をはっきりおぼえている。

それは宮古本島の北部にある島尻という部落はずれの海岸をあるいていたときだ。海はあくまで青く、海岸には真黒に日焼けした裸の男たちがクリ舟の中で網をつくろっていた。

海岸から入りこんだ丘のいただきは、わずかな平地になっていて、下は断崖である。平地のはしには石が積んである。この積石の正面には海をへだてて大神島が浮んでいる。

大神島では、島尻は自分の長女だと呼んでいる。島尻の近くの狩俣《かりまた》のほうは長男だということである。大神島と島尻、狩俣との関係はふかい。この三者には毎年秋から冬にかけて似たりよったりの祖神祭《おやかみまつり》がおこなわれている。

大神島で、祖神祭が終ったあと、島尻部落の祖神祭が始まる。島尻の祖神祭が終ると、祭が終ったことを大神島にむかって報告するために、この積石の上で茅やススキを燃して、烽火をあげるのである。

こうした行事がいつから始められたものか知る由もない。真正面に見える大神島か海に聞くほかない。

その丘を降りて別の小路をたどると、中腹に茅葺の小屋があり、その小屋の奥に十人あまりの女たちが地面にむしろを敷いて、きちんと坐っていた。茅の屋根は低く垂れ、入口はせまいので内部はひどく暗い。小屋のまんなかに一本の柱があり、石を置いて炉をこしらえてある。石器時代の小屋とまったくおなじである。

いままで幾日も山の中に籠って祖神祭をおこなっていた神女（ツカサ）たちが、そのつとめを終って小屋で断食をしているところに私は迷いこんだのだった。

そういえば女たちの顔は血の気がなかった。そしてひどくしずかであった。話し声もかすかであるのは、それだけの気力がないのであろう。

祖神祭の最中、祖神《おやがみ》になった神女たちは、山の中をハダシのまま歩きまわって、神歌《ニーリ》をうたい、お祈りをし、夜はススキの葉を敷いた寝床の上で眠ると聞いている。南島とはいえ、宮古島の冬の夜は、戸外にじっとしていられないほどさむいことも私は体験している。そうした烈しい心身の消耗のあげく、島の突端のこの人気のない丘の中で、白昼こうした断食がおこなわれている。茅やススキの茂みにかこまれた小屋で、異様にしずまりかえっている女たちの光景は、千年か二千年かまえのアルバムの写真を一枚ぬきとって眼のまえに置いたような感じである。

こうした苦行をともなう祭は、幾十世紀かはかり知れないほどの年月をもって、つづいてきているとおもわれる。

祭に参加するものは、部落の人と部落出身者だけである。神女が山にこもっているあいだは、部落のものも連絡係の女のほか近づくことはできない。女たちのしずかな断食をわざわざ見る人もない。

もともと祭はこのようなものであった。

それがいつのまにか、見せる祭、見る祭になってきた。都市中心の祭礼は、見物人を排除するわけにもゆかないという事情があるにせよ、祭はしだいに華美なものになった。

それが今日では、見物人がいないと祭がさびしいという段階にまですすんできた。ただにぎやかなのが祭である、というのは祭の本質を誤解するものである。まつりは共同体が神をまつるのだから、祭に参加するものの顔は神に向いている。それが人間相手、それも観客相手の祭となってしまったとき、祭の概念は拡散と、堕落の一途をたどるほかなくなったのである。祭の熱狂はゆるされることだが、一方では、それと向きあうきびしい沈黙がなくては祭といえない。

そのことを宮古島の明るい自然の中の音を消した光景を思い出しながら考えるのである。

「沖縄学」と「アイヌ学」の今後にあるもの——同化から異化への志向

（「現代の眼」一九七一年一一月号）

沖縄学とアイヌ学とは日本列島の最辺境である沖縄と北海道のアイヌを対象とした学問である。だが、この辺境はかつて独立自尊の道を歩いた琉球王国とアイヌ・モシリ（アイヌの国土）のあったところである。だから辺境であって、しかも、そこは誇りたかい歴史を何百年ももちつづけていた。しかし沖縄もアイヌも今は日本の歴史の波の中に呑まれているかのようにみえる。こうしてかつて独立のいとなみをもっていたがゆえに、その誇りはひとしお傷つかねばならなかった。彼らを異族扱いにする差別観がながく支配してきたからである。日本国家の羈絆《きはん》をまぬかれていた独立の時代、それに裏表になるような被差別、被支配の時代。この二つともが沖縄人もしくはアイヌをのぞく日本列島の他の地方のあじあわなかった意識の歴史なのだ。

だから昨今、盛んな地方史の試みと沖縄学もしくはアイヌ学は似ているようで、かならずしもそうではない。独立した歴史がとうぜん、生み出した自己と他者との間の言語、習俗、宗教、文化のちがいによる差意識と、屈辱の歴史が生み出した被差別の意識を、他の地方史はもたない。そしてこの二つが沖縄学とアイヌ学をきわめて陰影の深いものにするのである。

ともに全体を追求する学問

沖縄学とアイヌ学の共通した特徴で、しかも見のがされ勝ちなのは、この両者が沖縄あるいはアイヌに関する全体を追求する学問だということである。政治と宗教、民俗と歴史、文化と生活は不可分な形で一体化してきたのが沖縄とアイヌの世界であった。その世界には専門細分化を許さないものが存在したし、現在も存在する。したがって、沖縄人もしくはアイヌが意識の主体性をとなえるとき、それは意識の全体性と言い替えることも可能である。さまざまな形で自己意識の解体にさらされている現代人は、沖縄学もしくはアイヌ学に触れることによって、自己の全体性の回復を目ざすことができる。そのような学問は、日本についてのその他のどの分野にも、もはや見当たらない。それこそが沖縄学とアイヌ学の大きな恩恵であることを私は力説したいとおもう。

沖縄学もアイヌ学も、沖縄人とアイヌ人が自己の歴史を省みるところから出発する学問である。国学が日本人の内省の学であるという意味から、柳田国男と折口信夫は、日本民俗学を「新国学」の別称で呼んだが、沖縄学は沖縄における国学であり、アイヌ学はアイヌにおける国学と考えて差支えないものである。

とうぜん、それは沖縄人もしくはアイヌ人の自覚の上にきずかれるものである。自己の歴史をふりかえって、誇りと郷愁と悲哀と憤怒の渦まく感情を湧き上がらせながら、その自覚をたんなる感情にとどまらず、対象化しようとするとき、沖縄学とアイヌ学はみずからを解放する武器に仕立てることができる。しかし、これまでの沖縄学とアイヌ学はどうであったか。

学問のあり方に痛烈な批判

一般に、沖縄学はウチナンチュ（沖縄人）である伊波普猷《いはふゆう》によって創始されたとみられている。伊波は柳田国男の指導を受けて、沖縄の歴史と民俗の研究と取り組んで大きな業績をのこした。伊波の活躍した当時、沖縄の内部には、沖縄を本土と同等の地位に引きあげたいというつよい欲望があり、伊波はその代表的な知識人であった。だがそうした願望のゆきつく果ては日本支配者の沖縄を皇国民化しようとする政策とおなじわだちの中であった。

こうして第二次大戦における沖縄戦の悲劇を招来したところから、沖縄学の父とよばれる伊波の思想は、沖縄の内部でつよい批判にさらされることになった。

一方、アイヌ学は金田一京助によって手をつけられ、その弟子で、しかもアイヌ出身の知里真志保《ちりましほ》が継承したものである。知里のほかにも多くの和人（シャモ）のアイヌ学者がアイヌ研究を推進してきた。こうした和人の学者たちは、露骨な和人の収奪のまえにおののくアイヌを救う道は、アイヌのしるしを消し去って、自然に和人の中に同化混血するのを最良とみなした。

だが、そうした考え方は、ながい将来を見越しての方便ではあっても、現に差別に苦しんでいるアイヌを真になぐさめ激励する救済策とはなり得ない。

要約すれば、沖縄学もアイヌ学も、同化思想にみちびかれて今日まで展開してきたといいえる。ただ沖縄学の同化思想は沖縄人のあいだから、アイヌ学の同化思想は和人のアイヌ学者のあいだから生まれてきたというちがいはある。そして数多くの沖縄人やアイヌ人が善意から、この同化思想に協力してきた。日本国民の一員として同化することは彼らのつよい願望であった。

なぜなら彼らは差別されることをおそれもし、いきどおってもいたからである。しかし、それが結果的には日本の支配層の収奪のための同化政策と軌を一にすることになった。

そこで沖縄学もアイヌ学も、その歴史を担ってきた人たちの自覚を中核として形成されなければならぬという機運が起こってきた。そしてこれまでの沖縄学とアイヌ学の在り方にたいして痛烈な批判が加えられることになった。日本本土の沖縄学者やアイヌ学者が、悲惨な生活を強いられている沖縄人もしくはアイヌの現実から眼をそらして、人類学的・民俗学的研究に没頭しているのにたいして、沖縄不在の沖縄学、アイヌ不在のアイヌ学という非難が起こったのは無理からぬことである。

こうした批判が戦後二十何年目かに、ウチナンチュもしくはアイヌのウタリ（同胞）の中から生まれたのは、日本近代史の上でも画期的なことである。それはヤマトンチュ（大和人）もしくはシャモ（和人）にたいして大きな影響を与えずには、すまない思想的な事件であった。

なぜなら、ウチナンチュやアイヌが、日本国家と同化する道よりは、それから自分を引きはなす異化の道の方へと進路を転換したことは、同一言語を話す同一民族こそが国家であるとおもいこんでいるヤマトンチュもしくはシャモの国家意識に訂正を求めるものだったからだ。沖縄学とアイヌ学は日本人の国家観に決定的な亀裂を生ぜしめるものとして、いまあたらしく登場してきたのである。

差意識には排他主義の罠が

これまで沖縄学とアイヌ学は、同化思想を根底においていたために、沖縄とアイヌの日本国家にたいする差意識を十分に明確にすることができなかった。むしろ、それに眼をつむってきたふしも少なくない。日本人の差別政策をなくさせるためには、その差意識を抹殺すべきだと考えたのである。だが、今、その差意識こそが沖縄もしくはアイヌの自覚をうながす根拠だと考えるとき、差意識はむしろ肯定すべきものとみなされてきたのであった。同化から異化への決定的転換がはじまった。ここにおいて、これまで沖縄学やアイヌ学に協力してきた日本人の立場はきびしく問われることになろう。沖縄やアイヌの侵略者である日本国民のはしくれであって、しかも彼らの理解者となることが可能であるか。

一方、沖縄人やアイヌにもワナが待ち設けている。沖縄学やアイヌ学は自分たちの手で推進するという意気ごみは、エスカレートするときに、かならずや排他主義を生まずにはすまない。そしてその危険な兆候は、はやくも現われはじめている。私たちは沖縄学とアイヌ学の誤りない方向を注視しなければならない。

（「公明新聞」一九七二年八月一日）

奄美の風土を通しての贖罪——『島尾敏雄非小説集成Ⅰ　南島篇1』

島尾敏雄の作ったヤポネシアという語を借りて、私は日本の常民についての考えを展開してきた。言葉だけでなく発想も借りているのだから、私は内心ひそかに島尾に義理を感じている。このヤポネシアという考えは日本を相対化する視点に立つものであるが、私は近年日本の島国としてのマイナスの特徴に注意が向いている。島国のプラスの特徴がヤポネシアであるとすれば、私は日本列島の非ヤポネシア的側面をも見ざるを得なくなってきている。

日本が島国として存在する以上、このプラスとマイナスは癒着して分離できにくいもので、いわばその特質を自覚する以外に逃れる道はない。そう考えて、私は『孤島文化論』を書いた。島尾の発想のかがやきも、私がそれを借りてにぎりしめているあいだに手垢によごれてしまったという悲しみと、それからヤポネシアという語に私なりに新鮮な感動をおぼえた一時期がすぎ去りつつあるのではないかという不安が私を捉えている。

島尾敏雄とは昨年九月十二日に奄美を訪れたときに会った。そのまえに東京で二度会っているのだが、大した記憶はない。奄美図書館の館長室に半袖すがたで彼はいた。小型の扇風機が物うげにまわっている机のむこうで、単調な日々とむき合っている島尾、つまり文学者として彩どられたのではない島尾を私は見た。島尾の顔には人生を反芻した人間に特有のかげりがあった。島尾につれられて私は鶏料理の店にあがった。そして彼に昼飯をごちそうになりながら、私たちは話をした。

奄美におちついて二年間は職がなくてすごしたと、彼の口から聞いて、私は茫然とした。島尾はどんな場合でも、自分を防禦することをしない。石につまづいてもふところ手のままだ、と私は言った。島尾は微笑しながら肯定した。この島尾と話をしたひとときはたのしかった。東京にかえってから、そのときのことがシャボン玉の内部の透明な風景のようにふわりとよみがえってきた。奄美にまたゆきたいという衝動を感じるときに、つきつめてみればそこにはきまって島尾のすがたがあった。

奄美の九月中旬は内地の真夏なみの暑さだった。宿屋のクーラーが朝六時にとまると、とたんにからだ中の毛穴という毛穴から汗が吹き出すのだ。沖縄は高い山がないために風がとおるのだが、奄美の山々はつい立になって風をさえぎるので、むし暑い。それに奄美の風土は沖縄よりもきびしいものがある。たとえばハブにたいする恐怖は沖縄よりも大きい。

私は島尾が外来者として十七年も奄美ですごした日々を思った。満潮時になると、きまって海の潮に頭からぬれてしまう海中の岩のように、彼は奄美の風土に耐えつづけていた。それは風土による、風土をとおしての贖罪とでもいうべき姿なのか。その贖罪の対象は、彼の伴侶の生御魂《いきみたま》を鎮めることから出発して、更に大きく羽ばたいていったのではないか。

奄美の苛酷な風土、邪悪ともいえる自然に島尾が耐えることのできたのは、彼が悪の消息に通じている人間だからだ、という私なりの推測をもっている。嵐の日々にも海の底がうごかないのとは逆に、島尾の文章の表面のおだやかさが、深部の激しさを物語っている。アポロのめぐみゆたかな南島の生活について語るとき、私は島尾の文章の底にとらえがたい魚の影のような陰影をみとめずにはいられない。とすれば彼の語った部分よりは、語らなかった部分に関心がうごいていくのは当然である。すくなくとも彼の南島論はそうした前提のもとで読まれるべきである、と私は思っている。

島尾敏雄は文学者でありながら非文学の世界に関心をもつ。朝から晩まで文学のことばかりという人びとには敬遠している私のようなものも、島尾の世界とは相渉ることができる。島尾敏雄は大きな陰影をもった人間である。

（「日本読書新聞」一九七三年四月二三日）

スケッチ入れ楽しく――恵原義盛『奄美生活誌』

沖縄と本土との間で見落とされている部分が奄美である。奄美はこの双方から差別され無視されてきた。しかしこの欠落した部分が日本の古い文化を照射する鍵であることが昨今ようやく気付かれはじめている。このときに本書が刊行された意義はすくなくない。

本書をふくめて奄美の郷土史や民俗誌は独特のあじわいをもっている。昇曙夢や岩倉市郎や金久正や大山麟五郎などの人たちの書いたものは、沖縄の人たちの文章には見られないキメの細かさをもっている。それは二重の権力にはさまれ、二重に疎外されたものの哀しみが、しずかな認識の底に定着し、透視されるからだろうか。それとも奄美には沖縄の社会より強固な古代がのこっているからだろうか。それに比べると、沖縄の学問にはやや過剰な気負いが目立っている。

本書はその題が「奄美民俗誌」でなくて「奄美生活誌」となっているように、生活感情にあふれているのが一貫した特徴である。奄美の村の自治と共助。奄美の家の構成とすまい。その中でおこなわれる砂糖作りや芭蕉衣織り、さては昔は立産であったという奄美のふしぎなお産のことも著者の自筆の絵入りで説明されている。花嫁をずぶぬれにしてしまう結婚祝いのときの水かけ習俗、そして奄美に特有なマワリズレ（遊行女婦）の生態も生き生きと描かれている。

著者の関心は奄美の自然にそそがれており、それだけに奄美の海と人びとのかかわりあいにふれるとき、著者の筆はもっとものびやかである。海藻とりや貝拾いや釣りや突きもぐりなどの漁法をくわしく述べて、あくことがない。そしてフナコボレ（海難事故）やウブクレ（溺れ）などの海の悲しみに言及することも忘れない。

奄美の子どもの遊びと玩具を紹介した文章も興味をひく個所である。というのも、奄美にかぎらず民俗現象は全国共通のものが多いが、子どもの遊びの仕方にはいつも即興的な独創性が感じられるからだ。子どもたちにとっては奄美の海山が相手である。海辺のくさぐさの貝を牛や猫や山羊に見立て、ソテツの実で笛を、ハマユウの茎で風船を作るというように、奄美の子どもを夢中にさせずにはおかなかった自然の玩具が紹介されている。

著者にはスケッチの才能があって、その絵が本書の随所に挿入されて、読者の理解をたすけ、目をたのしませるのに役立っている。

（「東京新聞」夕刊、一九七三年九月一二日）

二重の疎外から生まれる視座――『伊波普猷全集』

『伊波普猷全集』第一巻には彼の最初の著書『古琉球』が収めてある。その中の一文章をよむと、伊波普猷は小さいときに祖父から魚培元という唐名をつけてもらったという。言い伝えによると、伊波の家柄は中国人の子孫で、しかも、それが蒙古とチベットの間にある甘粛省の渭水《いすい》に沿うた天水という所の魚氏の子孫である。

伊波の先祖になった魚氏の子孫は明の頃に島津氏か明の船かで九州日向にやってきて、そのあと琉球に渡ったといい、やはり唐名は魚氏を名乗ったらしい。その末裔は日本商人の娘をめとったり、中山王府の八重山征伐に加わったり、さまざまな体験をしている。どこまでを信用してよいか分らないが、伊波の祖父も六、七回は中国に渡って貿易をいとなんだというから、伊波の家系には国際的な放浪者の血が流れていたことはみとめねばならない。

『全集』第一巻の扉には、そうした放浪者の家筋の血すじにふさわしく、心の優しく寛容な、しかしどこか気弱なところもある、伊波普猷の写真がかかげられている。伊波がながい間、沖縄をはなれて東京の生活を送ったせいか、亡命者の面影すらひきずっているが、この写真は沖縄をはなれるまえのものである。伊波には故郷からの亡命を余儀なくされる運命がはやくからめばえていた。

伊波普猷は沖縄の社会では第一級の知識人であった。伊波のまわりに「新しい女」たちがあつまったのをみても、沖縄の社会にそぐわない知的な雰囲気が彼にそなわっていたことが知られるが、そのことがまた、伊波の沖縄から追われる原因を作った。しかし伊波の東京生活は、けっして快適なものではなかった。この二重の疎外者の悲哀によって、伊波は沖縄を対象化し、対象化することによって沖縄を捉える視座をもち得た。

伊波はまず言語学を専攻し、ついで柳田国男と接触してその指導で民俗学への道をすすんだのだが、明治の末年に刊行された『古琉球』をみるとき、柳田と会うまえに彼は独自に沖縄の民俗を手さぐりしていたことが明瞭である。彼の興味はすでに言語、民俗、歴史と沖縄の社会の多方面にわたっている。言語の面では有名な「P音考」を書いている。「おもろさうし」にも触れているのは、彼の中学時代の師の田島利三郎の影響とみれば当然である。しかし、注目すべきことは、伊波が宮古や八重山の古謡に関心を示していて、その紹介をしている点である。主として首里王府の文献に終始し、沖縄本島の社会のみに満足していた沖縄の学問は、伊波の出現によって大きく飛躍をとげた。

伊波は社会的偏見とたたかうことと自分の学問の展開とを別々なものと考えなかった。なぜなら琉球王府は先島を搾取する植民地としてしかみていなかったからだ。もし伊波が沖縄をはなれずにいたら、伊波の学問は先島や奄美の研究をとおして、更に大きな成果をあげ得たにちがいない。

伊波の文章の魅力は、その論文の前提よりも細部にある。彼が細部を追って、あくことを知らないときに、文章の構成はくずれるが、しかし読者には安心感を与える。たとえば、『全集』第五巻に収録される予定になっている「あまみや考」などは私の愛読するものの一つである。一般的に言って、細部において読者を堪能させ、たのしませることのできない学問を私は信用しない。

私はかつて沖縄の社会を「多面体の結晶」と呼んだ。沖縄では政治と宗教、民俗と歴史、言語と民俗は密接にむすびついている。対立物が対立するだけに終らず相互に補完し合うために協力する。こうした沖縄の社会の特質は、第一に伊波が多方面に好奇心をもやしていたこと、第二に伊波が詩人的な素質をもっていたこと、第三に伊波の割り切らない性格によって、もっともよく表現された。「沖縄学」は伊波以外の誰によっても創成することはできなかっただろう。

たとえば伊波の批判者である仲原善忠は、薩摩の琉球侵入を封建社会の必然的な動きとして受け入れ「侵入」ではなく「進入」であるとしたが、こうした大学学問官僚の「割り切り」かたでは沖縄学のもつ全体のイメージをつくることはできない。客観的な歴史認識をよそおっているが、仲原説は封建社会の本質をとりちがえた論議である。また言語学的な分析は、それに詩人的な直感が伴わないときに、常識ばなれした的はずれの結論を生みやすい。言語学者は往々にして「確信犯」である。伊波が沖縄の歴史社会を良く射たのは、彼が言語学という矢に、詩人的な資質という矢羽をつけることができたからである。

これまで伊波の著作は高価を呼ぶ古書でしかなく、利用できるのは、せいぜい『選集』三巻にすぎなかった。今回の『全集』の刊行で、その不便は一挙に解消される。伊波が沖縄にのこした学問的な遺産を検討し、批判的に継承するためには、伊波普猷にたいする批判者たちにもこの全集は不可欠なものである。伊波を批判するにはその同化思想だけをあげつらうのでなく、彼の学問全体を問題にするのでなければ、片手落ちのそしりをまぬかれない。率直に言えば、伊波普猷の思想などは取るに足りない。だが、伊波の取り組んだ言語、民俗、歴史など沖縄学の成果を否定することはできないと私はおもう。

『全集』第一巻の末尾につけられた「解題」は書誌的に緻密なものであり、しかも余計な文章のまったくないのが、すっきりしていて気持ちがいい。ただ、晩年の伊波を支え、親身に世話をし、伊波の精神をもっともよく知っている比嘉春潮氏の名前が監修者の中に加えられていないのはどうしたことだろう。どんな事情があるか知らないが、さびしいことである。

（「日本読書新聞」一九七四年五月一三日）

海彼の原郷

一

青の島についてはすでに「常世論」の中で触れたところであるが、その後、多少の知見が加わったので、この際書いておきたい。沖縄本島の大宜味《おおぎみ》村謝名城《そんじやなぐすく》に住む大城茂子氏に教えられたところでは、海神祭のときニライカナイに神を送る歌に、

えい　えい
うくやい
うくやい
送《う》くやびら
えい　えい
まやぬ神
いやーい
送くやびら
えい　えい
青《あう》ぬ神いやーい

送くやびら

というものがある。「まやぬ神」は、マヤの神あるいは真世《まよ》の神ともいう遠来神である。八重山のマユンガナシもその一つ。これらの神はもとの処にお帰りなさいというのが歌の意味である。ここに「青の神」が出てくることは注目すべきである。『山原の土俗』には、

えい　えい　あふの御神
なむとむとかち
御移《うきい》り召《み》しようち
やまぬ御神
なむとむとかち
御移《うきい》りみしようち

という歌がある。これは祝女《のろ》や根神以外が死んだときの葬いの歌とされている。

この中の「なむとむとかち」は「自分それぞれの」という意味で、前の歌とおなじく自分自分の住居にお移りなされて下さいという内容である。

以上のように「青の神」は「マヤの神」と対語であり、また「やまの神」とも対語である。根神は山の神ともいわれている。おなじく『山原の土俗』には、

「つーふーあふぬ御許拝で」

という句を中に含む根神の葬式のときの歌がある。「つーふー」とはその村の首長である神女のノロを指すというが、そうなると「青の神」は海の彼方から訪れるニライの神を指す一方では、根神やノロ、あるいは

その居場所についてもいわれているようにみえる。

外間守善氏は『琉球国由来記』や『女官御双紙』にあらわれた「あふたもと」「青たもと」という語が「しけたもと」と対語になっており、また今帰仁《なきじん》村に伝わる「家造りのウムイ」でもアフヌ山とタキヌ山とが対語になっていることを指摘している。そこで「シケに聖なる場所を表す意があることはおもろ語にもあるので、シケの対語のアフも同意であることはほぼ推察がつく」として、アフはシケ（聖域）タキ（聖域）と同義語と解している。そして「アフヌ神」は聖なる処の神とでも訳したらよかろうといっている。シケは上代日本語のシキあるいはスクに相当する語なのであろう。

外間氏の分析は示唆に富んでいる。シキやタケに接頭の美辞をつけるとグスクやウタキとなって、沖縄の聖地をあらわす日常語となるが、グスクまたはウタキをくまなく踏査した仲松弥秀氏は、そこがかつては古代人の葬所の跡であることを立証した。このスクまたはタキと対語になるのが青という語なのであるから、青の名の付く地名もまた古代人の葬所であったという類推が可能である。そしてそれは古代の青の島が死人を葬る島であったという仲松説を側面から実証することにもなる。

宮城真治氏の『古代の沖縄』によると、伊計島の八月の「しぬぐ祭」にうたう「オモイ」の中に、

うえんちゃあ（鼠）や
奥《おう》武ぬ島んかい
けえ、とうどうりよう
たまがぱら、がぱら

という一節がある。鼠は奥武の島に飛び立てよ、という意味で、虫送りの風習を述べたものであるが、奥武

の島はもと青の島であったと仲松氏は見なしているから、青の島に鼠を送ることになる。

今日、虫送りはニライカナイに送りとどけるものとされている。久米島の『仲里旧記』を見てもそこでは鼠をニライに送り返すための壮絶な「おたかべ」がある。青の島はニライカナイと同様なものであると考えられていたことが分かるが、ただ現在も「奥武島」というのが沖縄本島とその周辺に数カ所あるのをみると、そこは漠然とした常世ではなかった。

『球陽』や『中山世鑑』に荒神《あらかみ》は海神であって、いったん澳に足がかりとして上陸すると述べてあるのは「常世論」ですでに触れたことであるからここにはくりかえさない。澳は青の島（奥武島）のことである。荒神は新神《あう》とおなじであるが、この新神のことは『琉球神道記』にはキミテズリというとある。キミテズリとかキンマモン（君真物）というのは神名であると同時に、どことなく神女をもおもわせる。ただ『琉球神道記』に「天より下り給う、ギライカナイのキンマモンと称す。海より上り給うを、オボツカクラのキンマモンと称す」とあるのはまったく逆で、まちがっている。

伊波普猷は『琉球史料叢書　二』の解説の中で「おもろ双紙、第二十一、久米の二間切の双紙の中には、奥武《あう》という小島に上陸した君真物《きんまもん》が、はるかに、若按司《わかじやら》の立居振舞のしおらしいのを見て、早く会いたいといったというような事や、彼が島の老若男女に謳歌されている事などが見えている」と述べている。そこで、伊波の指摘する個所を調べてみたがどうしても見付からない。ただ伊波の言を信ずれば、この君真物はどこか神女くさい感じがする。それは伊波も書いているように、『琉球国由来記』の巻十九に「君マモノ時、イシキナは按司より先、彼ガサス若チヤラへ、君マモノ、御向成されゆえ、父按司、子息に威勢劣られけるを猜み……」とある文章からでも分かる。それについて伊波は「四百年前、君真物来訪の時、伊敷索按司の三子、笠末《がさす》若按司《わかじゃら》が、特別にこの遠来神の祝福をうけて、父の気を悪くした……」と述べている。そこに神女が介在しないか。

二

かつて青の島はニライカナイとおなじであった。しかし青の島は空想の島ではなく、呼べば応える地先の無人島で、人の死体の運ばれたところであった。ニライカナイの神がいったん青の島に立ち寄ってから上陸するというのも、そこに旧ニライカナイとしての信仰伝承の記憶の痕跡があるからであった。奄美大島の名瀬市に住む金久正氏に会って聞いた話では、もと奄美では老人たちはカケロマ島をアロウ島と呼んでいたという。ニライ島、アロウ島と対語になっているそのアロウ島が古仁屋の対岸にあたるカケロマ島であり、その間に瀬戸内と呼ばれる内海があって、一衣帯水ということになれば、アロウ島は島びとが親しいものとして朝夕眺めていたはずの島であった。つまり明らかに実在の島であった。このアロウ島の語源は不明であるが、「荒びの島」からきたのではないかという説がある。仲程正吉氏は「アロウ島」とは古老の伝承では「荒ぶ」とか「行き果て」の意味であり、ニイラ（地底）の果ての荒れすさんだ島という意味であろう、といっている。八重山の前花哲雄氏から聞いた話では「ありやま」といえば木を切りたおした山である。「ありぱたぎ」は人手をかけずもとにもどった畑、荒れはてた畑である。この説にしたがうと、南島の人たちは海の彼方に荒涼とした祖霊の島を描いているといわねばならぬ。「アロウ島」が荒びの島であるかどうかは別として、そこから訪れる神が荒ぶる神であるという信仰は八重山にある。

宮良当壮氏の『八重山語彙』はニーラシィクについて次のように述べている。

「地の底即ち根の国、底の国に相当する信仰上の世界なり。而して其人界即ち光明界に通ずる所はイーザー『岩屋』なり。故に一たび岩窟を下れば魔界、即ち暗黒界に入るを得べしという。この国に住む者はニールピイトゥ（地底人）という荒ぶる神共なり」

このようにして、八重山の人たちはニライカナイを地の底とみているようである。「赤また黒また」はニールピィトゥと呼ばれている猛貌の神であるが、あかりをこわがる。そこで夕方出現して夜の明けないうちに帰る。この神の出現するところはナビンドゥと呼ばれて鍋の底のようなところである。これは済州島の始祖神話にある三神人が地から湧き出したという話とよく似ている。

前花哲雄氏の話によると、井戸を掘ったとき深い土の底にいる虫をニーラ・コンチエンマと呼ぶという。この虫は頭と尻とが半分半分のかっこうで、コオロギに似ている。また八重山では地下の深いところをニーラ底といい、更に深い地点をカネーラ底というそうだ。畑を耕すときに、ニーラ底から耕せ、と昔の人はいった。そこには豊作の神々が住んでいると信じられた。

八重山ではまた家を新築するとき、蟹を生きたまま供え、「神ヌ走馬、ニーラ底カネーラ底、穴ザライ穴通シ給《たぼ》ウリ」と願いの言葉を唱え、蟹がニーラ底、カネーラ底の穴をとおすことを祈ったといっている。これによるとニライが海の彼方の楽土でなく、足許の地下を意味していることだと解されている。

また、八重山では次のような井戸祭を旧八月と旧一月の初みづのえの日におこなっているという。

井戸ヌ神　水元ヌ神　ニーラ底　カネーラ底カラ　噴キ出デオール　若水　甘水　汲《ふ》ミ飲ミ給ラルバ

……

八重山地方の井戸は二十メートルから三十メートルも掘り抜いた深いものであり、そこをニーラ底、カネーラ底と見なしたのは首肯できる。一方、宮古島では井戸の底は、それをさらに掘りさげていくと海の彼方に通じているという信仰が残っている。たとえば、平良市の張水御嶽《はりみず》の近くに建てられた農協の一階は自動車置場になっているが、そこに犬川井戸《いんがあ》がある。これは宮古の島民の産井戸《うぶかあ》とされて神聖な井戸である。そのために農協も井戸を埋めることができず、そのまま建物の中に残した。この井戸は子どもたちが近よると危険だというので蓋をしてあるが、よく見ると蓋には腕が入る位の小さな穴が開けてある。これは一体どうしたわけか。岡本恵昭氏の説明では、井戸の神は井戸の底から地下をくぐって海の彼方に抜け、天上にのぼり、天上から井戸の上に降りてくるという循環作用をくりかえしている。井戸に蓋をしてしまうと神が降りてこられなくなるというので、農協がわは井戸の蓋に穴を開け、宮古の伝統的な信仰と妥協したというのである。これは古代人の円環的な世界観をそのまま示すものである。

すなわち古代人は天《あま》と海《あま》とを同一の言葉で呼んだ。垂直と水平の観念は截然と分けられるべきものではなかった。南島では神は海の彼方から岬または小島に上陸し、そこから集落の上に垂直に降りるものと信じられた。また井戸には底がなく、それは海の彼方と地下をとおって通底していた。ニライカナイが、井戸の底にせよ海の彼方にせよ、こうした円環的な世界観の中において考えるとかならずしも矛盾しあうものではない。

もう一つ考えられることはンタとかムタとか土をあらわす語がニーラという語と混合し、両者が癒着したのではないかということだ。宮古島の島尻のパーントという仮面をかぶった神は、ニッダアと呼ばれる臭い井戸の底から、泥を全身にぬたくって出現する。このニッダアと、宮古島で地下の死人の国を指すニッジャとかニザとは全く関係がないかどうか。ニッダアとニッジャの双方に縁由があるとすれば、それは土の底を共通の世界とする観念の移行がおこなわれたかも知れない。

　仲程正吉氏は八重山諸島のニイラは豊作とむすびついた神々の住む国であるが、宮古群島の多良間島のニーラは死人の島であるというちがいがあるといっている。宮古では豊作をもたらす神のいるところを竜宮と呼んでいて、ニライカナイという語を使用しない。また八重山に赤また黒またやマユンガナシ、ミロク神など遠来神の信仰があるのに比べて、宮古にはその影がうすいこともたしかである。

　では、八重山ではニイラという語は地底あるいは井戸の底だけかといえば、そうでもない。波照間《はてるま》島では「海の神、底の神、ネーラ、ケーラの地にまします親神」という神への祝詞がある。そこではネーラ、ケーラは海の底にあると考えられている。

　石垣島の川平では、旧の正月の、日はきまっていないが、ニロートフヤンを迎える行事がある。フヤンは大主の意である。この神は五穀の神である。ニロートフヤンは作物がとり入れられるまでは群星《むれぶし》御嶽にとどまっているが、川平の節祭の最後の日にニロー島に送られる。人びとは群星御嶽からお供してスクジ浜で神送りをするのであるが、そこはニロートへの道だと考えられていた。ニロートフヤンの住んでいるのは海の底だと川平の人たちは信じている。

　マユンガナシが訪れるのは節の最初の戊《いぬ》の日であって、ニロートフヤンを送るのは最後の寅《とら》の日である。それでこの両者の神は別神であることがはっきりする。

　一方、竹富島にはニーランからくる船を迎える浜がある。

　その浜にはニーラン石《じ》という岩があって、それは神の船のともづなを解く神聖な岩とみられている。そこでその浜をトモドイの浜という。旧暦八月八日の朝、トモドイの浜ではニーラン神を迎える行事がおこなわれる。その船は漁船でも貨物船でもよいが、沖合をとおるじっさいの船を神の船とみなして、それをおがむのである。ここでもニーランは地の底ではなく海の彼方であると想定されている。したがって八重山群島では、ニライカナイは地の底と海の彼方の双方とみられている。しかし、地の底は海の彼方と通底しているので、この二つの観念は矛盾しあうものではない。

三

沖縄本島ではニライカナイを祀る御嶽は枚挙にいとまないと仲松弥秀氏はいう。それには、ニライカナイの神を招いてまつった御嶽と、ニライカナイのウトウシ（遥拝所）の二つがあり、そのいずれかがほとんどの村落に見出されるという。それらの拝所は村落の前面の海岸にあるか、遠い海の望見される高所にもうけられているかどちらかというから、ここには地の底という観念がないことはたしかである。

大宜味村の喜如嘉の海神祭にうたわれる歌に、

ニレーから　あがていもち
遊《あし》び習《う》て　踊《うど》い習《う》て
かたすべく島や　あしばらん
踊らん　遊び足らじ　踊い足らじ

という詞があるのは、ニライカナイは踊りや歌の本場であるという考えが前提となっている。そこの神が上陸して遊びや踊りをお習いになったが、潟や洲のようなこの小島では、さだめし不自由で遊び足りない、踊り足りないことでしょうよ、という意味である。ここにはニライカナイが海の彼方の楽園のような趣きのものと受け取られている。それにくらべると、おなじく海神祭のときのウムイにうたわれるニレーの潮がよってくるであろう、みなとの潮が満つであろうという意味の詩句、

ニレー潮《ず》や　さすらどや
みなと潮や　みつらどや

には荘重なひびきが伝わっている。死んだらニレーにいく、とこのあたりの人たちはいっているが、「ニレー潮」とは常世浪にほかならぬ。海辺にさしてくる潮がしらをニライカナイからきた潮だとする表現に、神と人間との充足した関係をみてとることができる。

これは奄美群島でも同様である。奄美本島の竜郷村秋名《あぎな》でおこなわれる平瀬《ひらせ》まんかいの行事を私は数年まえに見たことがあった。それは海の彼方のネリヤから稲霊を招きよせるための呪術的な祭りであって、海岸の二つの岩の上でおこなわれる。祭りが終ると、神平瀬とよばれる岩の上にすわったノロたちは、東の海の方をむいてネリヤをおがむ。ニライカナイから穀物と火がもたらされるという伝承は、さきにあげた竹富島の行事の中にもつたえられて今日にいたっているが、奄美では穀物の伝来をニライに求める。

長田須磨氏の報告によると、大昔、奄美の大和浜に三十尋もある鯨が寄ってきたが、その鯨には着物が着せてあって「ネリヤから大和浜の親ノロに」という印判が脇腹につけてあった。鯨の腹の中に飛びこんでみると、稲がかず知れぬほどあった。という話がある。もともとギス（人間）の世界には稲がなく、ネリヤから伝わってきたという考えがここにあらわれている。

秋名に残る歌には、「ネリヤは遠い国、カナヤは遠い国。ネリヤは潮の中、カナヤは汐の中。ツルやタカが、そのネリヤの稲の種を脇羽にかくし、袖羽にかくして奄美にもってきた」という詞がみられる。

これとおなじ伝承が志摩の磯部でもみられるのは興味ぶかい。『倭姫命世記』には、ある日、鳥の声があまりにかまびすしいので、ヤマトヒメが使いを出して様子を見にやると、芦原で一羽のツルが稲穂をくわえていたという話が残っている。この挿話の背後には、すでに消されてしまった海の彼方の原郷があるはずである。

四

八重山や宮古では、南にたいするあこがれとも畏怖ともつかぬ感情がある。竹富島ではネズミを芭蕉の舟にのせて、この島は小さいし、たべものも少ないからパイノウラノシマへいって下さいと呪言をして海にながす。宮古の来間島でもムルルンと呼ばれる害虫やネズミを送る行事がパイノシマでおこなわれている。宮古の南にアカウットイという島があって、そこは野蛮な島だったから、漂流した人たちはもどってこなかったというい伝えがあるが、宮古の地図には南の島が記されていて、それを探しにいったとか、山原船が航路をはずれてパイノシマにぶつかったとかいう話も残っている。それはやがてはパイドナン（南与那国島）やパイパトロー（南波照間島）の伝説とも交錯しあうものであることはたやすく想像されるが、こうした南への志向は、もっと北にもある。たとえば屋久島の一湊《いっそう》というところでは、戦後、亡くなった人の死体を納めた棺の外がわに汽船の絵が描かれていて、そのかたわらには先島丸《さきしま》という稚拙な字が書きそえてあったことを国分直一氏は報告している。屋久島では先島といえば、その南につらなる島を指している。これは魂は南を目指して船にのっていくという信仰のあったことを示している。

こうした南への志向と反対に、北への志向もある。沖縄本島の西北にある伊平屋の島では、海神祭のときに、喜界島のノロ神が首里から帰る途中、伊平屋島に立ち寄ったという伝承をもとにして、その神女を見送る行事がおこなわれるが、これは奄美群島と沖縄の北部の島々との間の史的交流を物語るものと解されている。でなければここに喜界島がとつぜんあらわれる訳もないからである。伊平屋島ではネリヤ、カナヤの対語とおなじように、ナルコ、テルコの対語、またはテルクミ、ナルクミの対語が使用されている。テルコはテルカワという太陽をあらわす古語に由来するとおもわれるが、奄美大島にも、オボツ神または山幸の神としてテルコ、ネリヤの神または海幸の神としてナルコの両神がまつられている。天神のテルコは海神としてのナルコ神から転化したという説もあるが、いずれにしても垂直神の信仰が奄美から沖縄の北部にかけてみられることは、その信仰が南下したことを意味する。したがってその原郷は北にあることはまちがいないであろう。

奄美と鹿児島の間にある薩南列島の悪石島では、旧の十二月一日から十二月六日までを七島正月と呼んでいる。最後の十二月六日には「オヤダマのお発ち」の日だという触れがまわる。オヤダマは先祖霊のことで、甑島に向って発つといわれている。悪石島から見ると甑島は真北の方向にあたっている。それにつけて思い起されるのは、宮古群島のたましいは池間島のオハルズ（大主）御嶽にあつまるといわれていることである。池間島は宮古本島の真北にあたる。その池間島では死んだら魂はイーの方向にいくといわれている。イーとは池間方言で北を指す語であり、じっさいには灯台のある付近をいう。このように、魂のあつまるところが北にあるとするのは何を物語るものであるか。北の方向、つまり戌亥に祖霊がましますという信仰は日本に古代から存在した。それは日本本土だけでなく、さきに述べた八重山川平のマユンガナシの行事でも、このマユンガナシの神はイヌの日に、北の海岸からやってきて、家々を北の方から順次にまわる。それにあやかってクバの葉の蓑を着て、祝詞をとなえてまわるのは戌年の若者であるとされている。ということは戌は戌亥の方向すなわち北の方角を意味していると解することができるようにおもう。そこには祖霊または神は北の方向からおとずれるという信仰が示唆されている。

これについて三谷栄一氏は「漠然と西方の彼方に祖霊のいますを考えていた我々の祖先人に、方位説が輸入されて戌亥なる戌にイヌと訓じ、その方角に、祖霊神の去来の方角を考えた理由の一つには、それ以前から祖霊のいます方向を考えて居り、犬が祖霊の神徒であるという観念があったのではないかと思われる」と述べている。八重山のマユンガナシもその例にあてはまると私はおもうのである。

さて、七島から真北にあたる甑島には藺落《いおとし》というところがあってその西側は切り立った断崖になっている。ここは西方の浄土に落ちる陽をおがむ場所とされたものであって、その伝統は古くからあった。文政年間に書かれた文章にも、

「つらつら往昔を尋ぬるに、辺鄙の小島なればいまだ法流ゆきわたらせ給わぬ前は、春秋の彼岸には人びと藺落《いおとし》のくぼみにいたりて日影の西の海に沈み給うを拝みけるとぞ」

とある。

すなわち仏教が甑島につたわる以前に島民は春分、秋分のときに西の海に沈む落日を拝んでいた。そうして藺落のある鹿島村には「焼物は茶碗島からくる。茶碗島は甑島の西にあって天気のよい日に見える」といういい伝えがあった。この話は柳田国男が「島の人生」の中で、桜田勝徳氏の報告をもとにして、下甑島の西方の沖合に「曾て又一つのアトランチスがあって、其名を万里が島と謂ったそうである。久しい以前に海の底へ沈んでしまったが、此島でもやはり陶器を製していたということで、現に下甑の瀬々の浦の某家に、

その万里が島焼の茶碗というものが秘蔵せられている」と述べてある万里が島のことを想起せずにはすまない。

おそらく万里が島の茶碗という話のあることから茶碗島の幻影を遠望したものであろう。ところで、南シナには交趾に近い海の浅瀬で航海者の難所とみなされているものに万里瀬というところがあると田北耕也氏は述べている。

この万里が島ということばは、長崎県の黒崎に伝わる「天地始之事」というかくれキリシタンの手作りの聖書の中にも出てくる。島が津波におそわれて滅亡したときに、わずかにクリ舟にのって脱出した一家の者が手にもった板で「万里が島のみえろがな」と掻く、とある。この万里が島はいわばユートピアの形で使用されている。そこで有王島というのも万里が島とおなじく理想の島と想定せざるを得ない。けっして田北氏のいうように有りあわせの島が有王島になったのではない。とすればどんな意味をもつものであろうか。私はニライ島、アロウ島と沖縄で対句にして呼ばれるアロウ島が有王島になったのではないかと考えている。

五島の西の沖合には高麗曾根と呼ばれる暗礁があり、それにもっとも近い五島列島の中の久賀島の蕨という部落に高麗地蔵が残っていたことを田北氏は報告している。これからすれば、この久賀島こその有王島であるとみることができる、という田北氏の推論は私にも納得がいく。なぜならば奄美大島の内海をへだてたカケロマ島が古老たちには、アロウ島であったとおなじく、それを洋上はるかな空想の島と考えるには及ばないからである。

この久賀島のすぐ南に接して福江島があり、そこには三井楽《みいらく》という地名がある。そこは中世にみみらくの島と呼ばれ、そこにゆけば亡き人に会えると信じられた現世と常世の境目の場所であった。このみみらくというのはM音とN音の転換からニーラク、あるいはニールスクと呼ばれていたのではなかったかと柳田国男は推論している。たしかに南島ではニリヤをミルヤとも呼んでいる。もし柳田の想像がたしかであるとすれば、五島の福江島にニールスクがあり、その北どなりにアロウ島の呼称が残っていたとしても、すこしもふしぎではないのである。

五

五島列島からさらに黒潮の流れにしたがって北上した朝鮮半島南部の済州島にも、三人の神人が地から湧き出たという神話が残っている。この三人がある日、東の海浜に木の函が浮いてくるのを発見した。木の函を開けて見るとその中には石の函があった。石の函をさらに開くと、中から青い衣の処女三人が馬牛や五穀の種などと一緒に出てきた。というものである。「青衣の処女」が石函から出てきたことに私は注目する。石函というのは新羅の文武王の例をみればわかるように水葬のときに使うものであり、青衣は死者の国の着物である。そうして死者の国は済州島の海の彼方にあるとみられた。石函の中から五穀の種子が出てきたという話はニライカナイから五穀の種子がはこばれてきたという奄美や沖縄の説話と照応する。

済州島には地中から湧き出た男の神と、東海の竜王国の王女とが結婚したという伝承がかず多くあるそうである。

韓国の民俗学者の説によると、この竜王国は「碧浪国」または「璧浪国」とも呼ばれているが、また「波浪島」とも関連があると考えられている。第二次大戦後、済州島の西南方面の海上に波浪島という島があるとして、韓国政府による調査団がくわしく調査したことがあった。しかし実在しない島であると結論を下して帰ったことがあったという。八重山の先端の波照間島のさらに南方に一島があるという伝説があって、明治二十五年、沖縄県知事が海軍省に調査を依頼した。しかし海門艦長は「所在も不明の島嶼を探検するの道なし」といって調査をことわったという話があるが、南方洋上にユートピアの島を描くのは日本も朝鮮も変りはないことがこれによって知られる。

済州島と日本との関係は文化の面でも深い。

ところで、済州島の民謡にはたえず「イヨド」ということばが出てくるそうだ。

イヨというと涙が出る
イヨということは、いわずに行け
江南を行けば、海南を見よ
イヨドが中間にあるという

『済州島民謡研究』によると「イヨドという島は、済州島の南西海、中国に行く航路にある島で、昔、済州島から中国へ進上のため行く船が、途中この島の波浪によって難破した」という。この島は離別の島、または帰れない島、死の島であると、理解されている。すなわち海上他界である。江南と海南の中間にある遠い島であるということから、このイヨドの島をうたう歌にも南への志向がこめられている。十五世紀末に朝鮮人の漂流者が与那国島の近くで難破し、与那国から琉球弧を順々に島送りをされて無事に故国に帰還した話が残っている。しかしイヨドにあらわされる他界は、五島列島の一つの島であってもかまわない。五島には、船が難破して、それと共に海底に沈んだ茶碗類がときたま風が吹くと音を立てたという話も残っている。

それは南朝鮮に多い海竜の住む国、すなわち竜宮説話と重なりあっている。海洋に他界を想定することは日本と朝鮮の古代に共通な世界観にほかならなかった。

（「流動」一九七五年三月号）

Ⅱ　琉球・沖縄・奄美と日本

もう一つの沖縄をめぐって──世界観　上中下

上

古代にさかのぼるほど、常民はたんなる比喩や形容修飾の世界とは無縁に生きた。そこでひじょうにすぐれた文辞といえども、そこにはかならず実在の根拠がある、ということをもっともはっきりと示すのが沖縄の伝統的な世界観である。

たとえば、大宜味村《おおぎみそん》の喜如嘉《きじよか》や謝名城《じやなぐすく》の古謡に出てくる「月ばんた　テダばんた」という比喩語では、太陽が水平線の彼方からのぼったり、月が水平線に沈んだりする光景を見馴れているものの実感がこめられている。水平線があたかも、断崖のようにみえるのだ。世界の果であるその断崖をこえて、ノロの死体をおさめた赤や黒塗の棺がはこばれていくさまを、昔の人たちは頭に描いてノロの葬式の儀礼をとりおこなったのだ。

また、たとえば万葉集では浦島太郎は海坂《うなさか》を越えて龍宮にいったとある。それは舟影がいつのまにか水平線の向こうがわに消える姿を観察していると、それが下り坂になっているようにみえるという想定から生まれている。

「おもろさうし」にある「てだがあな」という語は、水平線上にのぼる太陽をうたったものである。柳田国男はそれを東方の水平線上の穴からのぼるように解しているが、水平線上の穴というのは、実在しないのは生活民の経験で、分っているのだから、比喩にすぎない。そこでおもろびとがそう考えるようになったのは、ずっと後世になってからではないかという気がする。

では最初、「てだがあな」つまり太陽の洞穴はどこにあったか。私の推論によれば、それは島が宇宙と思われた時代には、島の東がわにある自然の洞穴でなければならなかった。そうした仮説をふまえて、私は宮古島じゅうをさがしあるいたことがあった。すると伊良部《いらぶ》島に「テダがなしの御嶽《うたき》」のあることが分かった。また「てだががま」とよばれる洞穴が来間《くりま》島にもあった。さらには、宮古本島の万古山にも太陽の洞穴があり、そこでは八十を越した老神女から「太陽が水浴びする」という、とてつもなく古い伝承も聞いた。これは中国の「楚辞」にも記されているから、老女の創作ではけっしてない。

仲松弥秀氏の教示によると、波照間島では、太陽は東の海岸にある崖の穴から入って、陸上の御嶽の洞穴から出現し、帰途はその逆のコースをたどって東海にもどっていくといわれている。これもまた太陽の洞穴である。仲松氏は斎場《せいふぁ》御嶽も太陽の洞穴の一つにかぞえている。なるほど、斎場御嶽の三角形の穴は東の久《く》高《だか》島のほうをむいている。このように「てだがあな」はけっして水平線にあると信じられた架空の穴ではなかったのだ。

もう一つの例をあげる。宮古島が統一されるまえに豪族として活躍した「与那覇せど豊見親」のことを歌った「にーり」（神歌）がある。それは彼が二十歳の若者であったころに、いったんは黄泉の国に送りこまれたが、ニーラテダと呼ばれる後生《ぐしょう》の大王からふたたび現世に送りもどされたことを物語ったものである。私はこの古謡を稲村賢敷氏の書物でよんだときに、かならず与那覇せど豊見親の地上にもどされた出口があるにちがいないという想定をたてて、さがしてみた。すると果して、平良市のカサマというところの横穴式の墳墓の一つがそうであることをつきとめた。それをテダ迎え墓と呼びならわしてきたと、私の知合いのカンカカリヤが教えてくれた。

グショウの出入口といえば観念的なものに思われるが、昔の沖縄ではけっしてそうではなかった。世界観の根拠となるものは実在し、それは沖縄の、空間の構造のなかに配置されているという私の確信はいっそう強まったのである。

もう一つの例をあげる。宮古島の平良市にある張水《はりみず》御嶽の近くに、犬川という井戸がある。むかし宮古に戦乱がつづいたとき、この井戸から犬が飛び出して敵兵をかみころしたので、犬川という名を付けられたと「宮古島旧記」にのっている。この犬川の名はもともと斎川《いみがわ》に由来するものと私は考えている。宮古の人たちがもっとも尊崇し、子供が生まれたら、そこに産湯の水をくみにきたという神聖な井戸であった。この井戸のある土地を農協が買収して、その上に建物を立てた際に、地元の非難があつまったのもとうぜんなことといえた。農協がわは地元の感情を無視できないので、犬川井戸を埋めることはとりやめた。そうして建物の一階に作った自動車置場にそのままに放置しておいた。ただ子供たちがそれに近づくと危険だというので、フタをした。そのフタには腕が入る位の穴が開けてある。これはどうしたわけか。

宮古の民俗学者の岡本恵昭氏に聞いてみた。彼の説明では、宮古ではもともと、井戸の下は底がなくて、海のむこうにつづいていると思われている。井戸の神である龍神は、天空から下って雨をもたらし、井戸の底をくぐって海に出、海から天空にのぼるという循環をくりかえす。そこで井戸にフタをすると、井戸の神が天空から降りてくる通路をとざすことになる。フタに小さな穴があいているのは、農協がわが宮古の伝統的な世界観を尊重したためである、ということであった。

ここには円環をなす宇宙観がある。それは太陽が東の洞穴からのぼって天空を駆け、西の洞穴にしずみ、地の底や海の底をくぐって、ふたたび東の洞穴にあらわれるという考えとも一致する。海と天とが古代にはアマとよばれて同音であったということは、沖縄の水平線をみれば、だれしも理解ができる。

中

沖縄の島々の生活圏はごく小さいが、かつてはそれなりの宇宙をもっており、世界観は本土と比較にならないほどに広大であり、また明確である。アワ粒ほどに小さい宮古の大神島でもそこに圧縮された伝統社会の密度は私たちをおどろかす。たとい島は小さくても、神高い島であるという大神島の古謡はその誇りを告げている。そこに私は常民の生活の教訓を見出すのであるが、しかし沖縄のばあいの世界観の特徴はそれにとどまるものではない。それがつねに空間の構造として把握されているということである。たとえば宮古の狩俣《かりまた》部落では、神の降臨する森と狩俣の部落と墓のある場所が三つに分かれている。これについては本永清氏の研究がある(「琉大史学」第四号)。これをみても、神と人間と死霊との三者の関係が同一空間に配置されていることを知る。現実の生活空間がそのまま世界観の展開の場となっている。沖縄の社会では世界観を眼でみることができる。これは注目に値することである。

たとえば沖縄の海にはじめて接したとき私たちは本土の海とちがうものをはっきり感じる。東海道新幹線の車窓からみえる海の風景で分るように、本土の海は水平線までさえぎるものがない。その風景は単調であって、遠近感がいっこうに湧かない。しかし沖縄の島をとりまく環礁に白波がよせているのをみると、私は「ああ沖縄にきたな」という実感をもつ。そこにははっきりした遠近感がある。その遠近感を与えるものはリーフ（珊瑚礁）の存在である。

まず海の色がリーフの内と外ではちがう。リーフの内側には日常生活をいとなむ空間があり、外側は非日常的な世界にほかならぬ。沖縄の海はかくして二重になっている。

沖縄の海をみるとき、私の胸をいつもつきあげるのは、他界と現世とを一望の下におさめるときのかなしさである。愛着と悲哀の情をつきまぜた「かなし」という沖縄の日常語が、沖縄の海の感じをあらわすのに、もっとも適切な語と思われてくる。こうしたことは、生まれた島にたいする愛着と島ちゃびの悲哀ともつながっていく。それは裏を返せば、リーフの外側の異郷にたいする強烈なあこがれとおそれにほかならなかった。

かつて宮古島では沖縄本島との間の船旅のときには、その留守家族や親戚たちは毎晩あつまって航海の無事を祈り、「旅栄えのアヤゴ」をうたった。これは死者を送るときにもうたうアヤゴで、ツカサ（神女）はこれを不吉な歌として、けっして口にしない。このように、動力船がまだ出現せず、風と海流にたよっていた帆船時代までは、リーフの外は非日常的空間であり、そして他界であった。

久米島では虫送りの行事のときに「おたかべ」をとなえる。ネズミにあらゆる悪態をついた上で「干瀬の外、波の外」に出ていってほしいと願うのである。ネズミにかぎらず害虫は（その反面よいものも）ニライカナイから送りこまれたのだから、ニライに送りかえすという考えがここにある。この干瀬はピシであって、つまりリーフのことである。リーフの外は他界であるという思想がここに示されている。

私は数年まえに、宮古島に滞在しているとき、来間島でムルルン（虫送り）があると聞いて、夜ふけに急いで小舟をやとい、月明りの下、流れの早い海峡をわたったことがあった。夜明けに、来間島の南の浜で、トリ年にあたる男がネズミやムカデを入れた包みを、沖合二百メートルにあるリーフの穴のところまで、泳ぎながらもっていく行事がおこなわれた。そこでもリーフの穴がニライカナイにつうじていると考えられていた。

リーフの外の海の急に深くなったところを八重山ではフカット（深処）と呼んでいる。宮古では人が死んだらミュウにいくという。ミュウとは海のふかくなったところである。またオーミュウにいくともいう。オーは青のことである。大宜味村の根神送りの歌のなかに「あふの御神」という語が出てくる。あふの御神は青の御神であり、海の彼方からやってきたニライカナイの神である。謝名城の海神祭では「ニレー潮《ず》や、さすらどや」という歌がうたわれる。ニレーの潮がよってくる、というのは日本古代の常世浪にほかならぬであろう。

宮古の伊良部島や池間島では旧暦の三月三日をサニツと呼び、浜下《う》りをする。海岸に降りてミナンガハナ（三波が花）をとる。ミナンガハナとは三度よせる波で顔をあらうことだが、それには常世浪を身にうける気持ちがはたらいていることは否定できない。このように沖縄ではニライの波が身近におしよせているという実感がある。

寄物《よりもの》のひとつであるスクもおそらくニールスクからおとずれる魚とみなされたにちがいない。比嘉康雄氏の話では、伊計島の漁師たちはスクにシヌグ、ウンジャミという名をつけている。それはスクが海神祭のころによってくる魚だからというのであるが、もう一種類のスクにはテダヌパニ（太陽の羽）という名をつけているという。スクの大群が波間や海岸にきらきら光っているのが太陽の羽のように思われたのであろうか。あるいはテダという語にニライの神の意味をこめたのであろうか。いずれにしても常民が生活をとおして訴えかけてくる詩に敏感であることを示している。

大山麟五郎氏によるとゴホウラという南海産の貝を奄美ではテルコニャーと呼ぶ。テルコは太陽の意で、ニャーは貝をさす語である。これは太陽の貝ということになるが、ゴホウラはとおく北九州に送られて弥生時代の人たちの貝の腕輪に使用された。スクにしろゴホウラにしろ、海の産物に太陽の名が冠せられたことの裏には、沖縄の海が他界とかかわりがあるという意識が秘められているのではあるまいか。

下

死後の魂のいくところはグショウである。グショウは仏教用語の後生を借りてはいるが本土でいうゴショウとはまったくちがう世界である。第一にそれは現世の延長である。私は数年まえに石垣市で池間島出身のユタに会ったがその語るのを聞くと、この世にある一切のものがグショウにある。学校も警察も、すべての人はこの世でくらしたのとまったくおなじ生活をグショウでするという。国分直一氏によると、与那国島ではハーリー船の船こぎの日には、グショウでもおなじようにハーリー船の競技がおこなわれていると思われている。つまり現世と他界とは双子の顔のようによく似ている。

大神島や池間島では人が死んだらカマノユにいくという。カマノユとは彼方の世界という意味である。前泊徳正氏によると、カマノユでは死んだ人たちは小さな豆ランプをとぼしてくらしていると、池間島の老人たちは考えている。八重山の黒島ではサフの島にいくと思われている。サフの島は石の島で、死人はその島の海岸の岩についた海藻などをとってたべるといわれている。また波照間島の女たちは、ハヂチ（入墨）を手の甲にしないと、グショウでは根のはった雑草を素手で掘らされると信じている、と渡部武氏は述べている。これらをみると死後の世界は、かならずしも光明まばゆい楽園として沖縄の他界観のなかで描かれていないことが感じられる。

では、古事記にあるイザナミの女神の住む死後の黄泉の国のように真っ暗で陰惨かといえば、けっしてそうではない。それには南島の葬制が大きくかかわっていると私は思う。大陸の墓制は、石を積んだなかに棺をおき、その上から厚い土をかけるが、南島では、死体を地表にさらす風葬である。しかも海ぞいの洞穴に風葬するのが主であるから外光は、たというすぼんやりとしても、死者のまぶたにまでとどくのである。私はかつて岡本恵昭氏に案内されて、宮古島の島尻部落にある山の中腹にいったことがある。そこには横にのびた自然の洞穴があり、内部には棺の板や骨が散乱していた。岡本氏は洞穴のすき間から大神島がみえるのを指さしながら、こうして死者たちは根の島をいつでもながめているのです、と説明した。

「おれは明るい冥府がほしいばかりに、珊瑚礁の砂にくるぶしを埋めているのだ」と私は書いたことがある。私が沖縄の死生観に心を引かれる理由は、死後の人びとが道徳的な刑罰からまぬかれていることである。

死後の世界が、仏教やヤソ教がつくりあげたあのむごたらしい審判のおこなわれる場所でないことである。沖縄のもつ海洋的な色彩の濃い世界観はミクロネシアやメラネシアなどと共通な性格をもっている。権力者の社会からもっともとおく、もっともかすかなくらしをいとなむ常民たちは、自分たちの死後を暗く陰惨なものとして思い描く必要はなかった。しかし常民にとっては、死はそれでゆきどまりではない。ふたたびこの世に生まれる準備の期間にあたっている。いわば死はスゴモリであり生はスデル（巣出る）ことなのだ。人は死んでも再生ののぞみを託することができる。昔は常民は反復の世界に生きていた。そこでは南島の世界観が円環的であるように、その死生観もまた循環的なものであった。

そして年の折目ごとに他界の祖霊たちは現世をおとずれた。現世と他界は壁で仕切られてはいなくて、ふすまをへだてたくらいの往来の自由がみとめられていた。祖先の霊はお嶽から子孫のいとなみをじっと見守っていた。生きることと死ぬことは、潮のみちるのと潮の引くのとのちがい程度でしかなかった。いな長寿をまっとうしたものは生きながらニライの神とあがめられた。

沖縄では死ぬとニライカナイにいくというい方もする。しかしグショウとニライカナイとはまったく同一かといえばそうではない。ニライカナイは明るく、幸福をもたらす海の彼方の理想の国として描かれ、かならずしも祖霊の国とはかぎらない。そこにはニライの大主と呼ばれるニライの神が住んでいる。この遠来神はまた祖霊様とおなじように年の折目ごとに、海をわたってきて、しあわせを村々にもたらす。八重山の川平にも、ニライの大主が出現して、ゆたかなみのりを約束する行事がある。

ニライカナイはどこにあるか、ということで議論が分かれている。それは、海の上、海の底、そして地の底の三つに大別されよう。八重山では地の底だと信じている人たちが多い。深い井戸の底がそうだともいう。しかし前回で述べたように、井戸の底は海の底に通じているという観念が南島にあるのだから、それを海と対立させて考える必要はないはずである。またニライカナイは明るく、それに比してグショウのイメージは暗いという考えも調整できなくはない。ニライカナイとグショウとはまったく別々の存在ではないのだから。

これまで述べてきたように、沖縄の人たちの死生観はきわめて明瞭であって、しかもそれは沖縄の生活空間の中にみごとに配置されている。これにたいして、本土のばあい民俗現象の意味はぼやけ、色あせ、仏教と習合して歪曲されていることがきわめて多い。この生活空間の象徴性というのも明確さを欠いている。そこで日本の古代人の世界観や常民の死生観をつかもうと志すものは、どうしても沖縄を知るほかはない。しかも沖縄をひとたび訪れると、現世と他界を一望に収めるあの青い海の色を忘れることができなくなる。そうして自分もやがては海のみえる「明るい冥府」に永遠のいこいの場所を求めたいと思わずにはいられない。

(「琉球新報」一九七五年一〇月二一日、二二日、二三日)

機織りのうたにある悲話

那覇空港を飛び立ったプロペラ機が宮古島の平良《ひらら》空港に到着するのに、一時間近くかかる。このあいだ島影ひとつみることができない。ただ海面のこまかい波がまるで皺のようにみえるばかりだ。ときには航行する船が木の葉のようにその皺の間にゆられている。

飾り気のない率直な気性

宮古諸島と八重山諸島をあわせて先島《さきしま》と呼んでいるが、この先島と沖縄本島との間には、このように広い海がよこたわっている。昔、航空機も汽船もなかった頃には、この海を渡るのは、じつに困難だった。先島は琉球弧の一部ではあるが、オキナワではないという意識があって、宮古や八重山から沖縄本島にいくことを「オキナワにいく」と表現する。

しかし、先島でも宮古と八重山とは自然も人びとの性格もちがっている。宮古島はかつて中国人が「太平山」と呼んだように、飛行機の上からみると平たい島であって、一番高いところでも一〇〇メートルをちょっと越す程度である。それに対して八重山は、その名が示すように、まるで山が重なり合って海中に突出している光景を呈する。

宮古の自然は起伏にとぼしい。そして畑には一面にサトウキビが植えてある。宮古の産業といえば漁業のほかにはそれしかない。現地ではサトウキビをキビと呼ぶが、このキビ畑が全島を蔽《おお》っている。それが風になびくさまは荒涼とした風景である。道もまだ舗装してないところが多く、畑中の道をもうもうと土煙をあげて自家用車やトラックが往来している。そうして農家はたいてい鉄筋コンクリート造りの平屋建てである。それは台風の被害を避けるためだが、昔の赤ガワラの家に比較すると殺風景であるのは致し方ない。

こうした風景をみて観光客は宮古にながくいないで、すぐに八重山の方にいってしまう。しかし、宮古のよさはそこにながく滞在すればするほど分かってくる。それは宮古の人たちは飾り気のない率直な気性をもっているからだ。

平良の町は宮古本島とその周りの大神島《おおがみ》や池間島《いけま》、伊良部島《いらぶ》、来間島《くりま》などの属島の中心である。海に面した港町でもあり、沖縄本島や八重山とも船で往来している。

この平良市の漲水港《はりみず》のすぐ近くに「人頭税石」と称する石が立っている。少女の背丈ぐらいのもので、昔、女はこの石の高さに成長すると、誰彼となく人頭税をかけられ、毎日、朝も晩も機織りを強制されたという話が伝わっている。もちろんこれは伝説にすぎないのだが、宮古の女たちが明治の半ば頃まで人頭税をかけられ苦しんだのは事実である。

島に残る宮古上布の悲話

今日、宮古上布といえば最高級の麻の織物だが、それを織って貢納するのが女たちの仕事だった。麻糸というのは毛髪よりも細いものでそれで織るのだから、織機にかけたところで、まるで一本一本、指で織っていくように面倒な仕事だった。それを数か月かかって完成すると、厳重な検査の上、役人たちがそれをもっていった。血と涙をまじえた宮古上布は、宮古の女たちが一度も着ることのない着物であった。

宮古の農民たちも、作った粟《あわ》をごっそり税金としてもっていかれた。粟を作っても粟を口にすることができず、年中、芋ばかりの生活だった。

そこでこの悪法である人頭税を廃止しようと宮古の農民は明治二十六年（一八九三）に立ち上がり、その代表が東京におもむいて政府に訴えた。そしてその請願が受け入れられて代表が再び漲水港に帰ってきたとき、農民たちは、この人頭税石のところで、宮古の民衆の伝説的な踊りであるクィチャーを踊って歓呼したという。

こうした宮古の人たちの勇敢な気風は今も受けつがれていて、私はそれが好きだ。また宮古本島の北端にある狩俣《かりまた》というところではツカサとよばれる神女たちが、何日間も裏山にこもって冬祭を行う。これを祖神《おやがみ》祭というが、そのときツカサたちは一晩じゅう神をほめたたえる歌をうたう。それは日本本土の祭りにみることのできないほど厳粛ですばらしいものだ。

（『日本の旅路〈ふるさとの物語〉14　南九州・沖縄』千趣会、一九七五年一〇月）

三井楽紀行・常世幻想

船が長崎県五島福江港に近づくと、おだやかな海を見ながら、私の心は波立った。福江島の西端にある三井楽町は、私がたずねてみたいと久しく念願していた場所であった。そこは日本のもっとも西の果てにあるところから、現世と他界の接点と信じられ、そこにいけば死者に会うことができる、と遠い昔から伝えられてきた。

十一世紀初頭の源俊頼の家集には、

みみらくのわが日のもとの島ならば
けふも御影《みかげ》にあはましものを

という歌がのっている。この歌には、三井楽が日本の版図の中に入るかどうかについての疑問が呈されている。俊頼より半世紀まえの能因法師の『坤元儀』にも、

「肥前国ちかの島、此島にひらこの崎と云ふところあり、そこには夜ともなれば死たる人あらはれて父子相見る」

と記されている。さらにそのまえの『蜻蛉日記』には、作者の母が亡くなったときに、僧侶からみみらくの島にいくと、死んだ人が現われ、近づくと消えるという話を聞かされたことが記されてある。「ひひらこ」も「みみらく」も現在の三井楽の土地を指す古語である。

三井楽にこうした伝承が生まれ、ながく伝えられてきたのは、おそらくそこが遣唐使船の出発する最後の港だったからである。『常陸国風土記』には、「常陸はけだし常世の国か」と述べてある。出雲が大和からみて幽界とおもわれたことは『古事記』に明白である。熊野もまた死者の国と考えられた。

このようにして、古代から中世にかけての日本人は常陸、出雲、熊野をそれぞれ東、北、南の果てとみなし、そして西の果てを、当時肥前ちかの島と呼ばれた五島の三井楽と設定した。それが日本の四境であった。五島から中国に向かう遣唐使船は三井楽の柏港を出れば、あとは漫々たる東シナ海の波に命を托すほかない。そうして帰国のときには、三井楽の南にある玉の浦の断崖の上に、七つ岳（四三一メートル）の七つの峰が見えるのを目印にした。

しかしここにもう一つの解釈があって、それは柳田国男が『海上の道』の中で主張したものである。

柳田の説にしたがえば、最初にあったのは、死者に会うことのできる島が海上に存在するという信仰であり、その島をみみらくの島と呼んだ。

沖縄では海上の他界を指すニーラまたはニールスクという言葉がある。M音とN音とは交換可能である以上、ニーラが音韻の変化によってミーラとなり、あるいはミーラク、そしてミミラクと転訛《てんか》するのは困難ではない。これがおそらくみみらくの島の由来であるが、大昔の人びとが海上にあると信じた祖霊の島みみらくの名は、やがて日本の最西境にあたる実在の場所の名となり、現在の三井楽の地名が生じたとする。この柳田の仮説は大胆というほかないが、考えられないことはない。

それは次の話を五島の各地で聞くことができるからである。三井楽町の柏港から船で二時間余かかる北方の海中に高麗曾根《こうらいそね》と呼ばれる浅瀬がある。引き潮のときには水深七、八メートルほどになるが、その上をとおる船からは、たまには水底に井戸の跡や墓石が見えるという。また漁師の引く網に壺や皿がかかってくることがあるとも信じられ、そうした皿や壺を秘蔵している家がある。それを高麗焼の陶器と呼んでいるのは、高麗曾根から出たものであるからだが、それには一つの話がまつわっている。

むかし高麗島と呼ばれる島があって、そこに祀ってある地蔵の顔が赤くなるときは、島が滅亡すると伝えられていた。あるとき、心ない島人がいたずらに地蔵の顔を赤く塗ったところ、島はみるみる沈没し、人びとはかろうじて島を脱出した。そのとき牛も海をおよいで逃げてきたという話が三井楽の柏港には伝わっている。高麗島から逃げてきた牛というので、黒と白の斑の牛を高麗牛と呼んでいたという話は、上五島の青方《あおかた》でも聞いた。

福江島の北にある久賀《ひさが》島の蕨《わらび》という部落には島を脱出するときに一緒にたずさえてきたという、首のほそい異様な地蔵を太子堂の脇に今も祀っている。

高麗島の滅亡の話は中国起源の説話であるが、高麗曾根とむすびつけられて伝えられたものである。それは五島のかくれキリシタンのバイブルに相当する「天地始之事」と称する口伝の中にもとり入れられている。彼らは烈しい弾圧の下で聖書を所持することは許されず、自分達のまわりにある伝承をもって、うすれゆく記憶を補充しなければならなかった。

そこでノアの洪水のかわりに高麗島の滅亡の伝承を借りた。すなわち、ある家族は、滅亡する島から脱出するのに、かねて用意してあったクリ舟に乗りこみ、板や杓子を手にして力漕した。

「万里が島のみえろがな。あり王島のみえろがな、とかく。さすれば、かすかに見ゆる、あり王島。そのしまたよりに、かきつくる。今にぺーろんそのときのまねとなり」（傍点筆者）

と「天地始之事」は表現している。

万里が島の伝説は、九州西海岸の海上に浮かぶ鹿児島県の甑《こしき》島にも伝わっている。下甑島の瀬々というところの某家には、万里が島焼の茶碗というのが秘蔵されていて、その糸底には万里寉という三文字があるそうである。この話は柳田国男も『島の人生』の中でとりあげている。

下甑島の藺落《いおとし》の付近では「茶碗島が西にある」という伝説がある。この茶碗島というのは万里が島や高麗島とおなじように陶器を産するから名付けられた幻の島なのである。

さて、さきにのべた「天地始之事」の文章にかえって、万里が島と対句になっているあり王島とは何を指すのであろうか。有王とは僧俊寛に仕えた少年の名であるが、これは万里が島がそうであるように、海上のはるか彼方に浮かぶ幻の島と考えてよいのであるから、私は有王島はアロウ島の宛字であろうと類推している。

ではアロウ島とは何を意味するか。沖縄ではニライ・カナイというかわりに、ニライ島アロウ島という対句を使用することがある。ともに海上他界または海彼の原郷を指す。柳田が主張するようにみみらくの島がニライ島やニーラ島に由来する話であるとすれば、有王島がアロウ島の転訛であると考えるのは不自然ではないであろう。南島民の信仰する常世、すなわちニライ島とアロウ島は、南島から北上して五島付近に定着し、三井楽もしくは有王島という語に変化したと見ることができるかも知れぬ。

だが常世の原郷はかならずしも南島にあるとはかぎらなかった。北路または南島路が廃止されて、南路をとるようになったわが遣唐船は、五島からまっすぐに揚子江の河口を目指した。

十六世紀のなかば、五島を根拠地として明国を侵略した倭寇の巨魁王直も揚子江の河口にある舟山列島を衝《つ》いた。この舟山列島は観音の浄土とみなされ、補陀落《ふだらく》渡海の人びとが熊野もしくは肥後の北部から舟出するときの目標にほかならなかった。

こうしてみれば補陀落渡海は古代や中世の重要な海上の道をなぞっていったのであり、観音の浄土は常世の変形であったと見ることができる。

私は福江港から三井楽町まで一時間余かかるバスに乗った。バスが岐宿《きしゆく》から山を越えて下り坂にかかったとき、夏の夕方のかがやきに染められた瞳のように静かな入江の風景があらわれた。私は落ち着いた弧を描く砂浜を越えて平たくのびた海岸町を見たときに「果てまできた」という感慨に胸をしめつけられた。

三井楽の砂浜は五島でもっともながい汀をもつが、それを白良《しらら》の浜と呼んでいる。この砂浜一帯には部落の墓地が集中して海に向いて並んでいる。地元の人の話では昔は業病で死んだ人の屍体を、この砂浜の岩の上に置いて、鳥についばませるようなこともあったらしい。またこの砂浜の入江はイルカの大群が押しよせてくる場所でもあって、イルカを追いあげては捕っている。イルカが海神の使者とされているところは、日本各地にある。しかし隔絶した風景を所有している三井楽のように、海の彼方の常世にたいする思慕と畏怖をかきたてるところはないとおもわれた。

私は町でタクシーを拾って三井楽半島の尖端にある柏港まで足をのばし、折からの入日を追っかけた。柏港の突堤の反対側の端に灯台が立っており、海底の火山から吹き出した溶岩と見える光沢を帯びた真黒な岩が、波打ちぎわになだれたまま固まっている。あとは渺渺《びょうびょう》たる東シナ海が待っているばかりである。その果てに夕陽は沈みつつあった。

沖縄の海神祭でうたう「日《ひ》の端《ばんた》　月《つき》の端《ばんた》」という古謡の対句が思い出された。私には遣唐使の昔からの心情が回復された。下甑島のかくれ真宗門徒が藺落の断崖のむこうの落日を拝んだように、私は海に溶けかかった太陽に向かって合掌した。傍の運転手も私につられて、いつの間にか手を合わせていた。

柏港を南の方にまわると、西に嵯峨《さが》の島がある。ここでは旧暦七月十四日に、オーモンデーという踊りが催される。踊りの最中にオーモンデーととなえるからこの名が起こったのであるが、意味は不明である。腰みのをつけ、犬の皮で張った太鼓を首にかけて、はだしで踊る南方的な色彩の濃い踊りだ。家々の仏壇のまえで踊ったあとは、墓地にいって踊る。精霊踊りまたは念仏踊りの一種とされている。

日本のもっとも西の果ての嵯峨島に年に一度常世からおとずれてくる祖霊をなぐさめるための踊りがおこなわれるのも、とうぜんとおもわれた。私はその旧盆の日に間に合わなかったが、ともかくも嵯峨島をおとずれてみた。

この島のまわりを烈しい潮流が流れている。十トン足らずの舟に乗って、人家のない嵯峨島の裏側の海にまわってみた。つよい南風と潮流とがぶっつかって烈しい三角波が立ち、舟は木の葉のようにゆれた。このさきは中国大陸しかないとおもうと、心細さが先に立った。その何十倍もの心細さを背負いながら、遣唐使船に乗った人びとは、この島をさいごの見納めとおもい、旅立っていった。とすればそのさきは常世と呼ぶにふさわしかったろう。

島の裏側には、真赤に焼けただれた休火山の火口壁が層状をなして海に落ちこんでいる崖があった。私はその異状な光景に、何かこの世の裏側を見たような気がした。


(『民俗の旅　柳田国男の世界』読売新聞社、一九七五年一二月)

「海上の道」考

一

柳田国男の晩年の大作『海上の道』によって日本列島に南からの文化をもたらした海の道が注目されるよ

うになった。しかし海の道そのものは日本列島が今日見るような形をとったはるかな昔から存在し、一刻もやすむことのない文化のベルトコンベヤーとして、日本列島に南方の事物や人物をはこびつづけてきている。それはほとんど眼にもとまらない作業であるが、マリンスノウが海底にうずたかくつもるように、その堆積ははかり知れないほどに日本人の生活文化の中にくい入っている。

それが日本人の深層意識を支配していることを考えると、海上の道は文化の道であると同時に日本人の意識が始原にさかのぼろうとするとき、かならずふりかえらねばならない道でもある。そのことをもっともするどく指摘し強調したのが柳田国男であり、ついで折口信夫であった。

たとえば明治三十年代、柳田がまだ学生であった頃に三河の伊良湖岬《いらこ》にあそび、そこに椰子の実が流れついたのを見て、海上の道についての考察の端緒を得たことは有名な話であるが、折口信夫もまた若き日に志摩の大王崎《だいおう》に立って、はるかな波路の果てに、自分の魂のふるさとがあると感じ、海の彼方から訪れる異神、すなわちマレビトの構想の啓示を受けたのであった。椰子の実については本誌に石井忠氏が柳田のもっともよろこびそうな報告をよせているので省略するが、椰子の実が神聖な南の島から流れついたとする感覚や伝承が沖縄から日本各地にわたって共通していることは一言しておく必要があろう。

すなわち日本人は南方から漂着するものを、けっして「もの」としてだけには見なかった。それは椰子の実にかぎらず他の植物や動物、さらには人間にさえもあてはまることで、それはこれから追い追い説明することになるが、そのまえに海の道と呼ばれる黒潮の流れについてひとわたり見ておきたい。

黒潮は台湾の東南端に発し、琉球列島の西表島と台湾の間をとおって東シナ海に出、久米島の西岸をすぎ、沖縄本島の西方の沖合を北流する。さらに奄美群島とトカラ列島の間に介在する十島灘をくぐりぬけて東シナ海から太平洋がわの日本列島ぞいに方向をむけ、土佐沖や熊野灘をかすめ、東にすすんで伊豆七島の三宅島と八丈島のあいだをとおり、常陸沖から北へ進路をとり、金華山沖にも達する。

その黒潮の分流は十島灘で本流とわかれ、九州西海岸を北上し、五島の西方から対馬と壱岐の間に入り、そこをぬけて山陰地方から北陸沿岸にまでいたる。北海道をのぞく日本列島のほとんどの海岸は、この黒潮の本流と分流にはさまれたかっこうになっている。

黒潮は海の真只中を流れる川である。三宅島と八丈島の間を流れる黒潮は黒瀬川と呼ばれている。この黒潮の流れは、八重山近海で時速二、三キロだったものが、日本列島の沿岸に近くなると、七、八キロにもなり速度をましてくる。この黒潮にむかって、四季によって異なる方向から季節風が吹きつける。

風と潮。この二つは日本文化の原初にさかのぼるほどに私たちの耳を捉えてはなさない自然の交響楽である。ただ、石ころや貝類や植物の種子などは、波間に浮んで漂ったたままどこかに流れ着けばよいのだから、海上を吹く風の影響はほとんどないにひとしい。しかし植物よりは動物、動物よりは人間という順序にしたがって、風と潮の組合せはいっそうふくざつな様相を呈する。なぜなら人間は黒潮を利用するのに一定の計画性を必要とし、そのばあいに、風の効果と逆効果をも考慮しないわけにはいかないからである。

二

日本に漂着した南方産の植物の中で椰子の実は海上の道の存在を知らせるのに役に立つという意味では重要であるが、日用の道具として椰子の実と比較にならぬほどの大きな役割をもったのがクス科の植物である。先史時代のものと見られるクス材の丸木舟が日本各地で出土し、古代にはイワクスブネの名で呼ばれる堅牢な船が活躍した。

これらは私たちと時代を隔絶しているが、しかし現在でも奄美大島ではクス科に属しイヌグスとも呼ばれているタブの木をくりぬいて丸木舟を作っている。タブの木は大きくなると直径二メートル、高さは十五メートルから二十メートルに達するものがある。奄美大島の丸木舟の長さは五メートル二十センチ位だという。タブが丸木舟に使用されるのは虫に強く、水分を含みにくく、長持ちするからである。

これらの丸木舟は内海や川で物を運搬するために使われたり、外海で漁業をするときに用いられたりすると報告者の川崎晃稔氏は述べている（「えとのす」三号）。

このタブについては折口信夫がはやくから注目した。タブの木は今日、海岸ぞいの神社の森に多く見出すことができる。タブを神樹としてまつるところも少なくない。これは理由のないことではなく、南方から漂着した日本人の祖先の渡来の記念碑がタブの木であると折口は主張している。

すなわちタブの木の森を目指してやってきた海人たちがあるというのである。ふしぎなことに柳田国男もまたクス科の植物を『海上の道』の中でとりあげた。それが、よい香をもつために今日でも皮つきのままに、爪楊枝に使われているクロモジである。

柳田国男はクロモジこそは神まつりに使用する木で、それが古代のサカキではなかったかという推論を下している。折口はそれにたいして、タブの木の一種である肉桂タブが古いサカキであって、そのかぐわしい匂いが重視されたのだと考えている。はからずもここに柳田と折口の意見は対立するが、ともにクス科の香が古代日本人の神祭の不可欠な要素であるとして、それを南海から渡来した人びとの鼻の記憶とむすびつけようとしている点では一致している。

クスノキにたいして柳田や折口におとらぬ関心をよせたのが、南方熊楠《みなかたくまぐす》である。南方の生まれた紀伊の海草郡では藤白王子社のほとりに楠神と名付けられる古いクスノキがあり、付近の人はもちろん、郡内では子どもが生まれると、この神に詣でて、楠の一字を名につける風習があった。熊楠の兄弟たちも九人のうち六人までは楠の字を名前につけた。そこで熊楠という名などは何百人あるかも知れないほど多かったという。

南方熊楠はクスノキを見ると、なんとも云いようのない特別な感じをおぼえると告白している。南方はクスノキを先祖とした風習の名ごりがそうした意識となるのだと考えている。クスの丸木舟にのり、船団を組んで海上の道をたどってきた太古の記憶は、タブの木を神の森の目じるしとし、またクロモジを神祭りの木に使用し、さらには自分たちの子どもの名前に楠という字をつけるという独特の風習さえもたらさずにはすまなかったのである。

ここで私は五島列島の最南西にある福江島の岐宿《きしゆく》にまつられている巌立《いわたて》神社を訪れ、神社の背後にある原生林に足をふみ入れたときの印象を述べてみたい。

シイやタブやハマセンダン、モクタチバナ、トベラ、ヤブツバキ、ヤブニッケイ、ヒメユズリハなどのうっそうとしてしげる林叢があった。こうした植物名を羅列しただけでは、読者のイメージを喚起することは困難であるが、熱帯産あるいは暖地性の光沢のあるさまざまな木の葉が、強烈な太陽をさえぎっており、それがあたかも光を吸いすぎて暗くなっていると思われる光景に接したとき、私は『金枝篇』の一ページめを開いたときの感動と似たものをおぼえたのであった。

タブは幹のまわり数メートルもあるのが自生していた。ここに注意すべきは、おなじクス科に属するニッケイをはじめ、悪霊よけに使うトベラ、あるいは常世の花とみなされるタチバナなどがいずれも強烈なにおいをもっているということである。またこの林叢の特色はナタオレノキが五十本あまりもあることであった。これはモクセイ科の常緑樹であり、材質がきわめて堅く、ナタが折れるほどであるので、その名をもっている。花とその香はモクセイとおなじである。

五島のナタオレノキから私は対馬で見たナタオラシと呼ぶ木のことを思い出した。対馬の北端の鰐浦という港の海岸に、ナタオラシの大きな木がある。それを土地の人はウミテラシと名付けている。この木が白く香りのよい花をふさふさとつけると、それがあたかも海を照らすような感じがするからだという。あるいはその白い花が月の光にまぶしくかがやく夜のことを云ったのかも知れない。いずれにしても、その花の咲く頃を想像しただけで落ち着かなくなる名前をもっている木であった。

対馬のナタオラシは学名をヒトツバタゴと呼び、五島のナタオレノキ同様にモクセイ科に属する。若狭の小浜市にも蒼島と呼ぶ地先の小島があって、そこにもナタオレノキが自生しているが、これもまた同種類のものと思われる。ここにおいて五島、対馬、若狭と南方から北に奔《はし》りのぼる黒潮の役割が見えてくる。

暖地性の照葉樹が枝をかわしあい、地には大きなシダ類やオオタニワタリ、ハマユウなどが葉をまじえあっている、その奥から神が現われたならば、その神は草の冠をいただき、身体を木の葉でかざっていたにちがいない。事実、南島の神々はそうしたかっこうで人前に姿を現わした。

その一例が西表島の三離御嶽《みばなれうたき》に出現するアカマタ・クロマタの神である。そこは海岸ぞいにあって、潮が引けば大きな蟹の一尺あまりもの巣が地面にたつところだが、物すごい熱帯樹の密林でその奥から草木で装われた猛貌の神が出現する。また宮古島の狩俣の祖神《おやがみ》も部落の背後の大城御嶽《うふぐすく》と呼ばれる原生林から木の葉の冠をかぶって出てくる。

若狭の矢代《やしろ》という海辺の漁師町でも、十幾枚もの大きなシダの葉をかぶった男たち三人が出て踊るが、その祭も南島と無縁ではない。

ちなみに巌立神社の名の由来は、そこの岩に神が降臨することにあるとされている。しかしこの神社の近くには岐宿貝塚と呼ばれて先住民の居住地の痕跡が見られるところからして、この原生林こそは彼らの信奉する神の森ではなかったかと想像される。

五島で原生林が今ものこるのは七つの峯をもち七つ岳と呼ばれる山にある神社である。歌垣も以前は七つ岳の神社の祭にあった。夜通しつづく祭の夜に神社の境内でむすばれた男女があった。歌垣は有明海にのぞむ肥前の杵島《きしま》岳にも見られたことが『肥前国風土記』に記されているが、沖縄では毛遊《もーあしゅ》びと称して男女が野原でかけあい歌と踊りに興ずる風習が終戦の頃まで毎晩のようにおこなわれていた。こうした一連の共通性をもつ習俗も黒潮文化と関連があると私は考える。

ふしぎなことに森そのものを神とみなす信仰は対馬、壱岐、それから九州の西部をとおって薩摩地方に多く見られる。すなわち対馬、壱岐のヤボサやシゲチと呼ばれるところは、ただ樹木のしげった場所にすぎないが、そこに足をふみ入れるだけでたたりがあるという神聖な場所がある。また南九州のモイドンも森殿のことで、この樹木の枝を折ったりするとひどいたたりがあるという。

南島の御嶽《うたき》とよばれる拝所も鳥居や拝殿はなくただ樹木の繁茂するところである。しかも、ヤボサ、シゲチ、モイドン、ウタキに共通するものは、そこが地元の人たちの埋葬地とつながりがあるとされることである。こうした特徴は、死者を葬った場所で彼らを神としてまつる風習が神社の起源であることを示唆する。これらの信仰は個々に起ったとは考えにくい。黒潮に乗って南方から渡来した人たちのたずさえてきた信仰と見るのが妥当であろう。

ちなみに南島の御嶽で神聖な樹木とされているクバは本土ではビロウと呼ばれており、薩摩、肥後、五島などの周辺の小島にビロウ島の名の付くものが点在している。この事実は、ビロウの種子が黒潮にはこばれてこれらの島に漂着し、自生したことを物語っている。

ビロウは日本の古代ではアジマサの名をもって知られていた。ビロウの木の葉をながく垂らして葺いた宮を「アジマサの長穂の宮」と呼んだ。また平安時代の宮廷ではアジマサで作った扇を珍重した。こうしたことについては柳田が『海南小記』でくわしく触れている。クバの葉の扇は今日でも南島でたやすく見ることのできるものである。

三

黒潮のはこぶものには海の動物たちもあった。そのもっとも顕著なものは南海産のセグロウミヘビである。沖縄の漁師たちが一番おそれている海蛇で、背は黒く腹は黄色い。この海蛇は海流に乗って山陰の沖合まで流れてくる。ところが陰暦十月頃になると北西の季節風が烈しく吹きはじめ、黒潮の中にいた海蛇は冷たい沿岸水の中に吹き放たれる。

沿岸水は対馬暖流と海岸のあいだを循環しているので、海蛇は岸に打ちあげられることになる。出雲大社と佐太神社のおこなう陰暦十月の神在祭《かみあり》ではもとはこの海蛇を浜でとらえ、それを三方にのせて神前にたてまつらないと始まらなかった。

セグロウミヘビがなぜこのように神聖視され、畏敬を払われるか今もって謎であるが、すでに記紀には、海原を照らして出雲の海岸によりくる神があったことを伝えている。海のむこうから季節をたがえずにやってくる動物たちに一種神秘的な親愛の感情を抱いたであろうことは想像に難くない。

セグロウミヘビに似た海蛇にエラブウミヘビがある。エラブウミヘビは通常エラブウナギという名で沖縄の人たちに親しまれている。それは琉球料理の材料の一つである。沖縄本島の東海岸の久高島のノロは、このエラブウナギを捕獲する特権を与えられている。エラブウナギは秋の九月十月になると、黒潮に乗って北上して小宝島の洞穴に産卵しにやってくる。それを久高島の漁師たちが追いかけて捕る光景は明治大正の頃まで見られた。エラブウナギの北限は口永良部島あたりとされている。

また台湾の東南岸にある紅頭嶼の漁師たちがきわめて重視するトビウオ漁も、黒潮と共に北上して、トカラ列島付近でもよく捕る。このように剽悍な南島の海人は黒潮に乗って移動する海の動物たちを追って、縦横に活動した。その典型が糸満の漁夫たちで、彼らはサバニと呼ばれる小舟を櫂と帆であやつって、とおく金華山付近まで遠征をこころみた。また、戦前は五島や対馬から山陰の隠岐や若狭まで、毎年姿を見せた。対馬の南端の豆酘《つつ》の人たちに追込網の漁法を教えたのは糸満漁夫である。

黒潮は南海に棲む動物を意外にとおくまではこぶことがあった。その一例がさきにあげたセグロウミヘビであるが、ジュゴンなどもそうであった。ジュゴンは昔の書物に海馬と記され、南島ではザンの魚と呼ばれているが、その鳴き声が赤んぼのそれに似ているところから赤子魚《あかんぐわいゆ》とも云われ、その形姿が人間を思わせるので人魚《ひといゆ》とも称せられている。その肉は最上の牛肉と豚肉をまぜあわせたようにきわめて美味であるとは、ザンの魚を食べた宮古群島の池間島の老人たちが異口同音に語るところである。

若狭の小浜は人魚の肉を食べて八百歳の長寿を保ったという比丘尼の入定の地である。この話は熊野比丘尼によって日本各地に流布されているが、そこにはなにがしか若狭と南海との間に縁由の痕跡があるのではないかというのが私の想像である。

人魚の肉が美味でとろけそうだったというのはけっして架空の作り話ではなく、南島の老人たちの証言によって、じっさいにそうだからである。人魚すなわちザンの魚は奄美群島を北限として棲息するといわれるが、ときには黒潮にはこばれて日本近海に姿をあらわすこともないではなかった。こうして、南島でザンの魚を捕りその肉をくらったはるか昔の体験は意識の中によみがえり、八百比丘尼の説話が生まれたのかも知れぬ。

またサメを海の神とする考えもとおく太平洋諸島にあった。その信仰は琉球列島にうけつがれ、さらに日本の海岸に流入した。海中に難破したがサメの背に乗せられて助かったという話は、南島にいくつかのこっているが、志摩の磯部の伊雑宮にも伝わっている。

おそらく古代人は回遊魚の習性やまた卵生にしろ胎生にしろ子どもをうむために季節をさだめて人間の生活圏に近づいてくるウミガメやサメやエラブウナギになみなみならぬ親近感を抱き、それを海の神の使者とも常世の贈り物ともみなしたのである。

四

日本本土と沖縄とを問わず海村を歩いていて一様に感じることは、漁民がつねに海のなぎさに関心をもっているということである。このなぎさは流木や海藻や魚介類が打ちあげられるところであり、とくに嵐のすぎたあとなどは、人びとは朝はやくからあらそってなぎさを見てまわった。流木が寄木の神とあがめられ、砂浜にのりあげた鯨が寄鯨として歓迎を受けたように、それは海神からの贈り物にほかならなかった。

対馬では海岸に打ちあげられた海藻を勝手にとることはゆるされなかった。それぞれの家にそれぞれの浜の権利があり、藻小屋を建ててその中に貯え、田畑の肥料とした。また木材にとぼしい海村では流木をもって家を建てた。こうしたことから海辺の町や村に住む人たちはつねに海の彼方に期待を抱き、海の彼方から届けられる贈り物を待った。

稲の穂を鳥が海彼にある常世からくわえてきたという話を伝えているところは、沖縄や奄美にあり、それに似た話は対馬の伊奈や志摩の磯部にも伝わっている。それは年の折目ごとに訪れるマレビトや祖霊の到来を待つ感情とも重なり合う。八重山のマユンガナシやミロク神の到来、悪石島のボゼ、甑島のトシドン、秋田男鹿のナマハゲなどは異相のマレビト神である。

対馬で聞いた話だが、うつぼ船に乗って貴人の母子が漂着したという話は十数例をかぞえることができるという。対馬にかぎらず日本の各地の海岸にはうつぼ船の伝承をのこしている村が多い。これは外来神として高貴な女の血すじを受け入れようとしたことを物語っている。こうした心情の発生は、もとより生活資源にとぼしく、それを海外にあおがねばならないところからくる。

だが、古代の地中海のように風波がおだやかであり、海上の交通が計画的になされるところであれば、このような感情は生まれなかったであろう。つまり、地中海がヨーロッパ文化をそだてたようには、黒潮は人間の計画性にとっては信頼できる相手ではなかった。

南の文化や人びとが日本列島にたどりつくのにはすべて黒潮を利用したが、この海流には季節風の働きが加わるから、そこにはつねに不確定な要素をともなわずにはすまない。目的地に着こうとして、それが他の場所になることは日本人の航海の歴史においてあまりに多すぎた。遣唐使船の昔をかえりみるだけでなく、帆船技術の発達した江戸時代においてさえ、漂流は海人にとって日常に起るものと覚悟しなければならなかった。波まかせは日本の漁人の合言葉であった。

そこで黒潮は一方的に送り手の文化に終始し、他方、日本列島の人びとは受け手にとどまるほかはなかった。受け手である日本列島の人びとは、海の彼方からの贈り物を期待するだけで、それを進んで摂取することがむずかしかった。しかし、それだけにいっそう、日本人の感覚は海の彼方にむかってとぎすまされた。マレビトの出現はこうした待つ者の立場があってはじめて可能となる。すなわち日本人は海外にむかって、つねに烈しい願望と期待をもって望んだのである。海外の国は、現実の国であるよりは、それ以上に幸せをもたらす理想の国にほかならなかった。

日本人にとっての神は、海外からさいわいをもたらすものである。日本人の神は人間に超越して高く存在する神ではない。日本人は神を高く求めずに、遠く求めるのである。おそらくこのようにして、死者の住む国である常世もまた遠くの彼方へ投影された。現実の理想国への願望と、常世への思慕とが重なり合った。異神、すなわちStranger-God《ストレンジャーーゴッド》はときには外国から訪れる見知らぬ風貌の人間であり、またときには常世からの祖霊神であった。しかもここで注意を必要とするのは、日本人の感情は黒潮に乗ってきた父祖の道すじを、受け手である日本列島の子孫が反芻するところに成立しているということである。したがって日本人は海上の道を逆にたどって南下していく果てに自分たちの原郷があるという考えを捨てることはできない。

五

柳田国男の『海上の道』も現実の上での日本人の原郷と信仰上の本つ国である常世との双方を執拗に追求したものである。とりわけ柳田は、日本にいかなる道すじをたどって稲が渡来したかという主題に注目した。というのも、稲ほど日本人の生活にかかわりあるものはなく、また稲ほど日本人の古い信仰を規定してきたものはない。

柳田は弥生時代に稲作が始まると同時に、日本の常民の意識は決定されたと考えた。柳田は民俗学を研究するまえは、稲作を中心とする社会問題である農政学と取組んでいた。農政学をはなれて民俗学に没頭しはじめてからも、農民を常民の主体であるとする考えを変えなかった。このようにして生産物としての稲への関心と、信仰上の対象としての稲への関心とは、彼の一生を二分する重要な主題であったが、それは彼の最晩年に一つの主題として統合された。

敗戦の年に七十歳を迎えていた柳田としては、もはやのこされた生涯の時間は少なく、なんとしても自分で出した疑問に自分で答えねばならなかった。それが柳田に『海上の道』を書かせた根本動機である。そこでの柳田の解答は次のとおりである。

大昔、中国では宝貝の一種を貨幣として珍重した。この宝貝の棲息する中国から一番近い場所はわが琉球列島であり、とりわけ宮古島の周辺にある八重干瀬《やえびし》には宝貝が多く産する。中国の人たちは、この八重干瀬に宝貝を求めてやってきた。そうして風を待ってふたたび帰国し、再度訪れる際に、稲の種と技術をたずさえてきた。それが南島における稲作の始まりであり、この稲作が島づたいに北上して日本列島に取り入れられた、というものである。この柳田の仮説は実証するのに困難であり、したがってそれほど学者の間で高い評価を受けてはいない。むしろ稲作は中国大陸から朝鮮半島の南部に伝来し、そこから北九州に伝わったという説の方が有力である。しかし『海上の道』の読み方はそれにとどまるものではない。それは日本人の願望を主題とした書物でもあるからだ。

常民にとっては願望と客観的な事実とを区別することはむずかしい。例えば海の彼方に祖霊の島があると信ずることと、その信仰の島が実在するという認識との間にほとんど開きはない。それはなぜか。日本人の祖先が海上の道をたどって南方からやってきたというはるかな事実を否定するわけにはゆかないからである。常世は祖霊の住む島というにとどまらず、稲がつねに熟している島でもあった。「世」は南島では稲を指す。稲の常熟する熱いところ、というのが常世の原義である。こうしてみればそこに熱帯の国々からやってきた日本人の先祖の痕跡をさぐることは困難ではない。

沖縄の八重山では豊年祭にミロクの仮面をかぶった神が出現する。柳田はこのミロクという言葉ももとはニライカナイとかニラの島とかから由来するものではなかったか、と疑っている。それは彼が五島の三井楽、かつてのみみらくの島について述べた考えと同様である。

いずれにしても八重山のミロク神の信仰と関連があるかも知れぬミロク踊りが常陸の鹿島を中心として、関東から東海各地に点々と伝わっているのをどう説明すべきであろうか。それは海上の道のもたらした黒潮文化の一端と呼ぶことはできないか、と柳田は問うている。ここにおいて彼は日本人にとってもっとも古く、かつもっとも新しい主題が『海上の道』であることを告げているのである。

（『民俗の旅　柳田国男の世界』読売新聞社、一九七五年一二月）

この絵本について

「ニライからきた人魚」

沖縄ではどの砂浜でも人びとが海の神に祈りをささげている光景をよく見かけます。南の島の生活と海とは切っても切れないものがあります。本土ではお盆のときは先祖のたましいが、海のむこうから帰ってくるというので迎え火をたいたり、大声で呼んだりしますが、南島でも人びとは、自分たちの先祖のたましいが海の彼方の島に住むと信じ、その幻の島をニライカナイとかニライとか呼んでいます。

ニライは先祖のたましいの住む島であると同時に、海の彼方にある楽園とも考えられました。そこでは一年中、果物や稲が実っています。人びとはそれを食べて、たのしく毎日をすごすのです。私たちの生活に欠くことのできない火や穀物もこのニライから送りとどけられてきたのですから、ニライの神を尊敬する気持が生まれるのはとうぜんです。

海におよぐ動物たち、サメやイルカやウミガメやジュゴンはこのニライの神の乗物であり、使者でもあると思われました。なかでもジュゴンはそのかっこうが人間に似ていることから、ふつう人魚と呼ばれています。南島では、ザンの魚《うお》と云われて、もっとも神に近い動物として大切にされてきました。沖縄の宮古島のように、それをヨナタマと呼ぶところもあります。ヨナとは深い海を指すことばで、タマはたましいのことですから、海の霊がヨナタマなのです。

ザンの魚の肉はとびきり上等な味がするので、沖縄ではとくべつのごちそうの材料とされています。しかし一方では、海の霊として、海の秘密を知っている人魚は、津波をおこさせる力をもつ、とおそれられていました。

この物語の中で、今しも火にあぶられようとするヨナタマを、とおくから呼ぶ声、それはニライの神の声なのにちがいありません。沖縄のしずかな砂浜で、まっさおな海のむこうをみていると、ふとその声が聞えてくるような気がすることがあります。

（池田和・文　井口文秀・絵「沖縄の民話」解説）

「白鳥《しらとり》のむすめ」

白い鳥が人間のたましいをみちびく鳥であり、ときには人間のたましいそのもののかたどりである、と考えるのは日本の古代ではあたりまえのことですが、それが沖縄ではながいあいだ人びとの信仰として現在に伝わっています。シラサギも南島にすがたをあらわす白い鳥たちの仲間です。まっさおな海と空とを背景にしたシラサギの優美なかっこうは、船乗りたちの眼には、船をはなれず自分たちを守ってくれる肉身のたましいと思われました。じっさいに、沖縄では兄が船にのるときには、兄を見送る妹は、航海が無事であるようにと、兄の守り神となるのがきまりでした。それを南島では「おなり神」と呼んでいます。妹が兄の守護神となるというのは、沖縄や奄美では、一般に女の方が男よりも神に近い存在と考えられているからです。

本土とまるきりちがうことですが、沖縄や奄美では神に奉仕するのは女にかぎられており、男は神聖な場所に近づくことは許されません。祭のばあいもその主役はすべて女たちです。南島では神祭をつかさどる女たちをノロと呼んでいます。ノロにえらばれるには、色々な方法がありますが、生まれつきかしこく、また清らかな顔かたちをもつ少女がえらばれることもしばしばでした。

ノロはふだんは他の人びととおなじ生活をしていますが、神の前に出るときだけ白衣を着ます。この物語に出てくるシラサギも、そうしたノロにふさわしいすがたをもっています。そこでこの本では、シラサギとノロとの重なりを強調するために、わざとふだんの生活のばあいもノロに白衣を着せて描いてあります。

この物語の舞台となった久米島は、中国大陸から沖縄にやってくる船が一番はじめに立ちよる島でした。それだけに、中国とその南につらなる南蛮諸国との関係も密接な島であり、久米島の人びとはシラサギがおとずれ、またかえっていく海の彼方に、めずらしい品物にみちあふれた南のあつい国ぐにを思い描いたのです。

（永山絹江・文　井口文秀・絵「沖縄の民話」解説）

「たいようの子マタラベ」

鹿児島県の南部につらなる島々。奄美。その名はどこか海《あま》とつながりがあるようです。島のまわりはすべて海です。すこし荒い波が立つと島が沈みそうに思えます。その上に南のぎらぎらした太陽が照りつけます。奄美の人びとはこうした風土の中で多くのすぐれた昔話を育て、伝えました。男たちは多く漁に出たり、田畑を耕したりします。女たちは太陽の光をさえぎるうす暗い機屋《はたや》にひきこもって、一日中、麻の布や芭蕉布を織っている姿を以前はよくみかけました。また奄美の人たちは心配事があるとユタと呼ばれる占い師のところに相談にゆきました。ユタは大部分が女なのですが、ときには男でユタの役目をする者もいます。こうしたユタの先祖が貴いものであることを人びとに示すために、太陽に愛された女、太陽の血すじを頒《わ》けた子の話ができあがりました。といってもそれはたんなる思い付きから生まれた作り話ではありません。

人間の父と母がいなくても、虹や風やまたは見知らぬ大きな足跡に触れただけでも、子どもが生まれるという話は世界各地にあります。太陽の光に感じて、幼い少女が子どもを生むというのもその一つで、朝鮮の神話や中国の伝説によくみかける話ですが、わが国では、主として大陸に近く、黒潮の道すじにあたる対馬や奄美にそれが残っています。

さて、太陽に思いをかけられた女は文字通り日《ひ》の妻《め》であり、生まれた子どもは日の御子《みこ》ですが、そうしたいきさつがかえって周囲の者にあやしまれ、空《うつ》ろな舟に乗せられて母と子とが一緒に流されるという話もあります。奄美のばあいは、その子が貴い血を受け継いでいることは、はじめのうちは、自分も分りません。そこでさまざまな苦難を乗り越え、試練にうちかって、やっとそのことを知らされるのです。以上みたように奄美の島に欠かすことのできない生活風景を土台としてこの説話はできあがっています。

（山下欣一・文　斎藤博之・絵「沖縄・奄美の民話」解説）

「ななしの雲の子」

日本列島の南のはしには、奄美や沖縄など南島と呼ばれる小さな島々がつらなっています。海にかこまれた南島のくらしの中で、いちばんすばらしいのは、夜明けです。かつて古代ギリシア人が、曙の女神は薔薇色の指をもっていると考えたように、それはあかつきの神々がおとずれる神聖な時間帯です。沖縄列島の久高島では、まさに太陽がのぼろうとする寸前の時刻をアキタチといいます。また宮古島ではアキドラといっています。アキドラは暁空のことと思われますが、そこにはアキドラの神が出現するのです。

まもなく、水平線の彼方にあらわれる一点の朱が、みる間に天と地を染めます。こうした光景を、沖縄の最古の歌集の「おもろさうし」には、真紅の鳥が乱舞するようにと、歌っています。また海原からのぼる太陽を「あけもどろの花」と形容しています。「もどろ」というのは、血みどろということばで分かるとおり、どろどろした感じの状態を指します。のぼる朝日を乱れ咲く真赤な花にたとえたこのうつくしい表現は、南島の人びとの深い感動から生まれたものです。

色の交響楽さながらの日の出の光景。その大自然の詩は、そのまま神々の物語につながっています。そこでは夜明けごとに天地の始まりがくりかえされ、神と人間との間にあたらしい契約がむすばれます。

こうしてみれば、奄美の手作りの民話が、手垢によごれない神話時代の面影をやどしているのも、とうぜんといえます。奄美の民話はつねに壮大な自然を舞台として展開します。それだけでなく、自然そのものが主人公の役割をも果します。このとき自然と神々とは別の存在ではありません。この雲の子アカトキの物語もその一つです。

奄美の巫女たちは重い病人を立ち直らせるため、この物語にふくまれる大自然の生気を吹きこむことをしてきたのです。

（山下欣一・文　斎藤博之・絵「沖縄・奄美の民話」解説『民話のえほん』小峰書店、一九七六年一月、三月、一九七七年一月）

沖縄への鉄器伝播

柳田国男は『海南小記』の中で、沖縄の文化史の時代区画としては、鋤鍬《すきくわ》の輸入はサツマイモの伝来よりも重大であったと述べている。その時代区画はどこに求められるだろうか。

鉄が沖縄に輸入されたのは、十世紀ころとされるが、それが普及したのは、十三、四世紀のことであるらしいから、それ以降のことと考えたほうが無難であろう。それまで牛馬の骨でたがやし、棒切れや石ころで敵とわたりあっていた原始的な社会に、鉄器が大量に導入されたときの衝撃は想像するにあまりがある。この衝撃によって、沖縄の農業の生産は増大し、社会の闘争は烈《はげ》しくなり、琉球弧は急激に統一の方向にむかったことはうたがいえない。

たとえば、十四世紀後半に活躍した中山王の察度も、はじめは牧湊にきた日本の商船から鉄塊を買いとり、農具を作って百姓に与え、その人望によって浦添の按司《あじ》となったといい、また察度の子の武寧王をたおして、第一尚氏の王家のもといを開いた佐敷按司の尚巴志にも、同様の話が伝わっている。佐敷按司のばあいは、沖縄本島の東海岸に割拠していたため、その北にある与那原の港とむすびついている。

第一尚氏に代わって第二尚氏の祖となった尚円も、もとは伊是名島の出身で金丸と呼ばれた。その名からして金属に関連がある。金丸は若くして伊是名島を追われ、沖縄本島の北部にあたる国頭の奥間に身をひそめ、そこの鍛冶屋《かじ》にかくまわれた。そこで金丸が王位につくと、奥間の鍛冶屋の一族をあつく遇した。ここにも武器の調達のにおいがする。それにしても、察度、尚巴志、尚円と琉球の代表的な権力者たちがことごとく鉄と縁由のある伝承をもつことは何を物語るか。鉄の原料も、鉄の製品も、また鍛冶技術も、島の外にあおぐほかない沖縄では、この点にいちはやく眼をつけて、鉄器を入手しえたものが沖縄の歴史の支配者になったという事実を暗示しているように思われる。一歩すすんで、鍛冶の技術をもつ者が本土から渡来し、やがて権力をにぎるという可能性も考えてみなければなるまい。

さきの察度の話には、その前段に炭焼長者の伝説がまつわっており、浦添市の大謝名には、察度が黄金をほり出したという場所に、金宮がのこっている。しかし沖縄には黄金はもとより鉄鉱石も砂鉄も産するはずはないから、この炭焼長者の伝説は日本本土からもちこまれたことは明らかである。本土の炭焼長者の伝説は、転々と移り住む鍛冶屋や鋳物師が各地に運んだと推定されている。おそらく沖縄にもおなじ職業をもつ者が渡来して伝えたにちがいない。炭焼長者の話は、国頭にもまた宮古島にものこっている。

宮古島のばあいは、炭焼太郎と呼ばれている。炭焼太郎の子孫が宮古島の平定を最初になしとげた仲宗根豊見親であるのも偶然とは思われない。この宮古統一のかがやかしい英雄は、平良市にあるムタ川（今の大和川）から宝剣の冶金丸をほり出して、尚円の子の尚真王に献上したと伝えられる。

私はこの二月に沖縄に旅行したさい、鉄の伝承をもつ遺跡を見て歩いたが、この大和川の近くのアガリナリカニをまつる御嶽に多くの鉄《かな》くそが落ちているのを発見した。アガリは東であり、カニは金のことで、ここにヤマト神をまつると伝えられているのは、東の方の日本本土から鍛冶神が渡来したことをほのめかしているようにみえる。宮古島では平良市西仲宗根の船立御嶽にもカネドノをまつる。そこは久米島から鉄をもってきて、鍛冶をはじめたという伝承をもつ御嶽であるが、やはり鉄くそが落ちていた。友利の鍛冶屋遺跡にはヤマトカンカ主、すなわち大和の鍛冶神をまつる御嶽がある。そこからも鉄くそが見いだされた。友利に近い砂川元島の遺跡からも鉄くそが出土したとの報告がよせられている。友利は泊がなまった地名であり、砂川は砂川船で有名であるから、そこは日本や中国との貿易の根拠地だったかも分からない。

宮古本島の西の伊良部島にもカニドノをまつる長山御嶽があり、ヤマト人が漂着して鉄を多くもってきて、長山に居住し、鉄の農具を作ったという伝承がある。多良間島には運城御嶽があり、ウエグスク金殿をまつっている。八重山には石垣市の大浜に崎原御嶽があって、そこには農夫の兄弟が薩州の坊之津にいって鉄器を買い求めたという伝承がある。それをうらがきするように以前は鉄くそが出土していたという。この鍛冶技術は、そこからさらに竹富島に伝わったと思われている。

稲村賢敷氏が採集した多良間島につたわる鍛冶神の神歌では、日本国で生まれた鍛冶神がふいごや鍛冶道具を船につみこんで、沖縄島にわたり、さらに宮古島、多良間島、八重山と南下して鍛冶の技術をひろめた。さいごには与那国島にわたったが、そこでは大変乱暴なふるまいが多く島民をこまらせた。鍛冶神は全身が黒い鉄で作られ、強力無比であったが、くびのところに一寸角ほどの肉身があった。彼の妻は、夫が眠っているすきに、アイクチでそこをつきさし、夫を殺して島民の苦しみをすくった、というすじ書きの神歌である。

大林太良氏があつめたのをみると、鉄人の話は日本各地にあり、また沖縄の説話集である遺老説伝にもあるが、いまのべた鉄人の話が、南島にやってきたヤマトの鍛冶神の足どりを伝えていることは、沖縄における鉄の伝播《でんぱ》の歴史を暗示していて興味深い。

（「読売新聞」夕刊、一九七七年三月一五日）

南西諸島の神観念を明らかに——住谷一彦 クライナー・ヨーゼフ『南西諸島の神観念』

奄美や沖縄の民俗についてはこれまでかず多くの論文や著作があるが、南島の神の観念とは何かという主題を真正面からほりさげたものとして、本書は特筆に値する内容をもっている。

これまで柳田国男や折口信夫などが南島の神をもっぱら海の彼方からの来訪神と規定してきたのに対して、本書の著者である住谷一彦とクライナーは、来訪神だけでなく、常在して村の守護神となる神の存在を主張している。これは日本民俗学の通念にむかって発せられた根本的な疑念の表明である。このとき、著者たちのみちびきの糸となったのは、柳田と対極にある原田敏明の宮座の研究であった。原田説を著者たちがおこなった奄美群島や波照間島の調査の分析視角に導入するとこれまであいまいであった西南諸島の神観念が明らかになった。すなわち海の彼方のネリヤカナヤから来訪する神のほかにも、トネヤで常祀《し》される地域神があり、さらにオボツ山にまつられる村の開祖としての先祖神がある。こうして南島の神を来訪神《まれびと》と考えるだけでは不充分であることを著者は実証した。

精密なモノグラフ、誠実な文体、行間から発せられる、日本の神とは何かというするどい問い。

これら本書の特徴はこれまでの民俗学者に欠けていたものである。民俗学の通念を疑うことから生まれた本書を、高く評価するとともに、本書の結論をさらに検討してみる必要があろう。読者にそうした気持ちを起こさせるのも本書の魅力の一つである。

（「読売新聞」一九七八年三月一三日）

沖縄の地名──本土並み変更の誤り

先日沖縄を訪れて、地名について聞くところがあった。地名が先人の文化遺産であるというのは、沖縄も本土と変わりがない。そうしたことから、沖縄の地名を、ひいては人名を本土並みにあわせようとする試みは大きなあやまりをおかす。その一例が那覇市にふくまれる首里の金城町である。もともと「かなぐすくちょう」と呼んでいたのを、近年「きんじょうちょう」と呼び改めることになった。この金城町には、尚真王の時代に作られた有名な石畳道がある。この石畳をふんで、首里の王や政治家や高級神女が往来した。また第二尚家の墓である玉陵《たまうどん》もこの町内にある。首里のふるい雰囲気を今に伝えているこの一帯の呼称を変えることには、一部の知識人の抵抗があった。それにもかかわらず、押し切られてしまった。

沖縄には日本の城に相当するものは見あたらない。その数二百にものぼるグスクが高所に作られているのは本土の山城と変わりはないが、石囲いの中に拝所があって、今もって参拝者の跡の絶えないグスクが多い。共同体の首長が力を得て按司となる時代、その按司の姉妹がノロという神女となる慣習があった。グスクは武力によってだけでなく、信仰によっても守られるところであった。つまり地元の共同体社会の象徴がグスクと呼ばれた。

スクは日本古代のシキとおなじく聖域を指す。そのグスクから青磁や白磁の陶片が出て、海外貿易と明らかに関連のあるグスクもある。こうしたことからグスクに城の字をあてて、シロと呼び変えることがどうしても無理なことが分かる。かなぐすくをきんじょうと改名することは不法である。たとえば、豊見城は、もともとトヨミグスクであり、あたり近所にその名が鳴りとよむグスクの意であった。それがつづまってトミグスクとなるのだから、私はトミシロ高校よりは、トミグスク高校に声援を送りたい。

ついでに言う。ボクシングの具志堅用高の姓も地名に由来している。古堅、久手堅、津堅、健堅など沖縄にはケンという地名が多い。地理学者の仲松弥秀は、このケンのつく地名は、石灰岩が突っ立っている地形のところにみられると言っている。また人類学者の金関丈夫は、与論、勝連、瑞慶覧などの南島の地名にふれて、こうしたロン、ラン、レンの語尾をもつ地名が、台湾の東海岸にひじょうに多いことを指摘している。金関説のように、それが一つの共通した文化現象と推定されるならば、これらの地名が私たちの耳にさわやかなひびきを与えるのは、日本民族の渡来の痕跡と共鳴しあうからかも知れない。

語尾が「ん」で終わる沖縄の地名としては、このほかに金武や馬天などいくらでもかぞえたてることができる。しかし日本本土ではひじょうにすくない。語尾に「院」のつく地名は九州などにあるが、それをきわめて古いものとみることはできない。私が沖縄を旅行するときのたのしみの一つは、こうした撥音《はつおん》の語尾をもつ地名を口にすることができることである。それは暑いけれども、からっとした沖縄の風土の中で、歯切れのよいひびきをたてる。

沖縄の地名の改変のもう一つの例をあげる。一九七三年にコザ市と美里村の統合によって、あたらしく沖縄市が誕生した。その改名にあたっては、沖縄県庁を誘致したいという下心があったと、もれ聞いている。とすれば名称を変えることによって、その実体もまた変えられるというのであろうか。コザ市は敗戦直後の一九四五年まで越来村《ごえく》であった。それがほんの一時、胡差市となったが、あくる年にはふたたび越来村にもどり、一九五六年までつづいたのち、コザ市が誕生した。なぜ越来がコザと名前を改めたか。一説によるとアメリカ占領軍当局者が、コザ市の中にふくまれる胡屋《ごや》の地名をコザとまちがって表記したためという。また他の説では、美里村の古謝の地名がコザになったとする。どうやら後者の方が真相に近いようである。

謝敷、謝名、安謝、与謝、謝花などのジャは海岸に多い地名で、シャコ貝をアザ貝と言うのと関連すると、東恩納寛惇は述べているが、古謝がそれなりの意味の含まれた地名であることはまちがいない。

この古謝が片仮名のコザと表記されたとき、そこには過去の伝統と一面において断絶したあたらしい地名が誕生した。「断絶した」というのは、コザ市の夜と昼は日本人がはじめて経験した異質な日常感覚であったからである。「一面において」というのは、アメリカの植民都市のようにみえながら、その底にはコザ暴動にみられる反米の渦があったからである。こうしてみればコザの名はもはや歴史的な地名であり、占領時代の沖縄の象徴として残すべきであったろう。それがいまわしい異邦人支配の記憶につながるとすれば、やはり昔ながらの越来の名にかえるべきであった。

越来とはなつかしいひびきをもっている。越来の名は「おもろさうし」にもしばしば出てくる。「ごえく世のぬし」は尚泰久王のことである。尚泰久の娘のももとふみあがりも、勝連あまわりが滅亡したのち、鬼大城の妻となって越来ぐすくに住んだ。越来は北山と中山の間に立つ重要な拠点であった。

しかし沖縄市はコザの名を保存することも、越来にかえることもしなかった。沖縄県沖縄市という名称には、何の意味もない。空疎な器にすぎない。

（「読売新聞」夕刊、一九七八年五月一一日）

恩納ナビの琉歌——柿本人麻呂を想起させる村娘の技法

戦後はすっかり影をひそめたが、かつての沖縄では毛遊《もうあしゅ》びという伝統的な習俗がさかんにおこなわれていた。毛《もう》というのは野原を指す語で、夜、若い男女が打ち連れて戸外で歌ったり踊ったりして遊ぶ習慣である。その場所が海岸だったり野原だったりすることが多かった。沖縄本島の首里と名護の中間に恩納《おんな》という地名がある。その恩納村《そん》の百姓の子であるナビも、娘のときには毛遊びにくわわって遊ぶのが好きだった。

私には恩納ナビは太い腕と臼のような腰をもった女に見える。髪毛は乾草の匂いがしたかもしれない。アダンの葉を座布団がわりに敷き、枕のかわりに松の切り株をあてるという生活の中で娘になった。しかし、ナビのどっしりした、頼もしい体の中には素朴な炎がもえていた。炎はまっすぐに口をついて出て、そのまま歌となった。恩納ナビは毛遊びのときの男女のかけあい歌の名手であったと私はおもう。それは日本本土の和歌の影響を受けた心理的な琉歌《りゅうか》とはまるきりちがうものであった。

ここで毛遊びのときの琉歌を一、二披露すると、旧藩時代の末頃、つまり明治の直前には、若い男女の一群が遊びおえて別れるとき次の歌を歌ったという。

あしゃげ踏石《くだ》や朽ちるとも　かなし言葉の何時《いつ》し朽ちゆが

農家の離れ屋であるあしゃげのふみ石がくさっても、お前のいとしい言葉のくちはてるときがあるか、というもので、万葉集の中の東歌の匂いがする。それが昭和初め頃には次のように歌われた。

でかよ天川《てんがら》や島横に為《な》たい　今夜《きよう》や立ち別《わか》て明晩《あちや》も遊ば

この歌はこれまで天頂にあった天の川が村の上に低く横になった。夜がふけたからまた明晩遊ぼうという意で、壮大な自然の下の清澄な沖縄の農村風景をよく伝えている。冒頭の「でかよ」は「さあ出かけよう」と帰りをうながす言葉である。近代の沖縄社会では、毛遊びは風紀を乱すというかどでしばしば弾圧を受け、そのため楽しみのすくない農村のくらしをいっそう息苦しくした。それよりはるか前、恩納ナビが生きた十八世紀前半でも、琉球王府の役人は、毛遊びと同様に男女の解放の側面をもつ「しのぐ」という祭を禁止した。そのことに抗議して恩納ナビは歌った。

恩納松下に禁止《ちじ》の牌《ふえ》の立ちゆり　恋忍ぶまでの禁止やないさめ

恩納番所には松の下に禁止のおふれがきを記した立札が立っているが、まさか男女が恋をしてはならぬ、という禁止のおふれまではなさるまい、という意である。恩納ナビは「しのぐ」が自由にゆるされていた姉たちの時代をうらやむ。

姉べたやよかてしのぐしち遊《あす》で　わすた世になればお止《と》めされて

姉さんたちはしのぐという神遊びの踊りをして楽しかったろう。ところが私たちの時代には禁止されてくやしいことだ。

ナビには恋人がいた。彼は恩納岳のむこうがわの部落に住んでいた。

恩納岳あがた里《さと》が生まれ島　森もおしのけてこがたなさな

恩納岳がじゃまだから、その岳（森）をおしのけて恋人のいる村をこちら側にひきよせたいという意である。島は沖縄では村の意。里というのは女が夫または恋人にたいする呼称である。これは柿本人麻呂の長歌のさいごにある「妹《いも》が門《かど》見む　靡《なび》けこの山」を誰しも想起せずにはすまない。

明日《あす》からの明後日《あさて》里が番上り　谷茶《たんちゃ》越す雨の降らなやすが

しあさっては、自分の夫が首里の上番に出かける日である。そこで谷茶村をあふれ越すように烈しい雨が降ってくれるとよい、という意で、それならばすこしの間でも夫を自分の許にひきとめて置くことができようという、女の気持ちがはばからず歌われている。

恩納村には万座毛《まんざもう》と呼ばれる小さな岬がある。そこはつき出した崖の三方が海にとりかこまれていて、すこぶる見晴しがよい。岬の崖の上は平らな野原になっているので、ナビも月の明るい夜などには、ここまで出かけて毛遊びをやったかも知れない。ここに一つの歌碑が立っている。作者は恩納ナビ。

波の声もとまれ風の声もとまれ　首里天《てん》がなしおんき拝ま

一七二六年、享保十一年に琉球国王尚敬は地方を巡視した。恩納村では臼太鼓を踊って国王を歓迎したが、ナビは臼太鼓にあわせてこの歌を歌ったといわれている。万座毛にはつい近頃まで海の彼方のニライの神をおがむ鳥居が立っていたが、今は台風でこわれてない。ただあるのは、岬をとりかこむ青海原の神殿だけである。

国王がこの場に立った日も、風がつよくまた波の音も烈しかった。ナビの歌は、その兇暴な自然にむかって禁止命令を発することで、国王の威厳をいっそう引き立たせて見せる。このようなすぐれた技法を、無学な農婦のナビがどこから手に入れたか。それはとおく万葉時代の宮廷詩人柿本人麻呂の出現に一つの手がかりを与えるにちがいない。

（『日本列島恋歌の旅』朝日新聞社、一九七八年七月）

深まりみせる「南島論」

最近、新川明の『新南島風土記』（大和書房）と川満信一の『沖縄・根からの問い』（泰流社）の二冊が刊行された。新川と川満は、沖縄の本土復帰の前後「反復帰」の思想的な立場をとって、華々しい論陣を張った沖縄の知識人である。その二人の原体験に相当する沖縄の風土とのかかわり合いが、この二冊におさめられている。その風土とは新川の場合は八重山であり、川満の場合は宮古である。

八重山と宮古はひと口に先島《さきしま》と呼ばれて、沖縄本島から疎外されてきた。悪名高い人頭税も、二百数十年の間、先島だけに施行されて先島の住民を名状しがたい苦しみにつき落としてきた。新川の『新南島風土記』が、しばしば八重山の人頭税に言及しているのは当然である。新川の人頭税への着目は、沖縄の知識人のなかでも、もっとも早い時期に属する。首里那覇の知識人の多くが関心事の外に置いた人頭税の問題の重さを、新川に教えたのは八重山の風土である。沖縄の苦しみを引き受けて日本本土に強い拒否の姿勢を示す新川の精神は、八重山で培われた。

沖縄本島が先島を疎外したのはそれだけではなかった。川満は宮古本島の中心である平良市の学校で、平良方言を使えないための悲哀を味わったが、さらに首里の学校で宮古出身者の屈辱をなめた。平良方言や首里方言を使えないということからくる差別が、川満の「ミクロ言語帯からの発想」の糸口となった。だれはばかることなく方言が自由に使える村落共同体への渇望が、川満の思想の主軸をなしている。

こうしてみれば、新川や川満の「反復帰の思想」の根は決して政治的な発想ではない。むしろ情況に足をすくわれては沖縄を破滅に追い込んだ沖縄と本土の、政治主義的な発想に対する頑固《がんこ》な拒絶ということができる。

新川や川満の考えは、彼らの友人である島尾敏雄の唱えるヤポネシアの思想と共鳴し合っている。またこの二人は、天皇制の「無化」を目指す吉本隆明の思想の影響を受けている。彼らが島尾や吉本に親近感をもつのは、日本の地域文化の多様性のなかに、日本国家を相対化する決定的な鍵《かぎ》がひそんでいると考えているからである。

南島の基層文化は、本土の他地方とは比較にはならないほどの深い特色をもっている。とくにその言語文化は、古謡集の「おもうさうし」以来の伝統がある。しかし「おもろさうし」は鎌倉、室町時代の本土文化を反映し、また沖縄本島の各所に芽ばえた按司《あじ》と呼ばれる権力者たちの文化とも無縁ではない。真の庶民文化は、沖縄列島にうたいつがれた島々の古謡に求められよう。

このたび『南島歌謡大成』（角川書店）の第三巻として「宮古篇」が刊行された。編者は外間守善と新里幸昭である。『南島歌謡大成』は、さきに刊行された『日本庶民生活史料集成』（三一書房）第十九巻「南島古謡」を土台とし、発展させたものである。この『南島歌謡大成』は南島文化の基礎構築の作業を果たそうというもので、その意義は大きい。これによって、伊波普猷以来の沖縄の学問は先島と奄美を視野に収めることになった。そしてその貢献するところは、やがて南島論の深化と拡大となってあらわれずにはすまないと私は思う。それはこれまでの沖縄本島中心の文化の「純粋性」や「固有性」への執着から、沖縄の人たちを解放することにも役立つだろう。

新川、川満の先島に関する書物はその先駆的な役割をもっている。外間守善の黙々とした基礎作業も「沖縄学」の展開への野心を秘めている。こうしてみれば、沖縄の思想や学問の可能性は将来に向かって開かれていると見て差し支えない。ここ数年、考古学の分野でも、沖縄では画期的な発見が相次いでいる。それは沖縄の考古学、いな沖縄の歴史を書きかえさせるものを含んでいる。これらのことを思い合わせて、南島の思想や学問を再考する時期が到来したという感慨を、私はおさえることができない。

（「毎日新聞」一九七八年八月二八日）

沖縄の離島にみた奇跡の神事――久高島のイザイホー

根と葉と花

沖縄本島の東南海岸につき出した知念半島の突端から、およそ六キロの東の海上に久高島がある。その久高島で十二年に一度、うま年にイザイホーという祭りがおこなわれてきたことは知られている。しかしその祭りに立ち会った人はあまり多くなく、幻の祭りのように思われてきた。

昭和五十三年も、うま年にあたるのでイザイホーが十二月十四日（旧暦十一月十五日）から四日間にわたってくりひろげられた。年々過疎化する久高島でこの祭りがおこなわれるのは、こんどが最後かも知れないというわさもあって、島は大ぜいの参観者であふれかえった。こうした参観者（私もその一人である）にくわえて、撮影用のライトが祭りの広場の隅《すみ》にとりつけられたりして、祭りの神秘的な雰囲気がそこなわれる面があったことは、ぜひもない。

しかし、それにもかかわらず、イザイホーはこれまでみたどの祭りよりも、私を感動させずにはおかなかった。その感動は、原始的な力強さを思うさま発揮する南島の他の祭りから受けるものとは、いささか質を異にしている。

根と葉と花の部分を総体としてみせるのが、イザイホーの祭りである。根から葉へ、葉から花へと四日間の祭りがみごとに整序された形で進行する。最初にあるものは、神女の資格を得るための試練であり、根の部分に相当する。

頂点は優雅な円舞

すなわち初日の夕方におこなわれた「夕神遊び」では、あたらしく神役になるナンチュと呼ばれる女性の一群が、洗い髪をながく垂らし、はだしのまま、絶叫に近いかけ声を発しながら、クバの葉でかこった小さな神殿の神アシャギめがけて突進する。

神殿の入り口の前には、七つ橋と称する小さな木の梯子《はしご》がおいてある。それは今は砂に埋めてあって落ちる心配はないが、以前は地上からすこし高く作られており、落ちるものもあったという。

落ちることは不吉なこととされていた。この試練の克服は、島の女が神女として復活する通過儀礼と考えることができる。ナンチュたちはこのあと、ススキの穂や葉でふいたこもり屋で夜をあかす。

それが二日目になると、初日のすさまじい迫力は消え、ナンチュたちは安らいだ表情をみせ、三日目に神女としての承認式を終えると、古代の華やかさのようなものを加え、最終日にもっとも優雅な円舞の頂点に達する。

私はその祭りをみながら、たぶんに八千戈《やちほこ》の神の求婚の物語や天若子の死と復活の物語を思い出していた。もちろんイザイホーに物語の筋のようなものがあるわけではないが、そこに演劇的な要素があることはたしかである。毎日の行事にも、一日目が「夕神遊び」、二日目が「かしら垂れ遊び」「あかとき神遊び」、三日目が「花さし遊び」、四日目が「アリクヤの綱引き遊び」という風に、心にくいほどみやびやかな名称がつけられている。

これが無名の島民のあいだで作られ、受け継がれてきたことを思うと、驚嘆せずにはいられない。それは土着の文化がどれほどまでに洗練され得るかを示す、具体的な見本である。

人工と自然の調和

四日目は、神と島の女性との祝婚を思わせる光景が展開する。ガジュマルとデイゴの古木にはさまれた広場で、白衣に白鉢巻《はちまき》の神女たちがイザイ花と称する赤、白、黄の紙製の花を頭髪にさし、太陽と鳳凰《ほうおう》を描いた絵模様の大きな扇をかざす。あたらしく神女となるナンチュはなまのクバの扇をもち、頭にはハブイと島で言いならわしているトウツルモドキの草のするどい葉のかんむりをかぶっている。

そうして神女全員が大きな輪をつくり、神謡（おもろ）を合唱しながらゆっくりと円舞をくりかえすのだが、彼女らの口をついて出る神謡は、中世の聖歌のように、しずかで悠遠《ゆうえん》なおもむきをもっている。このうに人工と自然のみごとな調和が、一体どこから生まれたのか。私はまるで古琉球のむかしにかえった気がした。

祭りの最後は、ナンチュたちが、かゆ状のどろどろした神酒を木の椀《わん》につぎ、居ならぶ神役の男女にくばることで終わる。そのあと、神女たちがいっせいに広場に走り出してカチャーシをおどる。真昼の太陽の下に、乱舞する白衣の神女たち。

イザイホーの祭りにはさまざまな課題がはらまれている。イザイホーは荘厳な神事であるが、多分に演劇的で、神事から演劇への移行がみられる。今後イザイホーがおこなわれるとしたら、その演劇的な要素はいっそう強まることはまちがいなかろう。しかしむしろ私の言いたいのは、イザイホーが本質的に演劇的な性格をもっているということである。

それは今後、古代劇の手がかりとしても解明されねばならぬ問題の一つである。これまで土着文化とは、垢《あか》ぬけのしない文化の別称であるかのように思われてきたが、イザイホーの祭りは、そうした貧弱な固定観念をうちくだくものである。

久高島が琉球王府にとくに尊崇された神の島であったという、両者の密接な関係を無視することはできない。それにしてもこのような祭りが沖縄の小さな離島に存在しつづけていることは、奇跡としか言いようがない。

(「琉球新報」一九七八年一二月二八日)

琉球弧の世界観

水浴する太陽

沖縄の海岸に立つとき、私はいつも深い感慨におそわれる。それを一口にいうとなれば、現世と他界とを一望に見渡すときの感動である。沖合の海中につき出て、ながくのびている岩礁はリーフと呼ばれる珊瑚礁である。それに白い波頭があたってくだけているのをみると、私は遥かな思いにさそわれ、永遠の自然とでもいうべきものをまのあたりにみせつけられている気がする。環礁の彼方《かなた》はどす黒い波がうねる外洋である。それに対して、珊瑚礁の此方《こちら》は生のかがやきを思わせる青い海である。そこは潮が引けば遠浅になり、老人や女たちが魚介や海藻をとる風景がみられる。干瀬《びし》と呼ばれる海中の州《す》はいわば陸の延長であり、日常的空間に属する。リーフの外側は、船が発達しない時代にはめったにいくことのない非日常空間であり、つまり他界であった。海中の珊瑚礁を境目にして、沖縄の海は現世と他界とに両分されている。リーフにあたる白い波を、沖縄の民謡では「糸の綾」と形容するが、それはまさしく現世と他界の境界をぬう綾糸にほかならなかった。

沖縄では悲哀と愛着をないまぜた感情をあらわすのに「かなし」という古語を今でも使用している。沖縄の海をみるとき、私におとずれるのは「かなし」という言葉に相当する感情である。生をいとおしむ気持ちと死をおそれる気持ちが一方にあり、また同時に死にあこがれる気持ちもある。なぜなら他界は親しい死者たちのたましいのいく場所でもあるからだ。

まぶしいほどの青い海がとつぜんかげってにわか雨が降り出したかと思うと、いつの間にか晴れて、雨あとの空に虹が立ち、また陽が照りつける。めまぐるしい天候の交替は、南島の気象の特色であるが、こうした自然に接すると、生から死への移行も、海原の明るい青とどす黒い青とのちがい位でしかないと思えてくる。南島では生と死の間に絶対的な区別はない。大陸にみられるようなものものしい自然の威嚇や死の重圧はない。南島では朝凪《あさなぎ》を「あさどれ」、夕凪を「ゆうどれ」と呼んでいる。ところがこのゆうどれという呼称は南島の墳墓にも使用される。そこには人間の死も、夕凪のようにおだやかな、うす明かりの時間にすぎないという思想がこめられている。南島の死者たちのいく世界は、死者が歯がみをする暗黒の地獄ではない。それは明るい冥府である。南島ではにわか雨があわただしく通りすぎるように、死も一時《ひととき》である。また海原に立つ虹のように、生も一時である。南島では死者のたましいのいく島を「青の島」と呼んでいる。死んだ人たちのたましいはそこから生まれ変わってくる。そして生まれることをシラと呼ぶ。生と死の交替も白から青へ、青から白へと変化するだけの話である。

沖縄の海と日本本土の海の決定的な違いは島をとりまく環礁があるかないかということである。これがないため、本土の海は水平線まで単調な波の連続である。またこれがあるために沖縄の海は、現世と他界、生と死のかくされた二重構造が透けてみえる。そこでは世界と世界観の不可分な関係があらわになっているといい換えても差し支えない。

南島の自然のきわめて鮮明な風景は、南島人の明確な世界観とつながっている。たとえば、以前、沖縄本島の北部の喜如嘉《きじょか》では祝女《のろ》が死ぬと、赤と黒の二色に塗った柩におさめて埋葬したが、そのときの挽歌に

「月ばんた、てだばんた」を越えて、彼方の国に柩をはこぶという意味の一節がうたわれた。「てだ」は太陽、「ばんた」は端とか崖をあらわす南島語である。このように宇宙の端は崖のように切り立っていて、太陽も月もそこから引き返すと信じられていた。

西の海の果てにしずむ太陽は夜になると海の底や、島の裏側をくぐって東方に出、朝になると、太陽ののぼる穴から姿をあらわすと考えられていた。南島で東の方角を「あがり」というのは太陽があがるからで、のぼる太陽は「あがるい」の太陽であり、太陽ののぼる穴は「てだが穴」と呼ばれた。つまり「太陽の洞窟」である。沖縄の古謡集である『おもろさうし』にも「てだが穴」をうたった歌はかず多くある。東松照明さんはまえに『朱もどろの華』という著書を出版したが、のぼる太陽を「あけもどろの花」にたとえる「おもろ」の歌は有名である。「もどろ」というのは「血みどろ」とか「しどろもどろ」というように色彩が乱れていることを指す。太陽を真っ赤に乱れ咲く花にたとえた言葉で、水平線からのぼるときの実感がうたわれている。また紅の鳥が舞うようだという表現もある。「おもろ」では飛魚を「角の魚《かくよ》」といっており、「てだが穴の角の魚」といういい方もしている。水平線にあると信じられる「てだが穴」からのぼる太陽の光を受けて、飛魚の群れが力強く海原をとびわたっていく光景がみえるではないか。

『おもろさうし』の中の「てだが穴」は宮古では「てだががま」と呼ばれている。「てだががま」の一つは宮古本島の万古山《まんこ》の御嶽《うたき》のすぐ背後にあって、万古山を開いた老婆が、年に一度、七日七夜のあいだ水だけのんで、海水でみそぎをしながら、ひとりこもるところであった。八日目の朝、太陽はこの「がま」(洞窟)で誕生し、水浴びをする。

私はこの話を今は亡くなった当の老婆から聞いた。その中でとくに太陽の水浴びする話は大きな衝撃であった。というのも古代中国の『楚辞』にも、甘淵《かんえん》とか咸池《かんち》という言葉が出てくる。そこは太陽の水浴の場所と考えられている。古代中国の宇宙観がどうして宮古島の無学な老婆の発想の中に取り入れられたか、その経路を知ることはできない。しかしいずれにしても、さきの老婆の話がひとりよがりのものでないという傍証としては役に立つ。

再生の思想

私はまた死者の世界への出入口を宮古島の中で探したことがあった。それは宮古島に伝わる「与那覇《よなは》せど豊見親《とよみや》の神歌《にーり》」の中に次の話が出てくるからであった。与那覇せど豊見親は一三九〇年頃に、宮古島ではじめて沖縄本島の中山に朝貢した人である。当時宮古は内部の争乱にあけくれていた。彼は強敵の目《め》黒盛豊見《ぐろもりとよみ》親《や》を倒すことができず、沖縄本島と交流して力を保とうとはかったのであった。この与那覇せど豊見親が二十歳の頃、目黒盛豊見親と戦ったとき、重傷を受けた。それを「神歌」の中では、彼をねたむ者の手で後生《ぐしょう》に送られたと表現している。後生大王は豊見親が美しく、しかも善良な若者であるので後生から現世へ送り帰すことにした。豊見親は後生大王が後生の道に張り渡してくれた綱をたよりにふたたびこの世にもどることができた。

　この「神歌」の与那覇せど豊見親は宮古島のどの場所に出てきたかと私は考えてみた。探してみると、平《ひ》良《ら》市のパサマというところにテダンカイバカ（太陽《てだ》迎え墓）と呼ばれる横穴式の墳墓があり、そこから与那覇せど豊見親が出てきたことを私はつきとめた。伝承によると彼は今日の城辺《ぐすくべ》町の根間《にいまず》と呼ばれるところでいったん死んで、三日目に、この太陽迎え墓に出てきた。つまり東から西または西北の方向にむかって、あの世の道をあるき、青綱《あおづな》をたよりにして出てきた。これによって後生（ニッジャ）とは、宮古では西方または西北方の地底にあると考えられていることが分かる。今も宮古に残る伝承では、与那覇せど豊見親は後生のことを話してはならぬ、もし話したら、ただちに死なねばならぬといましめられて現世に帰ってきたが、後年ふとそのいましめを忘れたために、死んだといわれている。その死んだ場所は平良市の漲水港《はりみず》（平良港）の背後の小高い丘にあり、現在盛り場の中にある。

さきの「神歌」に次のような対句がある。「にいら島、下りていゆ。あろう島、下りていゆ。にいら太陽《てだ》御前《うまい》ん。あろう太陽御前ん」。これは与那覇せど豊見親が後生に降りていって、後生を支配するエンマ大王のごとき後生大王に会うときのことを叙したものである。太陽《てだ》は沖縄では豪族や国王などの権力者を指すときにも使用される。ここにいう「にいら島、あろう島」が後生の意であることは容易に推察される。ニッジャという語は「にいら」の変形したものと見なすことができる。

まえに死者のたましいが「青の島」にいくと述べたが、仲松弥秀氏は宮古島で「死んだらどこへいくか」と聞いたら「青の島、たうの島にいく」と答えた人のあったことを記している。また南島では一般に人が死ぬとニライカナイにいくと信じられている。ニライカナイは海の彼方にあるとするのがふつうであるが、八重山ではニーラといえばきわめて井戸の深い底をいう。宮古島ではニイリヤ、ニッジャと呼ばれるのは地底の暗い他界である。こうしたことから、さきの伝承も生まれたのであるが、その一方では、宮古では、人が死んだらミュウにいく、ともいっている。ミュウは青々とした色をたたえている海の彼方、または海の深いところである。竜宮、つまり海の神のいるところをオーミュウという。オーは青である。このように死者のたましいのいく世界は、宮古では地底と考えられ、その一方では海の深いところ、または海の彼方ともみなされている。そこには一見他界観の分裂があるように思われる。しかしけっしてそうではない。それは次の例からも察せられる。

平良市の張水御嶽《はりみずうたき》のすぐ近くに犬川《いんがあ》と呼ばれる井戸がある。川というのは南島では井戸や泉をいう。『宮古旧記』によると、与那覇せど豊見親の軍隊が目黒盛豊見親の軍隊を攻撃して窮地におとしいれたときに、とつぜん、この井戸の底から犬がとび出してきて、与那覇軍の兵士をかみころし、目黒盛軍を勝利にみちびいたという。そういう由緒のある井戸なので、宮古中の人たちの産井《うぶかあ》となっている。子どもが生まれると、その井戸の水を汲み額につけて幼児の長命を念ずる習慣がある。この井戸はもともと斎川《いみがあ》であって、それが犬川の名に転じたと思われる。犬川という名前の神聖視されている井泉は沖縄だけでなく奄美にもある。

ところで、私の滞在中——ちょうど東松照明さんもそのころ宮古島に長期滞在していた——犬川の上に農協が五階建てか七階建てかの建物を作りはじめた。それは宮古島の神事に奉仕するカンカカリヤと称する女たちの猛反対に遭った。井戸は地の底をくぐって彼方の海底の竜宮につうじている。そして竜宮の神は天空から井戸に降りるとする信仰が宮古には昔からある。そこで井戸は天空にむかって開いていなければならない。井戸の上に建物が建つのは、神の降りる口を封じることになるというのが彼女らの反対の理由であった。農協は建物を建てたが仕方なく、犬川のある場所はそのままにして、井戸に蓋をした。つまりそこは土間のままで部屋として使用しなかった。そうして蓋には大人の腕が入るほどの穴を開けた。そうすれば天空から神が井戸に降りてくるのに支障をきたさないだろうという苦肉の策であった。

このように南島の世界観はつねに循環的である。つまり海から空にのぼった神は井戸に降りてくる。井戸の地底は海の底とつうじているからひとめぐりすることができる。それは太陽が東の「てだが穴」からのぼって天空をかけり、夜になると海の底や島の底をくぐってまた東がわに出るという宇宙観と似ている。さらには人間もまた、いったん死んでも、他界から此の世に生まれかわるという再生の思想とも共通している。南島では空間も時間も不可逆的なものでなく、つねにもとに回帰するのである。

しかもこれまでみたように「てだが穴」も、死者のいく後生もけっして抽象的な観念ではない。かならず実在しており、その場所もはっきりしている。与那覇せど豊見親が死者の国から出てきたテダンカイバカは、今でもまぎれもなくある。その墓のすぐ前庭のあたりがニッジャウプミナカである。ニッジャはあの世であり、ウプは大きいという意。ミナカはミヤナカで庭を指す。つまりあの世の大きな庭というほどのことで、神々が踊るところである。そこがそう呼ばれたのは、与那覇せど豊見親の蘇生した記念すべき場所であったからであろう。

ニライカナイについていえば、その語源はもともと根浦金浦にはじまると私は推察している。ネウラがニーラとかネリヤに変化してさいごにニライとなったと考える。金浦も同様にカネラと変化し、カナイとなったのである。根浦は根の国になる海岸である。金浦は堅牢不壊の海岸である。ともに人間の死後のたましいの住む場所は根の国、りっぱな国という観念があった。そしてそこは海に面するところにあったと南島の古代人は考えた。では「にいら島」に相当する「あろう島」とは何か。奄美大島の老人たちは大島の対岸にある加《か》計《け》呂《ろ》麻《ま》島《じま》を「あろう島」と呼んでいたという話を私は金久正氏から聞いたことがある。すなわち「あろう島」も朝な夕なに奄美大島の人たちが眺めくらしている実在の島であった。加計呂麻島の住人たちは自分たちを指して「あろっちゅ」と呼んでいると登山修氏も報告している。「ちゅ」は人であるから「あろうびと」ということになる。登山氏は奄美本島と加計呂麻島の間に介在する瀬戸内の部落には、「あろほ」

とか「かろほ」とか呼ぶ小字名があり、そこは岩石の多い地帯であることを指摘している。とすれば、「あろう島」も「金浦」とおなじように堅牢な島だという意味なのかも分からない。

宗教と神事

これまでみたように、南島では自然と観念とは遊離した存在ではない。世界と世界観とは不可分の関係をもっている。たとえば竹富島の祭りのときは、神女《つかさ》たちは海辺に坐って「世果報《ゆがふう》」つまり豊作をもたらすニライカナイの船を待つ。この船が通らないと祭りははじまらない。しかし、祭りのためにわざわざ仕立てた船であってはならず、それにひきかえ、海辺の沖合をとおる船ならばなんでもかまわない。あらかじめ用意した船を出すとすれば、むしろ祭りの神聖さはこわれる。ニライの船がたんなる象徴であることを拒むところに、沖縄の祭りと本土の祭りとの決定的な相違点がある。

祭りにかぎらない。日本本土ではニライカナイに相当する「常世」の観念も実在の場所を想定したものではない。それだけでなく、常世の観念それ自体が後世には稀薄になった。また循環し、回帰する世界観も、沖縄ほどに明確ではない。それにもかかわらず、『出雲国風土記』にみえる「加賀の潜戸《くけど》」は、洞窟を黄金の矢がさしつらぬいて御子神が誕生するという神話を伝えている。それは「太陽の洞窟」の変形であることを思わせる。またおなじく『出雲国風土記』にみえる「黄泉《よみ》の穴」は夢の中でそこにいったものは必ず死ぬと伝えられ、まさしく死者の世界の入口である。穴の奥から古代の人骨も出土している。南島の古代の世界観や死生観の痕跡は日本本土のあらゆる人たちの意識に刻みつけられているといっても過言ではない。

まえに述べたように、沖縄では自然と人間、存在と意識、物と観念の間の隔離がない。あるがままの日常世界がそのまま象徴的な世界と変貌する。そこが日本本土とは明確にちがう点である。日本本土の神社や寺院の重苦しい結構をみたものは、沖縄にいって社殿も鳥居も見当たらない御嶽《うたき》と呼ばれる拝所に感動する。そこはただの森だけである。それについては私の印象記があるので、それを左に掲げておく。

「一九六九年の八重山旅行の際、石垣市のはずれの宮良公園の海岸で水平線と平行して、海にむかうイビの石が五つならべてあり、そのまえで線香を焚いたあとがあるのを見た。それだけの風景が、なんともいえない甘美さをただよわせていて、私をしばらく立ちどまらせた。そこには垂直的ないかめしさはどこにもなかった。風景はあくまでも解放されていた。祈りがあるとすれば、それは密室における祈りではなかった。解放された風景の中での水平線にむかっての祈りなのだった。

しかし、このように透明で甘美な風景に接しても、沖縄の伝統的な信仰が未発達な自然宗教に属するものであるという印象はまだぬぐえなかった。ところが、こんどはいささかちがっていた。宮古島の島尻部落の神女《つかさ》たちが祖神祭《うやがん》のときに山ごもりする場所の近く、ティラと呼ばれる御嶽に立ったとき、私に宮古島まで二年ぶりにやってきたという感慨がおとずれた。まっすぐな福木の木立にとりかこまれた拝所、その中にはイビ石のかたわらに香炉が置いてあるだけで、ほかには何もない。だが、私はそこに空気のようにゆれうごく聖性の「現存」を感じたのだった。福木の木立がカテドラルの円柱とひとしいものにみえた。その円柱のあいだをとおして海がみえ、そのはてに大神島がよこたわっていた。福木のまるく、つややかな葉の重なりの隙間をとおして流れこむ陽の光は、聖堂の焼絵玻璃《はり》を染める自然光とすこしも変りなかった。そしてさまざまにみだれとぶ大型の蝶の群は焼絵玻璃の絵模様だった。もし、そこに讃美歌が聞えてきても、私はすこしもふしぎがるつもりはなかっただろう。このあたりの山は島尻部落の神女たちが祖神祭のときに、神歌をうたいながら跣足のまま夜中じゅうあるきまわるところだった。島尻のとなりの狩俣の部落ではやはり祖神祭のときに、神女たちが丘の上にある大きな石の上で、夜ふけに神歌をうたう。その歌が風にのって丘の下にある部落まで聞えてくるという。おのぞみとあれば、苦行もあった。祖神祭のとき山ごもりする神女たちは親兄弟や子どもの死に目にも会うことがゆるされない。飲まず食わず、原生林の中にもうけられたこもり家の中に、ススキの穂を敷いて寝る。南島とはいえ冬の寒さは、家の中でも火にあたらないとたまらない位で、戸外に立ってじっとしているわけにはゆかない。そうしたさむい夜でも神女たちは一晩中御嶽の中で神歌をうたってすごす。高等宗教の誇示する聖性も苦行もそこにある。これを自然宗教と言ってすますのは不当ではないか」(『沖縄・その危機と神々』)

長い引用になったが、私の沖縄の宗教に対する考えはこれに尽きている。そこには自然そのままでありながら、人間的に純化した姿がある。高等宗教の押しつけがましさに辟易している者は、沖縄の拝所とその前にかしずく神女たちにこれまで味わうことのなかった充実感をおぼえるのである。しかしこれとても日本本土に見当たらないわけではない。今でも若狭のニソの杜《もり》、対馬のヤボサ、薩摩のモイドンのように、樹木の茂っている場所がそのまま聖域になっている事例はすくなくない。柳田国男はヤシロというのは家の代わりをするものであるから建造物のない時代の祭場であるといっている。とすれば日本の宗教の原始の姿を沖縄の御嶽はとどめているのである。日本本土では古代には巫女が神事をつかさどる慣習は今日よりもはるかに多かった。そうした伝統は沖縄では現在でもはっきりしている。沖縄で神事に奉仕できるのは女に限られている。男は祭りの世話役の範囲にとどめられる。

男の政治的な権力にたいして女に宗教的な権威が賦与されていることが南島の特色である。つまりパワーとオーソリティは厳密に区分されている。しかも女の宗教的な権威は、仏教やカトリックの尼僧や修道女にみるように、一生独身制をつらぬくことで保たれるものではない。たとえ戒律はあるにしても、神に奉仕する期間がすぎると、平凡な村の女にかえってしまう。これは宗教的なセクト集団を作らないための、もっとも好ましいやり方である。聖域である御嶽は、神に仕える女たちのほかは、村びとがそこに足を踏み入れることを拒否することで、村びとを保護している。また沖縄では姉妹が兄弟との間の性愛を拒否することで、「おなり神」としての守護神の役わりを果たすという関係がみられる。

沖縄では拒否が拒否におわらず、保護が保護におわらない。それはこれまでみたように、現世と他界、神と人間、男と女という対極概念が南島の世界観の根底によこたわっており、しかもじっさいに相互の協力を必要としているからである。したがって本土のように形式的な象徴主義に陥るということがない。

琉球弧の世界は、北は奄美群島から南は与那国島や波照間島まで，ひとつづきの球体である。それにひとたび入ったものは逃れられない。尾鰭を動かして泳ぐ魚がとつぜん向きをかえるように、琉球とかかわりあったものは、非琉球の世界の匂いを本能的に嗅ぎつけるようになる。そして、青い液体をたたえた琉球弧にかえっていく。東松照明さんも私とおなじように、どうやらそうしたかっこうで琉球とかかわりあっているようにみえる。


（東松照明『光る風―沖縄』現代日本写真全集8　集英社、一九七九年一月）

琉球と日本古代の巫女文化の比較照応──倉塚曄子『巫女の文化』

本書は第一部にあたる「琉球の天人女房」「オナリ神覚書」「聞得大君論」の三章と、第二部にあたる「兄と妹の物語」「采女論」「斎宮論」の三章から成り立っている。すなわち、女性の機能や役割を信仰の視座から捉えて、琉球の巫女《ふじょ》文化と日本古代の巫女文化を比較照応させようとする試みである。

それは柳田や折口の学統の志向するところを忠実に受けつぐものであり、私もまた本書を興味深く読んだ。その感想を述べるとなれば、前半の琉球に関する諸論文の方が、後半の古代に関する諸論文よりすぐれている。なかでも「聞得大君論」は出色である。こうした論文はこれまでまともな形では出たことがなかった、ということだけでも、今後、琉球の巫女文化を考察する上での土台となり得るものである。とくに、南島で今もなおおこなわれている穂祭に着目していることは大きな功績である。かつて聞得大君が久高島にわたって初穂を嚙んだという儀礼をとりあげ、それを聞得大君の就任式であるオアラオリと重ねあわせている。著者はまた穂祭における神女は、穂を捧げられる者、すなわち祭られる者だったという証拠を、琉球の古謡の詞章から引き出している。こうした視点はとうぜん民俗学者の分野に属するものであるがそれが古代史家の著者によって指摘されたということは、ややもすれば紋切型に陥りやすい民俗学者への鞭撻でもある。しかし琉球古謡の中で穂祭の頃に神女たちが蝶になるという詞章をそのまままみとめているのは賛成できない。それは、神女が蝶のようにきらびやかな神衣裳「はべるみそ」（蝶御衣）を身につけたことをうたったものであろう。『伊波普猷全集』第五巻一三一──一三四ページを参照せられたい。

琉球の巫女文化の考察に比べると、日本古代の巫女文化についての考察は、常識の域を脱け出すことがすくない。したがって著者の研究ノートを読まされているような気になる部分があったが、それも地道な実証的姿勢ということで許容できる。

本書のもっとも大きな疑問点は、「中心的なこの世を活性化すべき周縁的世界」（あとがき）という、どこかで聞いたような思考方法で、事実を裁断しようとしていることである。それは第一章の「天人女房」の続論や、第六章の「斎宮論」の中のヤマトヒメの巡幸の解釈に露骨にあらわれている。周到な事実の採集整理をせっかくつみかさねながら、さいごには、こうした借り物の解釈をもち出すことを、私は著者のために惜しむのである。西郷信綱や山口昌男の理論に依拠するとしても、それを生まな形で出すことには慎重であってほしい。どんなにまずしくとも、自分の頭で考え、自分の足で立つこと、それは言い古されたことであるが、今なお、かがやきをうしなっていない。

（「週刊読書人」一九七九年三月二六日）

本のなかの本——長田須磨『奄美女性誌』

本書は刊行された当時、一読して、これは何らかの賞に価する本であると思った。ところが私の知る限り書評一つ出なくてまったく読書人の間で話題とならなかった。このようにすばらしい書物が無視されたまま消えていくことに本の運命というものを感じないわけにはいかない。そこでここにもう一度とりあげることにした。

島尾敏雄さんが奄美の図書館につとめていた頃、「奄美郷土研究会報」が彼の許で発行されていた。私もその会報紙上で著者の名前をよく見かけ、その民俗と詩のみごとに一致した文章に心がひかれていた。本書に序文をよせた島尾さんは、会報のために書いた長田さんの文章について次のような感想を述べている。

「原稿は用紙の桝目や句読点などに頓着のない甚だ自在な書き振りが特長的であったが、論文の内容、論旨は実に明晰であることに私は驚嘆したのであった。事物に浸透した女の位相の目が、乾いた大胆な描写と共存していて、その文章には文学的なふくらみすら感受できた。しかもいずれの記述も執拗なほどの実証的追求の跡がにじみ出ていると思えたのであった」

著者は明治三十五年奄美大島の大和村《ヤマトソン》に生まれ、そこで幼時をすごした。彼女の生い立った頃の奄美はまだ古い習俗を多分にのこしていた時代であったから、彼女の回想はそのまま奄美民俗誌となった。なかでも女性のたずさわる衣食住についての記述はおどろくほどこまやかで、また鮮明である。

本書は三部に分かれている。第一部は遙かなる奄美、第二部は奄美女性誌、第三部は霊魂《マブリ》の脱皮する島、となっている。著者の興味はまず奄美の女性の機織りにむけられる。彼女が物心ついたときには、機織りは遊びであり、仕事であり、生活の一部であった。大正六年に名瀬に女学校ができるまで、これといった子女の教育施設のない大島では、機織りは良家の子女のたしなみの一つであったという。著者は染料への関心から出発して、奄美で赤色や青色がどのような意味をもっているかを追求しているが、それは色彩に関する貴重な文化論となっている。

本書で読みすごしがたい箇所はいたるところにある。その一つだけを紹介すると、奄美では大正の頃まで出生届は急がず、多くの人がボーとかボックワと呼ばれていた。名前があってもそれを呼ばず、浜辺《ばた》のボーとか滝の川の坊と呼んでいた。本名を呼ぶと悪神が聞いて災いするのをおそれつつしんだのであろうという。同年輩で同性の人がとなりあわせに住んでいるばあいは、黄《キー》ボー、赤《ハー》ボーなどと呼んで区別した。自分の名を知られることは、その男のものになることを意味するという万葉時代の女性の心理と共通なものが大正頃までの奄美にあったのはおどろくべきことだ。

（「諸君！」一九七九年八月号）

空白の近代八重山群島史——三木健『八重山近代民衆史』

琉球弧の南の果てにつらなる八重山群島は、かつては首里王府の「内なる植民地」であったが、近代日本の版図の中に組み入れられた後どのように変貌したか。本書は田代安定、中川虎之助という八重山にかかわりの深い二人の人物をとおして、八重山の近代史の分析を試みたものである。田代安定は植物学に造詣のふかい探検家で、笹森儀助の先行者であった。彼は明治十八年から十九年にかけて十ヵ月におよぶ八重山探検をおこない、そのときの調査にもとづいて、八重山改革案を政府当局に進言した。彼はまず八重山の兵備を拡張する必要を強調し、八重山を直轄地として開拓することを力説した。そのために本土から大工、鍛冶、老農、漁人、製瓦師など技術をもつ人たちを大量に移住させるとともに、本土人と八重山の人たちの結婚をすすめている。さらに八重山の旧慣の一つである人頭税を改正することが八重山の近代化にとって急務であると説く。田代の意見の背景となるものは、八重山が日本国家の最先端であるという国防上の認識である。田代は西表島の西部にある船浮《ふなうけ》港が天然の良港であり、しかも近傍に西表炭坑のあることから軍港として適当であると判断しているが、田代が八重山調査に従事していた明治十九年には、内務大臣の山縣有朋が船浮港を視察している。日本が近代国家として出発して間もないころに、日本の軍人政治家が、はやくも日本国の南の果てに着目していることにおどろく。それは日本の支配層にとって、八重山が何であるかを端的に物語るものにほかならない。田代の八重山に対する関心もそうした国防上の見地の埒外に出るものではなかった。しかし、彼はその埒内で、八重山の近代化を推しすすめるための改革案をたずさえて、要路の政治家の間を奔走したのである。残念なことに田代の意見は保守的な当局の容れるところとならなかった。

一方、阿波の糖業家である中川虎之助が明治二十五年に、石垣島の名蔵平野に入植し、原野を開拓して、八重山における最初の大規模な製糖事業にのりだす。彼の事業はほどなくして挫折するが、本土からの入植者は一時期、三百人に及んだ。これらの労働者に八重山糖業株式会社から支払われる賃金は、八重山の貨幣流通の最初となり、八重山の社会の近代化にとって大きな刺激剤の役割を果たした。

田代安定の八重山改革案が、日本の国家主義と無縁であり得なかったように、中川虎之助の事業も、明治政府の要人や資本家を背景にした八重山開拓であって、八重山住民の幸福を主体とし、また目的としたものではなかった。このように八重山の近代化は内発性を欠いたものであり、すべて外発的な動機によって促進されたものであった。したがって本書の標題は、八重山の民衆主体を抜きにした八重山近代史、と理解すべきである。

本書の功績として田代安定という人物の経歴を明らかにしたことがまずあげられる。次に、田代や中川虎之助という人物をとおして、八重山の近代史を把握しようとした点である。私は最近、八重山における糸満漁夫の歴史を調べているが、糸満漁夫が八重山に進出した機縁の一つをつくったのは、今日の石垣市に居をかまえた古賀辰四郎という本土の商人であった。古賀は、高瀬貝や広瀬貝がボタンの材料に使われることから、それらの貝の多くいる八重山に目をつけ、もぐり漁業をおこなっている糸満漁夫から買いあげたのであった。古賀はまた尖閣列島の開拓にも関与している。古賀の名は八重山の漁業を論ずるときに、落とすことはできない。このように一個人がある地方の歴史に深くかかわりあっていることは、八重山にかぎらない。個人史がそのままその地方の歴史でもあり得る例はいくらでもある。

私が八重山をしばしば訪れて痛感するのは歴史資料のきわめてとぼしいことである。文献記録の豊富な本土の歴史研究家が想像できないほどに史料が残っていない。そのなかで、ともかくも、八重山の近代史を組み立てようとする著者の努力を高く評価したい。しかし八重山の歴史の空白はまだまだ大きい。さまざまな分野が手をつけられずに残されている。八重山漁業史もその一つである。船の建造の問題の解明もまだ不十分である。こうした空白は戦後の八重山史にもひきつがれている。

本書の難点をあげるとすれば、文章が十分に整理されないまま、著者の主張、史料の引用、分析、人物の経歴の紹介などが雑然とした形で、提示されていることである。旧来の論文の形式にとらわれることなくもうすこし、読者を配慮しなければならぬのではないか。著者がいまなお新聞記者であるだけに一層の努力工夫を望みたいのである。

(「朝日ジャーナル」一九八〇年六月二七日号)

神々の遊び

沖縄本島の東南海岸から指呼できる久高島では、十二年に一度、午年《うまどし》にイザイホーという大祭がおこなわれる。その祭のさいごになる四日目に、神女たちは唐つるもどきのするどい葉先をもつ草の冠をかぶり、太陽と月と鳳凰を描いた絵模様のある扇を手にもって、神謡をうたいながら、ゆるやかな足どりで、円舞をはなやかにくりひろげる。神女たちの額には玉なす汗がかがやき、そのはだしの足はまぶしい白砂にくい入っている。空高くジェット機が飛んでいるその真下で、古代劇を思わせるような場面が展開されている光景に立ち会う者は、倒錯した時間の中に自分の身を置いたような気にならずにはすまない。それと同時に、現代の神々の遊びを眼のまえにして、その洗練された優雅さに心をうばわれる。

イザイホーの祭は四日間つづくが、それぞれの日の行事に名称がつけられている。第一日目が「夕神遊《ゆうがみあそ》び」、第二日目が「頭垂《かしらた》れ遊び」と「あかとき神遊び」、第三日目が「井泉の神の遊び」、第四日目が「ありくやの綱引き遊び」と呼ばれている。「あかとき神遊び」のようなうつくしい呼称が生まれたのは、古代ギリシア人が薔薇色の指をもつ曙の女神エオスをたたえたように、久高びとが太陽ののぼろうとする寸前の時刻にあらわれる神をアキタチの神と呼んだことと無縁ではない。アキタチは暁立《あきたち》のことである。『古事記』に曙立《あけたつ》王という名が登場するが、南島では近代に入っても、暁と夕方は神々の時間帯であった。

奄美大島では旧二月はじめのミズノエの日に、海の彼方からの遠来神が集落をおとずれる。そのときうたわれる神謡の中に

テイチナテ遊ボ
ダシマイチ遊ボ

という詩句がある。

最初の句は「一つになって遊ぼう」という意味である。村の人たちが神と一緒になって遊ぶことを指す。後の句は「ダシマにいって遊ぼう。または抱いて真坐りして遊ぼう」という意味である。ダシマというのは神々の遊ぶ仙境のことであるが、神と人とが抱き合って坐りあい、合歓することも含まれている。

ダシマの語は、沖縄の最古の歌謡集の『おもろさうし』にも見える。

この大島《だしま》　降れたれ
で　吾《わん》　遊《あす》ば　神々《かみがみ》

という詩句がある。ダシマは語義では大きな島のことである。島とは沖縄ではふつう集落をさすから、ダシマはりっぱな場所という意味に転ずる。「で」というのはさあとかいざという意味である。この詩句には神々の遊びがはっきりと記されている。

八重山の竹富島でおこなわれる種取祭を見たことがある。そのときうたわれる歌に

みろく世の子孫や遊ばん遊び
踊らばん踊り

という詩句がある。南島では、みろくとは豊饒をもたらす神であり、豊年祭に出現する。豊饒で満ち足りて飢えを知らぬ世が「みろく世」であり、その神の子孫である自分たちが種取祭で遊びをし、踊りを踊ろうという意味の歌である。このように遊びと言えば、南島では神々の遊び、または神と人間の合一の交歓をさす

ものであった。これは古代日本ではどうなるだろうか。

『魏志』東夷伝の倭人の条には、倭人は人が死ぬと、喪主は哭泣するが、その他の人たちは「歌舞飲酒す」とある。『古事記』に天若日子が死んだとき、さまざまな鳥たち（じつは鳥の衣裳や仮面を身につけた人間たち）が「日八日夜八夜《ひやかよやよ》を遊びき」と記されている。「遊ぶ」とはここでは「歌舞」をさす。

死者のかたわらで歌舞をして「遊ぶ」のは死者のたましいの復活を願う儀礼であった。天皇の殯客に奉仕する「遊部《あそびべ》」は外部から侵入する悪い霊が天皇のたましいを害しないようにと守る役目をもつ部民であるが、死者のまえで歌をうたったり舞いを舞ったりしたことから「遊部」の名称が付けられた。

眼に見えない霊をなぐさめるために歌舞をするのは、神前で神楽を奏して巫女が舞う所作にもうかがわれる。これらを遊びと言ったのである。南島では遊びの第一義に神々の遊びがあり、それは遊びという言葉の中に今も伝えられている。また神と人間と交歓するのも遊びであった。それに対して古代日本では、神をよろこばし死者をなぐさめる歌舞を遊びと称した。しかし「遊ばす」という高貴な人の動作を示す敬語動詞に神々の遊びの名残は見られる。なお、神をよろこばすために歌舞をしていたのが、人間を相手にするように変化したとき、「遊び女《め》」という言葉が生まれた。遊春とか遊行女婦という語には宗教的行事にもたずさわった古代の巫娼の面影がかすかに保たれている。

（「言葉の小宇宙」3あそび考　キャノン販売株式会社、一九八二年一〇月）

大神島の祖神《ウヤガン》祭り

沖縄の宮古《みやこ》島の北部の狩俣《かりまた》という集落の海岸から四キロメートル足らずの海上に、円錐形をした島が横たわっている。頂上は七三メートルあるので、海をへだててみると、高い感じのする島であるが、周囲は二キロメートルしかない。島を一周するのに半日もかからない。そのアワ粒ほどの小島が大神《おおがみ》島である。島の波止場から急な坂をのぼった丘の中腹に十数軒の人家がかたまっている。

狩俣の海岸と大神島の間には烈しい潮流がながれているので、いつも波が荒い。大神島に渡ろうとして、サバニと呼ばれるクリ舟に乗りこんだが、モーターの故障で流されかけたこともあった。私が大神島を最初におとずれたのは一九七〇年秋のことで、沖縄がまだ日本に復帰していなかった頃である。

今では大神島も便利になって大きな船が毎日通っている。大神島の小学校の教師は平良《ひらら》の市街地のアパートに居住し、一二キロメートルの道を自家用車で狩俣の海岸までいき、そこから定期船に乗って通勤している。これは復帰前には想像もつかないことであった。当時は大神島と狩俣を往復するサバニが一艘あるだけだった。そのサバニもあらかじめ予約して大神島から迎えにきてもらった。しかし大神島の祭りのときは、その数日前からサバニを出さなかった。それは外来者が祭りを見に大神島にわたることを警戒したためであった。そこで祭りの期間、島と外部との交通は一切遮断された。

そうした島の祭りだけに私にとっては興味をかき立ててやまないものがあった。祭りを見ることはできなくても祭りの話だけでも聞きたいと思って、私は大神島をおとずれたのだった。島は外来者にたいして極度に閉鎖的であるが、一軒だけ、泊める家があった。民俗研究者たちはいつもその家の世話になった。私はその家の一室に落ち着くと、家の老母に大神島の祭りの話を聞きたいから、神女《つかさ》たちにその旨を伝えてほしいと頼んだ。南島では大神島にかぎらず、神祭りはすべて女性の手にゆだねられている。男たちが参加できることといえば、せいぜい祭りの御馳走をつくる手伝いをする位のことである。しかし、大神島では祭りの日どりをきめるのは男である。その役をシマフタヤーと呼んでいる。

やがて、私の室のとなりで、三人の神女とシマフタヤーがあつまって話をはじめた。ヤマトからきた旅人が神のことを聞きたいと言っているが、話をしようかしまいか相談をしていることが判った。結局私の願いは容れられないことになった。それも初めから許可するつもりはなく、形ばかりの相談をしたにすぎなかったのだ。

私は手土産にと持参したブドウをその老女たちに手渡した。ひとりの老女が「これはどこで買ってきたのか、ヤマトからもってきたのか」と聞くので、「いや、平良市の果物店で買ってきたのだ」と答えると、「ブドウというものを生れてはじめて食べた」と言った。彼女たちは大神島の外にほとんど出ることなく一生を終えようとしているのだった。

老女たちとシマフタヤーが帰っていったあと、私はその家の老母に話を聞くことにした。彼女は数年まえまでは神女をつとめていたので祭りの内容にくわしいはずであった。だが、私が少しでも話を神事の方にもっていこうとすると、外来者の私を精一杯もてなそうとして、笑顔で対していた老婆の顔に不安な翳《かげ》がよぎる。ゆるくはだけた胸がせわしく波打ち、息づかいが荒くなる。タブーである神事の話を洩らすと、神から制裁を受けるという恐怖が彼女を支配している。銀髪のうつくしい老婆の顔にうかぶ苦しげな表情を見ると、私は気の毒になって、あきらめるよりほか仕方がなかった。彼女の話では、御嶽にはどうしてもいけないときがあるという。御嶽で神さまたちが相談している最中にはいっていくときは、神さまからぶたれて、ひどい痛みを感じることがある。御嶽に勝手にはいっていくと魂をとられるとみんなはこわがっているそうである。

御嶽というのは南島で拝所をさす言葉である。そこは鳥居もなければ拝殿もなく、ただ木の茂った森のわずかな空地に、イビまたはイベと呼ばれる小石が数個並べてあるだけの場所である。イベの奥の方には神に仕える女だけが足を踏み入れることを許される。建物が一切ないだけに、何もない空間がかえって神聖さを感じさせる。

私は室を出て、東の御嶽の方へ歩いた。するとさきほど隣の部屋にきていた神女が山畑で土を打っていたが、鳥のように鋭い眼付きで私を見た。私は御嶽のそばまでいき、その中に入らず元の道を引返した。すると先刻の老女がやはり芋《いも》畑の土をいじっていた。私の姿をみとめると「どうしたのか。何か胸苦しいことでもあったのか」と聞いた。私が御嶽に足を踏み入れて、息苦しくなったから引返したのか、とたずねているのだ。私は監視されていることを感じた。

夕方になると、大神島の西の空は真っ赤に焼け、東の空には黒い雨雲が垂れ、水平線には巨大な虹が立ち、珊瑚礁《リーフ》にうちあたってくだける白波が見えた。

私は丘を降りて、波止場近くにある小学校をたずねた。そこに赴任している教師から、大神島の最大の行事である祖神《ウヤガン》祭りのことを聞いた。祖神には神女たちが扮する。彼女たちは旧暦六月から一〇月まで精進をとおすが、そのうち何日かずつは断食して山ごもりをする。

祖神祭りのさいごの夜はそれまで神となっていた女たちが人間にかえるのだ。島の男たちは広場で酒をのんでいる。祖神たちは神歌をうたって午前三時頃まですごす。祖神たちは広場から西の拝所へいく。男たちは灯を消して闇の中で緊張している。祖神の近親者の女たちは、祖神が出てくる道で待ちかまえている。祖神は一週間も断食している。それなのに、無気味な喚声をあげながら、怪鳥のように山道を走ってくるのだ。日頃は腰が曲って動けない老婆がそのときは、石垣や溝をとび越えて疾走し、崖をとびおり、風のように駆け抜ける。近親者たちは、魚をとる網を山道の周囲にはりめぐらして逃がさぬようにしておく。祖神たちをつかまえなければ、怪我《けが》したり、死んだりするおそれがあるので、近親者は必死である。つかまえられた祖神たちは夜明けに、広場に坐り、白んでいく空をあおいで、来年まで、神と別れを惜しみ、泣きくずれる。そのとき神女たちの身体の中にいた神は去っていくのである。

大神島の祖神祭りが終ると、狩俣の祖神祭りがはじまる。それが終る頃に、島尻《しまじり》の祖神祭りがおこなわれる。島尻の祖神祭りのさいごの夜は、やはり大神島と同様に祖神に扮した神女たちが疾走する。そして岬の突端に積んでおいた藁《わら》の束に火をつけて蜂火《のろし》をあげる。それは島尻の祭りの終ったことを大神島に報告するのである。

私は夜の八時頃に、小学校から宿所にもどったが、丘の中途で、東の海に出る十六夜《いざよい》の月を見た。夕方の黒雲はなくなり、さえぎるもののない水平線上の月は、刻一刻と波の上をはなれていった。

大神島に電灯がつくようになったのは、数年まえからのことで、それも夜の七時から一一時までに限られている。夜更けに雨戸をくって庭の外に出てみると、大神島の真上に月はかがやき、島は月光のシャワーにつつまれていた。島を一面に蔽《おお》っているススキが銀色にひかっていた。私は大自然の中の孤島の人知れぬいとなみを見た気がした。

大神島はまずしく人頭税さえ免除された島である。その島が外界から孤立し、昔ながらの祭りを生死をかけて守っていくことに私は深く感動した。あくる日、私は島を去った。


（『四季日本の旅』15「南九州・沖縄」集英社、一九八四年二月）

奄美のシマウター――このたびの旅

私はもう二十年近く前から奄美に足をはこんでいる。一時、奄美の図書館長をしていた島尾敏雄さんの言葉を借りると、私は「渡り鳥のように」やってきたそうである。

その私が数年前まで、奄美のシマウタを一度も聞いたことがなかった。一昨々年の暮に、名瀬に住む友人の肝煎りでそれを聞き、すっかり病みつきになった。シマウタは三線を伴奏にした男と女のかけあい歌である。南島ではシマとは村のことだ。村人がより集まってシマウタを歌うのが歌アソビである。

私が聞いたのもふつうの家の二階で、料亭ではない。シマウタの巧者をウタシャと呼ぶが、男と女のウタシャのコンビが幾組もきて歌アソビがつづいた。いい民謡だとは思ったが、それだけのこととして時間が過ぎた。

ところが築地俊造さんと言って民謡日本一にもなった人と組んだ西かずみさんが歌い出すと、私にはそれまでのウタシャからはあじわえなかった感動がおとずれた。大海原の潮が沸き立ち、嵐が吹きすさび、そして南島の晴朗な空がのぞくといった具合に、奄美の風土が私にじかに語りかけるのをおぼえた。西さんの歌の中で、とくに酔うように、しびれるようにして聞いたのは「雨ぐるみ節」である。

にしの管鈍《くだどん》なんじ　雨黒みぬ下《さ》がて　雨黒みあらぬ　愛《かな》しゃん人《もう》ぬ目涙《めなだ》
（にしの管鈍に雨雲が下がったが、あれは雨雲ではない。いとしい人の泣いている涙だ）

この歌はすさまじい迫力があって、眼前に雨雲が垂れ下がり、山の嶺を蔽う情景が彷彿と浮んでくる。私はこの歌をくりかえし聞いて、聞きあきることがない。奄美の魂に触れた気がする。

一年経った一昨年の暮にも奄美に出かけていって、名瀬の友人宅で、築地さんと西さんの歌を聞いた。奄美では歌の名人でもプロはいない。現に築地さんは建築会社を経営している。西さんは主婦で鶏飯料理の店を出している。奄美のシマウタが今も素朴な強烈さを失っていないのは、奄美の人びとの生活と遊離していないからだ。

去年の七月にも奄美に立寄って御両人の歌に堪能した。そして十月十九日には、川崎市と私の主宰する日本地名研究所の共催で、「黒潮の流れに沿って」をテーマに地名全国シンポジウムを開いたとき、私は築地さんと西さんを招いた。会場の六百名に近い人びとは二人の歌に感動の拍手を惜まなかった。私は歌のことはさっぱり分からず、音痴に属する人間である。その私が感動するのだから、他の人たちも感動するのはあたりまえであるというのが私の論理なのであった。

シマウタは奄美の民俗の分野には入らない。しかし、シマウタを聞いて、私は奄美が分った気がした。それは足の裏で踏みつけられた人びとの歌だ。琉歌に見られる琉球王国の誇りといったものは奄美のシマウタにはない。薩摩と琉球の双方から削《そ》ぎ落されて、断崖に立つ人びとの悲哀の歌のように私には聞こえてくるのである。


（「旅」一九八五年一月号）

アイヌと「うるま」

今回、アイヌの人々が数十人も客人として沖縄を訪れるというのは、空前のことである。北の風雪にさらされた人々が、万座毛に立って、青い海の彼方のニライの神に祈りをささげるというのは、歴史的事件と呼ぶにふさわしい。私は岬の突端で、強烈な外光に瞳をすぼめて、珊瑚礁の海に見入っているアッシ模様の「北の人」たちの姿を思い描いて、胸を熱くする。

『日本書紀』を読むと、北方の毛人（エミシ）たち、また南の島々の民が平城京でもてなされた記事が出てくる。しかし、北方の毛人と南島民とが平城京で直接に触れ合うことはなかった。中世や近世はいうまでもなく、近代に入って、日本国の版図が北はアイヌの国土であるアイヌモシリに及び、南は琉球国にまたがるようになってもそうであった。アイヌと南島民は北と南の風土に分かれ、お互いの世界観を交換することもなかった。しかし地理的にはもっとも遠く離れていながら、人間的にはもっとも近い存在であることを握り合った掌の温かみによって確かめる機会がはじめて到来したのである。日ごろアイヌと南島の双方に敬愛の念を惜しまずにきた私が、この壮挙を祝福せずにおられようか。

アイヌも南島民も大自然を相手にして狩猟や漁猟の生活を続けてきた。それゆえに、森羅万象に神を見いだしてきた。双方ともセジ（霊威）高き人々である。

例えば、アイヌの人たちは、赤ん坊は神に近いものだと言う。赤ん坊が泣くのは、神の言葉であって、人間界の言葉が使えないために、神の言葉で泣くのだ。神の言葉なので人間には理解できないのだという。本土でも赤ん坊がひとり笑いをするのは、守護神のウブの神が赤ん坊をあやしているからだと言っているところがある。しかしアイヌのように赤ん坊が神言葉を話すとまでは言わない。アイヌはまた老人も神に近くなっている、と言う。人間の生活をだんだん終わりかけて、神に近づいている。だから老人はときどき分からないことを言ったりするのだと考えた。アイヌの人たちは、ぼけるということを、ボケというふうにとらないで、神の言葉を使い始めたと言う。あの世への旅立ちの準備で、神に近くなってきたからそうなると考えるのである。私は以上の事実を藤村久和というアイヌ研究家の著書で知ったとき、たいそう感動した。子供や老人など弱者を平気で切り捨てる現代日本の文明社会のなかで、アイヌの考えは珠玉のように輝く。そこには弱肉強食の世界の俗説を打ち砕く人間としての高鳴りがある。そしてここに一々書かないが、わが南島でも、人間的な感動をおさえ切れない話は私もしばしば耳にしたり、出合ったりしている。

今日の日本の社会はまさしく「世紀末」の海を目的もなく漂流する船に例えることができる。その日本を再生させ、救う力をどこに求めることができるか。それはいまだ「神」を失わないアイヌと南島に期待する以外ないのである。アイヌも南島の民も厳しい自然の環境に置かれながら、大自然の子として生き、しかもおのれの「神」を持ちつづけてきた。神の呼称は違っていても、目指す世界は一つであった。アイヌモシリと南島はながい間、日本の外にあり、日本国に編入されたのちも苛酷な運命を歩まされた。そうしたなかにあってなお人間らしい生活を見失うことのなかった人々が、いま私たちを再生させる活力の源泉とみなされるということは、何という歴史の逆説であろうか。雪を見たことのない沖縄の島に降り立つ「北の人」。そして北辺の大地を訪れて、その広大な自然に眼を開かれる南島民。両者の交流が今年だけで終わることなく、繰り返しつづけられれば、それは計り知れないほどの成果をもたらすことは疑いない。多民族国家としての自覚を日本人がもち得るために、これはぜひとも実行されなければならない。

（「沖縄タイムス」一九八七年九月二一日）

渚の民俗学

渚は現世と他界との境界であり、接点である。

世界は一冊の大きな書物である。右のページは現世、左のページは他界、その書物のノドにあたる部分の中心線が渚である。渚は現世と他界との境界であり、接点にあたっている。渚のむこう、海坂《うなさか》をこえ、また干瀬《ひし》の外に出ればもはやそこは他界であった。

古代の日本人は死者のたましいは海の彼方にゆくと信じた。海辺の墓地は死者の世界にもっとも近い場所としてもうけられた。対馬の青海《おうめ》なども埋葬地はほんとうに波打際にあった。向うは遮るもののない横一文字の水平線である。かつて私はそこに立ったとき、その海が常時死者のまなざしで眺められていることを実感した。そしていつの間にか私のまなざしを死者のまなざしに重ね合せていた。

この世に渚があるように、あの世にも渚があった。「海《わた》の底におのずからに可怜小汀《うましおはま》あり」と日本書紀はその間の消息を伝えている。この世の渚は常世浪《とこよなみ》の押しよせるところである。常世は沖縄ではニライカナイと呼ばれている。沖縄の西海岸の大宜味《おおぎみ》村喜如嘉《きじょか》で海神祭のときうたわれる歌に「ニレー潮《ず》や　さすらどや」という言葉がある。このニレー潮はニライカナイから海辺にさしてくる潮がしら、ニライ潮のことであり、すなわち常世浪にほかならない。

常世は水平線の彼方にたいする憧憬が死とまじりあったものである。そこは眼路の果の潮けむりのような妣《はは》の国のイメージがはるかに立ちのぼっているところである。出雲の粟島からスクナヒコナの神が粟茎《あわがら》に弾《はじ》かれて常世の国にいったと古事記にあるように、古代日本では、死は回帰として水平線にかかる抛物線の虹のように描かれていた。

渚は死者の霊が常世にいくのにもっとも近い場所であり、また常世にいます先祖の霊が現世にかえってくるのにも、もっとも近いところであった。

旧盆の頃に渚にかがり火を焚いて祖霊を呼ぶ風習は各地に見られる。

古代において誕生は、先祖の霊の再生と考えられた。いったんは常世に身を置いた先祖は再びこの世に生まれ変わると信じられた。そのためにも産屋《うぶや》は海岸近くに建てられる必要があった。敦賀市の立石半島に点在する産屋は海岸のすぐ近くに建っている。渚からの距離は、せいぜい十数メートルしかない。それは常世にもっとも近く、誕生のための一時的な仮住いをもうけたいという願望にほかならぬ。この世の渚と海坂《うなさか》を越えたあの世の渚の中間によこたわる海。太陽が射せば明るくかがやき、厚い雲がさえぎれば暗くかげるところの海、それは生と死のあわいの海であった。そのきらきらしい反映に身をひたして、死から生への再生のための一時的な仮住いが作られる。それが産屋である。そして子どもが生まれ、産屋での生活がおわると、産屋は火をかけて焼かれねばならなかった。そうすることで、子どものこの世における新生は確立される。

私はこれまで数十回も沖縄通いをしてきたが、渚に立って海の彼方を眺めるとき、もっとも深い感動におそわれる。沖縄の島はその外側を珊瑚礁《リーフ》の暗礁がとりまいている。リーフの内側は透明な青にかがやく浅い海で、潮がひくと、小魚を突いたり、貝を拾ったりする日常空間である。それにたいして珊瑚礁のむこうはどす黒い波のうねる外洋で、島びとのめったにいくことのない非日常空間である。この内海と外海をへだてるのはリーフに揚る白い波である。沖縄の島々の渚からは、日常的な空間と非日常的な空間、現世と他界とが一望に見渡せる。そのときの感情を一語で表現するとなれば「かなし」という語がもっとも適切である。沖縄では「かなし」という言葉は悲哀だけでなく、愛着をもあらわす。現世への愛着と他界への悲哀。それだけでなく、現世の悲しみと妣《はは》の在《いま》す他界への思慕もこの語にはこめられている。

古代人は他界は現世の延長であると考えていた。この世で学校の教師だったものは、あの世でも教師であり、この世で警察官をしていたものは、あの世でも警察官となり、そしてこの世に葬儀があるようにあの世にも葬儀があった。与那国島ではハーリー船の競技のおこなわれる五月四日には、あの世でもハーリー船の競技がおこなわれていると信じられていた。つまり現世と他界はまったく相似の世界であるとみなされていた。そして渚は現世と他界の相似を映し出す鏡であった。

渚は私にとって幼いときから平等の観念を教える自然の教師であった。

私は熊本県の南部の水俣という漁村に生まれた。そこには白い砂浜があり、夏はよく泳いだ。その砂浜では地曳網もおこなわれたので、夜明けに家を出て、それを見にいったこともある。弁当箱のような容器をもっていくと、漁師たちは地曳網で獲れた小魚を頒《わ》けてくれた。そのときの思い出はながく私の記憶にとどまった。

南九州から南島にかけて狩や漁のとき一人分に相当する頒け前をタマスと呼んでいる。これは「賜う」に関係ある語であるが、「タマシイ」とも縁由がある、と柳田国男は言っている。タマスは当事者だけの権利ではない。その狩や漁の現場に居合わせたものにも、「見ダマス」が与えられる。幼い私が頒け与えられたのも、見ダマスであったのだ。

奄美大島の古仁屋《こにや》では以前は七、八月になると海岸近くに、雑魚《ざこ》の群がやってきてたくさん獲れた。そのときには、村人は網曳には出なくても、一戸をかまえているものには、住民として一人前の頒け前を受けた。これをケブリダマスと言った。ケブリというのは一戸の意で、東日本のカマドとおなじ意味である。

沖縄本島の東海岸の津堅《つけん》島ではカツオやイルカの群が浜辺に押しよせて、島民あげてそれをとったときには、赤んぼにいたるまで、均等に人頭割の分配をしたという。またジュゴン（沖縄でいうザンの魚）がとれたときには、島民だけでなく、ゆきずりの旅人にまで頭割りで一人分のタマスを分配した。

そこには神の前の平等の原則がつらぬかれていた。神の前で獲物が多いことを祈願し、獲物がとれたときには、その一部を神にささげて感謝する、といった古来の風習を前提とした平等な分配であった。渚によりつくミジュンやスクのような小魚、海藻や海獣などの寄り物（ユリムン）はまずノロや根神に献じた。クジラやイルカやジュゴンのように大きな獲物があったときは、その頭部を神に供えた。毎年きまった季節に、きまった魚や海獣のやってくるのは海の神の贈り物として感謝された。

それは南島だけに限らなかった。石川県能登《のと》町の真脇《まわき》遺跡からは縄文時代のイルカの頭骨が何百というほどおびただしく出土している。それと同時に巨大な木柱根が掘り出されているのを見れば、イルカをまつる祭礼遺跡ではなかったかをうかがわせずには置かない。「能登志徴」という江戸時代の書物によると、真脇にある高倉神社の祭神はイルカが好物で、とれたイルカはその初穂を神前に備えるのが習わしであったという。臆測を逞しくすれば、それは縄文時代にまでさかのぼるのではないだろうか。私は今年の六月初、真脇の海を見おろす丘の上に立って、縄文時代と変らぬ日本海の色を眺めながら、毎年、贈り物を届けてきてくれた海の神と、それに感謝する人間の親愛関係のふかさを思い描いた。丘の傍にはタブの森があった。タブは海岸によく生えている植物であるが、能登地方の神社の森にはかならずと言ってもよいほどタブの大樹が見られる。かつてタブの幹をくり抜いて丸木舟を作り、それでイルカなどの海獣を追ったことがあると考えられる。

渚に打ちよせられるものには流木があった。その流木は最初に発見した人の所有となった。発見者は木のまわりに縄をむすびつけるか、ちょっとした印を刻んで置くだけで、だれも手を出さなかった。流木は木材に乏しい島では家を建てるにも舟を作るにもなくてはならない貴重なものであった。宮本常一によると、トカラ列島の小宝島では、一五軒あった島の家も学校も、すべて流木で建てられたことがあるという。

渚は人間にだけ平等を約束する場所ではない。「オーストラリア、東南アジアで冬をすごしたシギやチドリなどの渡り鳥たちが、生れ故郷のアラスカやシベリアに向って、彼らの祖先たちがいつもそうして来たように数千キロをひたすら北上し、日本の干潟に立寄って翼を休める。この太古の昔から続いている小さな鳥たちの命と種の存在をかけた神秘的で壮大な渡りにとって、欠くことの出来ない休息と栄養補給の中継基地でもある」（一九七五年全国干潟シンポジウーム「汐川宣言」から）。

だがその干潟が激減したことは、それらの渡り鳥たちから休息と栄養補給の場所を奪ってしまうことになった。そのことは次の数字が物語っている。

昭和四八年度の環境庁がおこなった第一回調査では島嶼部をのぞく全国の海岸線の二一・二パーセントが完全に埋め立てられて人工海岸になり、一九・二パーセントが何らかの形で人工海岸となっている。つまり純粋の自然海岸は五九・六パーセントである。それにたいして、五三年度に実施された第二回自然環境保全基礎調査の結果ではどうなったか。自然海岸は四九パーセントに激減している。そして昭和五九年度の第三回の調査では四六パーセントとなっている。わずか一〇年あまりの間に一三パーセントの自然海岸が日本から姿を消した。

日本の自然海岸は五三年度におこなわれた第二回の調査のときから六年間に、五六五キロも姿を消してしまった。これは新幹線の東京―大阪間の距離にほぼ相当する。その反面では、半自然海岸一七一キロ、人工海岸六九六キロがそれぞれ増加している。東京では河口部分以外すべて人工海岸である。また大阪湾では九割が人工海岸となっている。日本の海岸線がとりかえしのつかない状態に追いこまれていることはこれらの数字で明らかである。それにもかかわらず危機的な状況は今後も進行しつづけ、そのテンポを緩めないでいる。

自然海岸も人間社会の大きな影響を受けている。空きかんやプラスチックの容器や廃油などが渚を汚している。奄美大島の東がわによこたわる喜界島では、砂浜の巻貝数が少なくなり、ヤドカリは渚に流れついた化粧瓶のふたをかぶって歩いているという。貝類の死滅の原因は不明であるが、なんとも恐しい話である。奄美大島と喜界島の間は大型のタンカー船がよく通るところで、廃油ボールが渚に打ちあげられていることは、私もよく知っている。こうした人目につかない海岸で自然の惨劇がおこなわれている。

ヤドカリは南島ではアマンと呼ばれている。アマンを先祖とするという古い伝承をもつ島もあって、南島の人間とアマンの関係は親しい。以前は手の甲にアマンの図柄を模様として入墨する女たちもいた。そのアマンに家を提供することができなくなった砂浜、それは自然を無視しつづけた現代文明の行きつく果を示している。

国土を人間の身体にたとえると、海岸線は皮膚にあたる。この皮膚はいつも呼吸している。自然海岸が破壊されることは、火傷を負った身体が皮膚呼吸できなくなり、窒息死することを意味している。私はそうした国土に住む日本人としての息苦しさを感じないではいられない。そうしたことから、私は「渚を返せ」という入浜権運動にもいち早く共鳴した。それは私の共鳴というよりは、私の中に刻みこまれた或る物の共鳴、すなわち幼時に浜辺で教えられた平等の精神の共鳴にほかならなかった。

渚は自然のリズムをもっとも精妙に感じるところである。毎日潮が満ち、潮がひき、朝が去り、夕べがおとずれる。四季のうつろいと共に、渚の映し出すものが変る。長崎県の野母《のも》半島の漁村では、春の忘れ雪の降る頃、寒い風が吹く。これをキャアヨセ（貝寄せ）と呼んだ。その風が吹くと高い波が起こり、貝を海岸に寄せてくる。愛媛県の織田が浜では東風が吹くと、土地の方言でガラモと呼ばれるホンダワラが流れついた。それを拾ってきては、干して、揚げ豆腐といっしょに炊いて食べた。

砂浜の地熱を利用して海亀が卵をふ化すると、その海亀の子は生まれてすぐ、誰に教えられることもなく、波打際を目指す。そのように、渚に立つときに私は自然の確かな本能が自分の中に動くのを感じる。そこでは犬は走り、子は笑い、恋人は腕を組み、老人は晴れやかな悲しみの中で、自分を自然に還元する。渚では無窮大のものと無窮小のものとへの渇望が同時に慰される。渚の線はゆるやかなカーブを見せて、果しなくつづき、蒼穹も盛りあがる水平線も雨あがりの虹の橋もすべて弧を描いている。そこには渚の線を包む好ましい自然の撓《たわ》みがある。水鳥や巻貝もそのしなやかな風景の中にとりこまれる。

かつて古代の日本人は生から死へ、そして死から生へ移ると考えた。渚の砂の白は誕生をあらわし、外海の黝《かぐろ》い色は死をあらわす。白から青へ、青から白へ、それは幼虫から蛹へ、蛹から成虫へと蝶が変態するのとすこしもちがうところがない。こうした循環的な世界観の結節点が渚であった。渚は、墓地と産屋とが隣り合わせに作られて一向にふしぎでない場所であった。柳田国男は明治の末頃、日本の海岸線をみな歩いて見たいと思ったが、ついにそれは実現しなかったと晩年に述懐している。今はその頃にくらべて百倍もむずかしくなっている。海岸線は寸断され、人工的に醜く化粧され、そして私たちは陸封魚のような運命を甘受するほかなくなった。それにもかかわらず、烈しい波の音とむせかえるような磯の香いを私たちは必要とする。海に誕生した人間の祖先は、これまで海を母として何百億年か何千億年かを経過してきた。私たちの中に海の呼ぶ声がまだ残りつづけている。とすればともかくも渚を歩きたいという私の衝動を誰も禁ずることはできないであろう。

（「LEAVES　柿の葉」一九八七年秋）

ことばと民俗

アミヌミャー（虹）

私が与那国島を訪れたのは今から二十年近く前の一九六九年暮である。そのときの紀行文はあくる年上梓した『沖縄・辺境の時間と空間』に収録している。そのなかで私は祖納《そない》の町を一望に見渡せるテンダバナに上ったときのことを書いている。その一節を次に記してみる。

テンダバナのテンダは天道であり、サンアイ・イソバは女司祭としてここで太陽を礼拝する祭事をおこなっていたのではないかと私は思う。とつぜんかたわらにいたタクシーの無口な運転手が指さした。

「アミヌミャー。」

みると、壮大な虹が祖納の町の上にかかっている。虹を雨の宮と呼ぶのかと私はひとりで解釈していた。

ところで私は今年、「与那国・石垣・宮古の旅」と題するそのときの紀行文を講談社学術文庫『南島論序説』に再録するにあたって、右に掲げた文章の一節を次のように訂正することにした。

「アミヌミャー」

いるのである。

みると、壮大な虹が祖納の町の上にかかっている。与那国の言葉では虹は「雨を呑むもの」といわれて

このように書き替えた理由は、あるとき、宮良当壮の『八重山語彙』を開いていて、「アミ・ヌミャー」の項目がとりあげられ、与那国の虹の方言として「雨を呑むものの義」と解してあるのに目をとめたからである。これでみれば虹を雨の宮と解するのは私の独り合点にすぎなかったことになる。

その後、私は仲原善忠が注解している『仲里旧記』をひもといて、ふたたび「あめのみや」という語に出会うにいたった。

『仲里旧記』は『琉球国由来記』(一七一三)の資料として提出されたもので、その中には神事歌謡としての「おたかべ」や「くわいにや」が含まれており、とくに雨乞いの章句がめだって多い。雨のすくない南島としてはとうぜんのことであるが、雨乞いに共通してみられる唱え言は、

天のみやの、かうじやしゆ、雨のみやの、かうじやまえ、井ぐちたてきるな、井はなたてきろな、井くちひろくあけて、井はなひろくあけて、雨おろちへたまふれ

というものである。

これについて仲原の注釈がある。「しゆ・まへ(主・前)は敬語で、かうじやは蛇または鰻の背にある班点をさすように思う。あるいはかうなじ(虹)のことかとも考えられるが、この点明かにし得ない。このか

うじやは龍とは言うものの足がなく、のろのろした奴で天上の泉の口にのろのろしていて、その口を塞ぎ、降雨をさまたげると言うている。」

仲原のとりあげている「コーナジ」（かうなじ）という久米島の虹の方言は何に由来するものであろうか。コウはあるいは虹《こう》または蛟《こう》（みずち）かも知れない。ナジはノージやメージと共通する虹の呼称である。しかし宮良当壮は『虹の語学的研究』の中で、コーナジは「渦を巻くもの」という意味の説を述べている。

ともあれ『仲里旧記』の「かうじやしゅ」はコーナジとは関連がなく、蛟蛇《こうだ》（みずち）をコウジヤと呼んだのではないだろうか。あるいは仲原のいう通り斑点のある蛇かも知れない。主《しゅ》はヌシのことであり、ヌシはニジという言葉と語源を同じくしているとすれば、「かうじやしゅ」はまさしくニジを指しているにちがいない。宮古島でニジを天の蛇（ティンパウ）と呼ぶことはネフスキイ以来有名になったが、竹富島では虹をオーナージと呼んでいる。オーナージは青大将のことである。宮古島ではオーナズ。先島の人びとは虹と蛇とを同一視していたのである。

では『仲里旧記』の「天のみや」「あめのみや」は何を指しているのだろうか。仲原は「かうじやしゅ」の所在地である天の宮、雨の宮と解しているが、果してそれでよいものだろうか。
また『仲里旧記』の神謡を採録している『南島古謡』（『日本庶民生活史料集成』）では「天のみやのかうじやしゅ、あめのみやのかうじやまへ」を「天の庭の巧者主、天の庭の巧者前」と訳してあるが、これでは何のことか分らない。

宮良当壮の前掲書によると、竹富島の隣り島の新城島では、虹のことを「アミファイ・ムヌ」という。ファイはクラヒ（食ひ）である。新城島では雨が降ろうとして降らなければ、虹がこれを食ったといい、その虹は大龍の化身であると信じている。与那国島の「アミ・ヌミャー」も同様であるが、南島人は虹は巨大な龍で、雨を飲み食いすると考えたのである。こうしてみれば『仲里旧記』の雨乞いも雨を呑む虹にむかって、人間のじゃまをせずに雨を降らしてほしいという懇願の唱え言にほかならなかった。したがってそこに出てくる「あめのみや」という語も「雨の宮」または「天の庭」の意ではなく「かうじやしゆ」と同じく、虹を指す言葉であったことは明らかであろう。

（「言語」一九八七年九月号）

斧《ヨキ》と船《キミ》

『おもろさうし』巻五の五に「よきげらへが節」と題して、首里城の石垣を土台からきずきあげ、高く、中広く作るさまがうたわれている。「よき」は斧のことで、すでに『和名抄』にも斧をヨキというとある。喜界島や徳之島、あるいは八重山でも斧をユキと呼んでいる（宮良当壮『採訪南島語彙稿』）。「げらへ」は造営することで「よきげらへ」は鉄斧で石を割り、石の表面を滑らかに削って石垣を作ることである。その作業には鉄斧が必要である。鉄斧は大木を伐るときにもなくては叶わない。まず山の神にむかって、木をゆずって下さいと所願し、斧を木に立てかける儀式をヨキタテという。船材にする木を海岸に運んで船を作るにも「手斧始め」の儀式をおこなう。それは本土も南島も変りはない。

ところがどうした訳か『おもろさうし』の研究者たちは「よきげらへ」が鉄斧で石垣を積みあげたり、船材にする木を伐ったりする意味であることに気がつかない。その証拠をお目にかけよう。

「よきげらへが節」は『おもろさうし』第十二の二十一にも記されている。

よきげらへ　よきの　めづらしや
よがほう　まがほう　みおやせ
又きみげらへ　きみの　めづらしや

という詩句である。この場合の「よきげらへ」の「げらへ」は造るという原義から転じて、美しいとか勝れた、という美称辞になる。また「世果報《よがほう》　真果報《まかほう》」は豊作を指すが、一般的に豊饒平和のことをいう。「みおやせ」は献上せよ、という意（仲原、外間共著『おもろさうし辞典総索引』）。

さて、さきに挙げた「よきげらへが節」の解釈はどうであるか。

一、伊波普猷は「よき」は雪、「げらへ」は美称であるとして「雪、美しき雪の珍らしきかな、豊年をきたらしめよ。君、うるわしき君の珍らしきかな」と解している（『おもろさうし選釈』）。

二、仲原善忠は「よき」は米を雪に見立てた言葉と解して「米！　美し、米、珍しや、世果報、真果報捧げん、黍！　美し、黍珍しや」と説明している（『おもろ新釈』）。

三、外間守善も仲原善忠の解釈を受けつぎ「よきげらへ」をりっぱな米、「きみげらへ」をりっぱな黍と解している（岩波本『おもろさうし』の頭注）。

四、鳥越憲三郎は「米のすぐれていること、米の美しさよ、国のまことのしあわせを差し上げます。黍のすぐれていること、黍の美しさよ」と解釈している。これは仲原・外間に近い説である（『おもろさうし全釈』）。

五、島袋源七は「よきげらへ」を手斧始め（ティーンダチ）の儀礼とする。「手斧始めをしたそのヨキ（斧）の巧《たく》みの珍らしいことよ。豊年となるのをお目にかけるであろう。君の指導によってつくられる。君の手腕もめずらしい」と解釈している（叢書わが沖縄『沖縄古代の生活』）。

これでみると、「よき」を斧と解したのは島袋ただ一人である。その島袋にしても、全体の解釈は支離滅裂である。さて、私はどのように考えるか。

『琉球国由来記』をみると、渡嘉敷間切と座間味間切の中の五つの御嶽にヨキゲライという名の神がまつられている。このヨキゲライは斧をもって船材を切り出すとき、木に聖別を与える神の名と推定される。また『おもろさうし』巻十三の二一〇にはタケノヨキガナシという、久米島の西嶽と東嶽に所属する神の名がみられる。ここにヨキの名がつけられているのは注目に価する。タケノヨキガナシは、『女官御双紙』に出てくる高級神女三十三名の中の一人「めづらし君」と同一神である。

ところで『おもろさうし』第二十二の四三は「唐船すら下《おろ》し」すなわち船の進水式のさまを歌ったものである。そこには「あかずめづらしや」という神名の対語に「きみのめづらしや」という神名がある。これは船下しの儀式をする神女の名であることはたしかだ。「きみのめづらしや」は「めづらし君」と同一の神女と思われる。

とすればさきに挙げた「よきげらへ節」の中の「きみのめづらしや」は「めづらし君」のことにちがいない。また「きみのめづらしや」と対応する「よきのめづらしや」もまた「めづらし君」のことである。「きみげらへ」は船を作ることであり、またりっぱな船をもいう。「きみ」は神女を指すが、船を意味する場合もある。『おもろさうし』当時の久米島はすぐれた船材を産出し、移出した。久米島の「めづらし君」は造船や航海に関与した。したがって「よき」（斧）とか「きみ」（舟）の名を冠する神女名をもった。そこで私の解釈は次の通りである。

すぐれた斧《よき》の名を冠する「めづらし君」よ
すぐれた船《きみ》の名を冠する「めづらし君」よ
ゆたかな貢租をたてまつれ

（「言語」一九八八年一月号）

青の島

沖縄では奥武《おう》という名の島があちこちにある。それは以前には青《おう》の島と表記されていた。なぜ、青という名を冠した島なのであろうか。仲松弥秀によれば、青の島は死体を運んで葬った地先の小島である。海蝕洞窟に風葬された死者の世界は、洞窟の入口から射しこむ外光のために、薄明の中にある。暗黒ではなく、うすぼんやりした黄色い光にみたされている。沖縄ではながい間、色の呼称としては赤、白、黒、青の四色しかなかった。黄色も青の呼称の中に含まれていた。そこで黄色い死者の世界を青の世界と呼び、死者を葬った地先の小島を青の島と呼んだ、というのが『神と村』で展開された仲松説である。

宮城真治も『古代の沖縄』のなかで奥武島に触れている。伊計《いけ》島の八月のシヌグ祭のときにうたわれる神謡に、鼠は奥武の島に飛び立てよ、という詞句がある。この詞句を唱えながら、村の男たちと神女がススキを手にもって、害虫や鼠を払う所作をして、野原をまわる。さいごは海岸にいってススキを捨てる。そこで害虫や鼠を封じこめる島を奥武島と呼んだのであろう、と宮城は述べている。久米島の仲里間切《まぎり》には、稲を食い荒す鼠をニライカナイに追い払う祈願の言葉が残っている。これを見ると、かつて青の島とニライカナイは、同じく万物の根源の島と考えられていたことが分かる。青の島は親しい人びとを葬った指呼の間にある小島である。そこから祖霊は現世の人びとを見守りつづけた。しかも青の島は万物の生命の根源の島と見なされていた。とすればニライカナイも、もとは遠い海の彼方の神の島という風に想定されてはいなかったのではないか、という仮定も一応は成り立つ。しかし私はいまだに充分な解答を得ることはできないでいる。

　青の島が死者を葬った島であることはまちがいない。それは次の事実から推定される。与論島では洞窟墓をアオグショと呼んでいる。グショは後生《ぐしょう》のことで、あの世を指す。西表島の祖納では、通夜にいくことを「アオシにいく」という。池間島には潮のさしこんでくる入江の洞窟があって、そこをアオグムイ（青籠り）と呼んでいる。アオグムイの洞窟には若死したり、伝染病や事故で死んだりした人びとを葬っている。また宮古島では、死んだ魂は「アフの島、トウの島にいく」と言われている。アフの島は青の島のことであろう。トウの島は唐のこととされている。「トウスクにいく」とも言われているので、遠い底《スク》とも考えられなくはない。

　沖縄では墓をヨウドレと呼んでいる。浦添《うらそえ》ヨウドレの名がもっとも知られている。ヨウドレとは夕凪《ゆうなぎ》を意味する語である。夕方、風がやんで海面がおだやかになる。そうした風景が死者の世界であると想定したことから、墓をヨウドレに見立てたのである。死者は苦闘の一生を終えて、夕暮の風景にも似た薄明の中で憩うのである。旅人が歩きつかれて木蔭で休むのと変りはない。キリスト教や仏教では、死者は生前の罪をさばかれ、地獄や煉獄で責め苦にあって、罪をつぐなう。そこには死者が切歯する暗黒の業火の世界がある。だが、青の島やヨウドレは、薄ら明りにみたされた死者の休息の世界なのである。南島の他界観は慰めにみちている。私は高級宗教がつくり出したおどろおどろしい他界観を信ずることができない。それどころか、甚だ嫌悪する。それにひきかえて、南島の他界観に心から共感し、それを受け入れる。

南島では青が死のシンボルであれば、白は誕生のシンボルである。シラ（白）は南島では出産のことである。出産する家はシラヤーであり、産室にたく火はシラビである。そして誕生は死者の生まれがえり、すなわち再生と信じられていた。人間の魂は青の世界から白の世界へ、ふたたび白の世界から青の世界へと変転をくりかえす。それは南島の海洋性気候を思わせる。太陽がギラギラ輝いたあと、とつぜん驟雨がやってくる。その雨も珊瑚礁の砂に吸いこまれて後に残らない。曇った空はまた晴れる。人間の一生もこのように、はかないものであるが、そこに暗さはない。

さて私は、青の島の考えを日本本土に延長して、青のつく地名には、南方の海人族の足跡があり、そこは墳墓となにがしかの由緒があるのではないか、と探しまわったことがある。調べてみると、青が死者の世界とつながりあることが判明した。青島、青山、青海、青の峰、青井など、全国各地の青のつく地名をたずねてまわった報告は、すでに拙著『常世論』に収録してあるので、ここでは省略する。私の沖縄への関心は、自分が青年時代に受けたキリスト教の影響を払拭したいという一念からであった。「明るい冥府」がほしいばかりに、私は今も沖縄への旅をくりかえし、つづけている。

（「言語」一九八八年九月号）

宮古島にひびく人間讃歌——宮古人頭税廃止八十五周年記念講演

［序文］

宮古ですばらしいのは人間だ。宮古島は平坦な土地とそれを取り巻く海があるだけだ。だが宮古人は物資や情報の溢れる都市の文化とは対照的な人間の文化をきずきあげた。その最も代表的な例が明治中期の人頭税廃止運動である。

それは宮古の農民たちがしめした人間的な運動だ。そこには人間的な誇りの高鳴りが見られる。それを政治的な農民運動の次元に閉じこめてしまうのは正しくない。そこで興味のあるのは、宮古農民のエネルギーに火を投じたのが、本土からやってきた無名の青年だったということだ。もし宮古の農民だけだったら、そのエネルギーは爆発して方向を見失ったかも知れない。同質の農民の考えに異質の人間の眼が加わって、運動は正しい方向に導かれ、東都の政治家や新聞人の心を動かした。酸素と水素が混じりあって高度な焔がつくられ、抑圧の鎖を焼き切ることができた。これは宮古の文化の在り方を暗示しているように思われる。宮古は「眠る、見えない文化」の宝庫であるが、それを異質の眼をもって引き出す人間が必要である。

立ち上がる宮古の農民。それを指導した中村十作、それを助けた城間正安、先島の民の呻吟する姿を目撃し『南島探験』の中でするどく告発した笹森儀助。すべてがすばらしい人間たちだ。人頭税廃止運動、それは宮古島にひびく人間讃歌である。

［講演］

今日の人頭税廃止八十五周年記念シンポジウムにお招きいただいたことを私は大変光栄に思っております。このシンポジウムは、普通のシンポジウムとちょっと違う。ほかのシンポジウムは毎年やることも可能でございます。しかし、人頭税廃止記念シンポジウムは、今日ここで記念すべき行事として行われた後は、いつやるかこれはまったく不明であります。もちろんそれが二度三度やれないということはありませんけれども、宮古農民の百年の声が初めて顕在化したというシンポジウムは今日以外にはやれない。人頭税を体験した最後の人は、人頭税の廃止が明治三十六年でございますから、明治二十年生まれですね。ということは百歳です。ですから今日のシンポジウムを人頭税廃止八十五周年記念集会と考えてもよろしいし、人頭税の体験者の中の最後の体験者の百年めのシンポジウムと考えてもいいんじゃないかと私は思うわけです。

私が沖縄通いを始めましたのは一九六九年です。通っているうちに宮古のなんともいわれない魅力に心をひかれました。別にとりたてて目に見えるモニュメントがあるわけじゃない、ただ、白っちゃけた道と、サトウキビ畑がえんえんと続く風景です。私は南島が好きですけれど、特に宮古びいきになるのは、何か宮古にはほかの群島にない深みがあるということです。というわけで、私も病膏肓に入りまして宮古通いを続けて今日まで至っているわけでございます。一九六九年から七〇年にかけて先島をかなり長期間、旅した時に、宮古群島の世界観、他界観、人生観がよその島々では得られない深いものがあることを知りました。

それからもう一つは、人頭税廃止のたたかいでございます。今日のシンポジウムのポスターにあります農夫、あれは砂川玄孝という方で、これは人頭税当時の写真ではありません。岡本恵昭さんのもっている当時の農夫衣裳を砂川玄孝さんにつけてもらって、私の友人のカメラマンの渡辺良正さんが撮ったんでございますけれども、その砂川玄孝さんは当時八十歳、そしてつぶさに人頭税を体験した人でございました。大きな家のうちにはいるときは門のところでうなだれて、サリーサリーとあいさつをしたんですよ、というようなお話も直接私は伺ったわけでございます。

私が人頭税に関心をもった頃は、この沖縄全体に人頭税に対する認識が今日ほど広まっておりませんでした。宮古もそうでございまして、人頭税といってもあまり理解されなかったのでございますけれども、人頭税の体験者に会いますと、彼等が一様に苦しかったと顔をしかめてみせる時に、歴史の深部がそこから噴出しているという感じが強くしたのでございます。歴史には政治とか経済の表層の歴史がある。しかし、意識の歴史もある。その意識の歴史は連続している。連続してずっと今日まで伝わっている。当時、人頭税の最後の体験者は八十三歳だったんでございますけども、その子供、あるいは孫、あるいはここにいらっしゃいます遺族の方々、そうした人びとの中にも人頭税の持つ傷跡が深く刻みつけられているだろうと思いまして、人頭税に関するいくつかのエッセー風の論文を書いたのでございます。もちろん私は一介の旅人でございまして、十全を尽くすことはできません。それはよく分かっております。しかし、何とかやってみようということで始めたのが人頭税のレポートでございます。そして、今、ふりかえってみますと、よくあの時に人頭税の話を聞いて回ったもんだと思います。もう今は聞けません、最後の体験者が百歳ですから。まだ、元気な方もいらっしゃるだろうと思いますが、だいたいにおいてその記憶はおぼろげになっている。あるいは体が動かなくなっている。というような状況に追い込まれていて、人頭税の生証人を今はなかなかつかまえることができないのです。幸いにして、私のエッセーは、宮古の人たちによく理解していただきまして反響を呼び、そのあと私の調べないところを穴埋めしていただいたりして、今日に至っております。

人頭税は人間にその税がくっついている。本当は地租、つまり土地にあてるべき租税が人間にくっついている。ここに人頭税の苦悩があるのです。地租ならば沢山の土地をもった人はそれなりの税金を払えばよろしいんですが、人頭税はそうじゃない。富めるものも貧しい者も同じなんですね。ただ年齢によって、それからまた村の等級において区別される。こうした不合理な制度に対しては誰でも憤りを感じないではすまなかったのでございますけれども、寛永年間から二百六十六年の間、その不平がついに出なかった。

近世の沖縄、琉球は一揆がなかった。薩摩藩自体が非常に一揆が少なかった。奄美の徳之島に犬田布騒動というのがたった一つあります。これもほんの小さい一揆でございます。そういうわけで琉球弧の奄美・沖縄の人たちは抵抗する精神を持ちながらそれを発露する機会がついに明治までなかった。ところが明治二十六年、宮古民の大部分であるところの宮古農民が敢然として、この不合理な税制に向かって立ち上がったということは農民の中に人間としての誇りと自覚の発露が見られた最初の行為であると私は考えるわけです。八重山には、非常に絶望的な民謡がたくさん残っております。しかし、宮古はそうじゃない。なにかそれに抵抗しようという強い精神がある。私が宮古の文化が好きなのは感傷的じゃない、文化の化粧を施さないその強い精神なんです。

精神がむきだしになっているから、私はサトウキビ畑の真中を貫く白い道を見ても飽きない。そしてまた海の向うに、リーフの波が上がる、それを見て決して飽きることがない。そうした風に、私は宮古の島々と付きあって今日まで来たのでございますが、この明治二十六年は、どういう年であるかと申しますと、言うまでもなく、日清戦争の前の年です。明治二十七、八年が日清戦争です。日本が国運をかけて、大国の中国と戦闘をまじえるその前年です。中国との間が非常に緊迫している。中国との地理的距離は宮古・八重山から非常に近いわけでございますが、日清戦争の前夜の背景を踏まえて、宮古の農民運動がここに盛り上ってきた、ということを私たちは、忘れることはできないことです。

当時、首里の支配層はむしろどちらかと言えば、中国びいきであった。中国は寛大なる大国である、日本なんかは、こせこせした小国である、ということで、首里の支配層は中国に対して心を傾けていた。今にも、中国の黄色い軍艦が那覇港に入ってくると信じていた。中国の軍艦は船体を黄色に塗っていましたので、黄色い軍艦がやがて自分たちを助けにやってくるという期待も持っていたわけです。そうした情勢を踏まえてこの宮古の農民運動がこれにからまれて起こったということを私は非常に注目するわけでございます。

明治二十六年というのは、絶好のチャンスだったのです。宮古農民が立ち上がるのに国防上の見地からこの南島の守備を堅くしなければいけないというのが日本の軍人や政治家がひとしなみにいだいていた考えなんです。そういうことからこの沖縄に向かって、なんとかして日本政府の考えと同調するように求めるんですけれども、しかしいかんせん、首里の支配層は頑固党でございまして、まだ片かつらを結っている。そういうようなことで、日本化、大和化がなかなか進まないという時代だったわけです。

しかし、ここに一人の旅人が明治二十六年六月から八月まで先島をあまねく旅行して、不朽の名著である『南島探験』を著した。言うまでもなく、青森県人の笹森儀助という人でございます。『南島探験』を読みますと、自分が弘前を出るときに、いずれマラリアか毒蛇にかかって死ぬであろう、しからばその時は、医科大学に体を献納して、医学上の実験の資料としてもらいたいという悲壮な気持で水さかずきをして家族と別れて出発した。

笹森儀助という人は、青森県の津軽郡の郡長もやった人で、どちらかと言えば保守派なんですね。しかしながら郡長時代に、村人の共有地や共有山を官有にしてしまうのには非常に反対している。なぜならば、その共有山というのは村人がたきぎや屋根をふくカヤ、馬に与えるマグサなどを取るために、必要だった。そういうことで、笹森儀助は、保守派でありながら、民権の信奉者であった。つまり、観念的な自由民権じゃなくて、保守派の持つ一番いい点というか、いわば、土着民権の持ち主であります。明治二十三年に帝国議会が開催されますと帝国議会をせっせと傍聴するわけですけれども、二年ぐらいしますとふいに姿を消すんですね。そして旅行をはじめ彼は『貧旅行記』とか『千島探験』とかの書物を刊行します。次に『南島探験』という比類のない記録を残しまして、宮古島の騒然たる雰囲気も非常によく伝えているんです。それで私がここで申しあげたいことはですね、笹森儀助は観念的に行動したんじゃない、むしろ国士であった。国防上の見地からこの先島をなんとかして守らなくてはならないという覚悟をもって先島を旅行したんでございますけれども、実際その先島で見たものはなんであったのか。マラリアよりもおそろしい人頭税の実態でありました。そして、この人頭税の実態に対して彼は、自分の見るものをはっきり記録していったんですね。ごまかし、あるいはいつわり、そういうことはまったくしない。ですから、むしろその記述の内容は体制的じゃなくて、どちらかといえば反体制的な内容にもなっていたわけです。概念、観念、そういうものにとらわれないで見たことを見たと言いきる精神、私はそこに笹森儀助の特徴を見るわけでして、先程申しましたように、自分が毒蛇に嚙まれたり、マラリアにかかったりしたならば、どこか医科大学の実験に供したいと申し出ている。そうした挺身的な行動、いわば主観的な燃焼が冷静な客観的な叙述の形態を取りえたこと、これは希有のことなんです。ややもすると客観的というと第三者的なことになります。それからまた、主観的と言いますと自分の気持をその中にいれこんでいる。しかし、笹森儀助はそうじゃなかった。燃えるような気持ちを持ちながらその筆は極めて冷静で無駄がなく、金石文のように固く鋭く、明治二十六年の当時の宮古・八重山をその記録に残したわけでございます。そこで、私は、笹森儀助の目をダイヤモンドの目と呼びたいと思う。感傷的じゃなく、あるいは曖昧でなく、見たものを見たと言いきる、そういうダイヤモンドの目を持った比類のない観察者としての笹森儀助、彼はたまたま明治二十六年の宮古島に二度ほど足を踏みいれております。

もう一人は、明治二十六年にはるばると雪の深い、新潟の板倉町稲増からやってきて真珠養殖を志願した白面の青年、中村十作ですね。宮古農民に加担いたしまして、自分の真珠養殖の資金を全部はたいてしまって運動資金にしてしまう。運動がおわると、また元の真珠養殖者にかえりまして、自分の妻にも人頭税廃止運動のため、指導者として果敢な行為をしたことを漏らさなかったということであります。甥の中村敏雄さんも宮古の方から問い合わせが来て初めてその中村十作がそういうものに加担していたということが分かったそうでございますが、晩年、自分の妻にも語らなかった。それは一体なにか。中村十作は、ダイヤモンドの心を持っていたのだろう。感傷的じゃない心。長い間、自分が過去にこういう手柄をやったということを、皆に吹聴するようなタイプじゃなくて、まったくそれについてふれない。一つの事件が起これば波が立つ。しかし波が静まればまたしずかな日常生活がかえってくる。それが人間の姿ではないのか、それが中村十作の考え方だったと私はそう思うわけです。

笹森儀助がダイヤモンドの目を持ったとすれば、中村十作はダイヤモンドの心を持っています。そしてまた中村十作を助けた城間正安、平良真牛、西里カマ、川満亀吉、こういう人達も十作の行動に共鳴しているわけです。きょうの人頭税廃止八十五周年シンポジウムがほかのシンポジウムと違うというのは、ここにその遺族の方々が来ているということです。人頭税についてはいろいろと今後も論議されますでしょう。しかし、人頭税廃止運動は、明治二十六年という一つの時点に限られているわけです。そうするとこれは一回かぎりの鮮烈なシンポジウムである。人頭税の体験者の百年の声を私たちが代弁するシンポジウムはこれから先、仮に那覇でやってもあるいは東京でやっても、封切性は少なくなってくるのではないかと思うわけです。私が、中村十作や笹森儀助に感動するのは彼等が概念のくもりを持たずに、いわば見るものを見たと言い切り、そして心に感受したものを心に感受したと言い切る精神です。これに一番、私は感動するわけで、たまたま明治二十六年の宮古島で二人が、同じような農民の一揆に立ち会ったということはまったく希有の事件であると思うわけです。中村十作は東京で笹森儀助に会っております、中村十作は『南島探験』の一部を、その廃止の請願書の中に引用しているわけでございます。

二人ともどちらかと言えば無口な、雄弁というよりは不言実行という、そういう精神の持ち主だった。敏雄さんの話を一度伺ったことがあるんですが、敏雄さんのおとうさんのところに十作が遊びにくる。そうすると二人とも無口なので何時間も正座しながらだまったまま相対している。それから先程言いましたように、笹森儀助もまた議会を傍聴しながら後でふっといなくなる。南島の旅行のあと青森の二代目の市長になるんですが、議会がひらかれても一言も言わないんですね。これも非常に変わっている。市長でありながら議員の発言に対して、まったく無言をもって対している。それで一年ぐらいで辞めてしまう。そういうようなどこか二人とも共通したところがあるわけでございます。

人頭税廃止運動は、宮古農民の決起であり、一揆である。近代的一揆であるということはまず言える。しかしながら、「宮古島にひびく人間讃歌」とございますけども、人間の権利を求めた闘いであったということが言える。しかも宮古農民だけではあるいは十分でなかったかもしれない。そして、宮古農民は非常に剽《ひょう》悍《かん》の気質ありと言われていますので、暴発しやすい。暴発してあるいは方向性を見失って結局成果をあげることができなかったかもしれない。その時、ヤマトからきた中村十作が宮古の農民の指導者となって水先案内として上京した。ということは非常に重要だと思うんです。なぜかと申しますと、外部の異質の文化ときりむすぶ時に初めて高い文化が生まれる。酸素と水素とがきりむすんで高熱をだし、それが桎梏の鎖を焼き切るように、たんに同心円を描く文化だけではその文化というものはなかなか高まりえない。異質のものがそこに入れられた時に、文化はここで激しく燃えあがる。宮古農民がもちろん中心ではありますが、われわれは中村十作、あるいは沖縄の城間正安、あるいは忠実なるしかも冷静なレポーターであった笹森儀助、これらの役割を過少評価してはいけない。なぜならば先程言いましたように、文化は、相互に異質なものほどきりむすぶ力が強いわけでございます。先島の記録の中で、『南島探験』をしのぐ記録はいまでもないんですね。みなさん、読んでください。平凡社の「東洋文庫」にもありますし、三一書房の『日本庶民生活史料集成』にもあります。これは希有の報告書でございますが、そうしたものを生みだしたもの、これがやはり明治二十六年の人頭税廃止運動であったと思うわけです。池間島の前泊徳正さんから聞いた話でございますけども、池間の女性たちは、朝から晩まで機織りにこきつかわれていた。その頃ちょうど中村十作は、宮古から那覇に行くわけですね。しかし那覇ではらちがあかないので上京するんですが、那覇に行った時に、中村の旦那がやってくれれば、自分たちはその貢納を廃止することができるだろう、そういうような歌を歌ってなぐさめあったということでございます。中村十作を待望するうごきがそうした池間のような小さい島々にも伝わっているということを考えてみなければならないと思っているのでございます。笹森儀助というのは風来坊みたいなところがありまして、芭蕉の着物を着てなにかクバの団扇を首からつりさげて、草鞋をはいていたというんですが、島尾敏雄さんが、奄美の図書館の分館長であった時、そこの館長室に笹森儀助の肖像画があって、なにか遠い目付きをしている、ということを書いていています。実務家であってやはり遠い目付きをしている。近視眼じゃない、その遠い目付きのために、彼は暑い最中に先島を回って、先島の人々の人頭税のための苦悩、呻吟をそのまま記録しえたのでございます。

そういうことで私は、人頭税廃止八十五周年記念シンポジウムというのは、他のシンポジウムには出なくても、なんとしてでも出たいと今日やって参りました。歩き回って平良真牛さんのお子さんなどにもお会いした時から十七、八年すぎましたけれど、今日の日にここでそのお話ができることは、しかも私が南島の中で最も愛する宮古の人びとのためにお話をすることは本当に欣快でございます。

簡単でございますが、これをもっておわりとさせていただきます。どうもありがとうございました。

(『宮古人頭税廃止85周年記念シンポジウム・資料展　報告集』一九八八年七月一日)

南島の村落生活と神

今月(一九八八年十月)十二日から二十二日まで、北京へ行って来ました。世界的に有名な北京秋天の時期のちょっと後でして、日中は暑いんですが、夜は冷え、ついにスペイン風邪ならぬ北京風邪をひいてしまいました。北京の宿舎で、今回の講演のことを思っては、お引き受けしなければよかったかなあと、後悔していたのですが、幸いにも講演までに帰ることができ、こうして皆様にお目にかかれましたのは幸せなことと考えております。

このあと九州へ行き、十一月は五島を一週間ほどまわってくる段取りで、どうも私はスタスタ坊主のようなものだと思うのです。たえずスタスタ歩いていて、机に向かってものを考えたり、書いたりする時間が少なくて。亡くなった坪井洋文さんは「谷川さんは一遍上人みたいだ」と言うので、「一遍上人はあまりよすぎるけれど、スタスタ坊主でしょうか」と言ったことがあるんです。遊客と呼んでくれた人もいるのです。これは、遊歴する俠客のようなニュアンスの言葉ですが、実際は遊客は観光客のことで、観光が遊びなのには違いないのですが、それ以上の意味はありません。

そういう私が中国で考えましたのは、この中国のとてつもなく、厖大な世界のことです。そして少数民族が何十とある。私が行きましたのは国家測絵科学局という国家の機関なのですが、そこの地名研究室、中国の地名を研究しているところの招待でした。今中国が地名に関して当面している問題は、少数民族が各自めいめい地名の表記をしていて、まちまちであるのを、どう統一するかということなのです。日本では少数民族といえばアイヌしかありません。アイヌ語の地名の表記の問題は、明治時代に松浦武四郎その他が漢字化しておりますので、解決済みですが、中国はその問題に今直面しているのです。それこそ東北から西南部に至るまで、あるいは東から西へ、中央アジアに至るまでの地名をローマナイズする、あるいは漢語で表記するという大問題を抱えている。

私など、日本を北海道から沖縄まで一応視野に置きながらものを考え、書いてきたわけですが、それだけ視野に入れるのもやっとなのに、中国でその全体像を視野に入れるということがどんなに困難かということを思い至りました。非常に困難であるにもかかわらずそれをやらないわけにはいかないという中国の文化の問題があるんですが、そういう大きな国家のもたらす文化に対して、日本はどんなオリジナリティがあるのか。目に触れ、耳に聞く事物というものはほとんど中国から将来された。そうすると中国に対抗し得るものは一体何なのかという問題にどうしても思い至らざるを得ないのです。日本人のもつ日本文化の独自性、つまり何もかも中国にならって来た日本が、中国にない、日本の純粋な、独自な文化を形成する拠点は一体どこにあるかということを考えざるを得ない。これはおそらく、卑弥呼の時代から中国に接した日本人が絶えず考えてきたことだと思いますが、私も北京風邪に悩まされながら、北京の宿舎で夜更けにそういうことを考えていたのです。

その時に思い至ったのは、やはり沖縄です。中国はもちろん海岸部がありますから、中国の文化が周囲を海に囲まれた島国の日本のどこかと関係がないということは言えませんけれど、中国のあの内陸性の文化に較べれば、日本ははるかに島嶼的な文化を持ち得て、一番それを純化しているのではないかと思います。中国が大きさをもって日本に向かうなら、我々はその小ささをもって中国に向かうことができるのではないかと思うのです。つまり価値観念の大小というものは普通のものさしの大小に関わらないと。そう考えました時に沖縄という島々の存在、その歴史と文化の重要性がいかに日本にとって貴重なものであるかに思い至った次第です。

今日の題「南島の村落生活と神」をいただきました時、これはいろいろなアプローチの仕方があると思いました。社会学的、宗教社会学的に、あるいは社会人類学的に見るなどですが、私はざっくばらんに自分の考えを申し述べたいと思っています。

沖縄では普通セジが高いということを言います。どういうことかというと、神に近い存在である、霊威が高いという意味なんですね。これは日本のスジと関係があると言われています。あるいは「あの人はサーダカ生まれだ」などとも言う。特に女性で神に近いような特性をもった人を指して言います。サーというのもセジと同じだと思います。あるいは『おもろさうし』に出てくるセイというのも、みな一連の言葉です。霊威は日本ではイツという言い方があります。要するに外側からものや人間につくところの或るエネルギーを持ったパワーのようなもの、メラネシア語のマナに相当するのがセジだと思うのです。

この言葉が日常語として使われています。例えば奄美では、兄が妹をいじめたりすると、女はセジが高い（あるいはサーダカ生まれだ、セイが高い、サーダカだ）から、いじめてはいけないと母親から注意されるという風で、女は男より一歩神に近いと考えられているのです。

セジというのはものにも人間にもつき、それがつくと聖化されます。例えば海岸に五つぐらいの岩があるとして、その一つだけが聖化されますと、それは神の依り代として尊敬されます。奄美ではこれを立神《たちがみ》と言います。立神は日本本土にもありまして、伊勢二見ケ浦の夫婦岩などそうですし、志摩半島には立神村というのがあり、そこにはしめ縄を張った立神という小さな岩もございます。対馬には立亀荘という旅館があり、淡路の南の沼島にもあります。また薩摩の野間半島の坊津にも立神というのがあり、奄美にもいくつかあります。奄美の名瀬の湾の入口に立神岩というのがあります。海岸にはたくさん岩があるのですが、一つの岩だけを立神というのは誰かが指示した時に、マナがつき、その岩が聖化されるからです。つまり霊威を与える力を持ったもの、セジが外側からやってまいります。これは折口先生が外来魂とかマナとかいう言葉で御本の中に書いておられるのと全く同じものでございます。

それで、このセジがついた時に人間も神になるわけですね。そしてセジが離れると、ただの人間にかえってしまう。天皇も天皇霊があって初めて天皇としての力を持つ。天皇霊がなくなれば力はなくなってしまうのです。大嘗祭は天皇霊をつける荘厳な儀式ですけれども、その時にセジがつくわけですね。ですからセジをつける儀式が絶対に必要と言えますね。

これは沖縄の場合もそうで、沖縄にはノロとかユタ、カンカカリヤという神事に携わる人が多いのですが、その人達もセジがついているから神になるわけです。皆さんご存知のように、ノロは琉球王国が任命した公認の巫女で、特に農耕を中心とした村落生活の神事を司っていますね。ユタはそれに対し非公認というか私的な民間の巫女です。宮古ではユタと呼ばれるのをきらってカンカカリヤと申します。神にかかっている人間だということですね。これがみなノロ、ユタと言われています。

ノロは「宣る」、神の言葉を出す、祝詞の「宣り」と同じだと言われ、ユタ、ユンタというのも、神の言葉をしゃべるという意味と関係があるらしいのです。いずれにせよこの人達の一方が公認の村の祭りを司る。一方は人間の生死の問題、不幸なこととかを司っているわけですね。もちろんセジがつかないと資格がないわけですが。

ノロは第二尚氏の尚真王の時、琉球の宗教が組織化されて以来、世襲的な面が強くなり、セジがついてはじめてノロになるというわけでもなくなって来ました。これは東北地方のイタコなどもそうで、住み込みで奉公して見習いをしているうちに一人前になっていくのですね。しかしこれもずっと後代になってのことで、ノロもかつては神がかりをしていたろうと私は思います。

『おもろさうし』に第一尚氏の王女モモトフミアガリが出てきます。勝連城主と結婚したのですが夫の勝連城主が逆心を抱いて謀りごとをめぐらしたのに気付き、勝連城を脱出する時、神がかりになる。モモトフミアガリという名からして、百回フミアガリ、シャーマンダンスをするという意味なんですね。飛びあがるというのは、神にかかった時の一つの徴候でありまして、奄美のユタ、韓国のムーダンにも見られます。第一尚氏の時代ではまだ、このように巫女の中に神がかる状況が認められたのではないかと思います。

明治になっての話ですが、沖縄本島ではノロが亡くなりますと、その柩をまず、ノロのいつも拝んでいた御嶽《うたき》に持っていき、ノロについたセジを返す。御嶽は何も高い山ではなく、ただ木が茂っていて若干の空地があれば御嶽なのです。つまり神を拝むところで、ただ石の印みたいなものがちょっとあり、その印の向こうには男性は入れないという非常に素朴な神祭りの場所です。そこでセジを返したあと、新任のノロに新しくそのセジをつけるわけです。ノロが死んだらセジを一度返すのですね。その後柩を葬る墓所に持っていく。一旦神聖な場所に持っていってセジを返す。このことは非常に重要なことだと私は思います。

日本の神道と琉球神道を考えます時に、琉球神道は日本の古神道の姿をとどめているという風に考えられていますが、まさしくそれはそうだと思います。ところが、長い間気がつかなかったことがあるのです。沖縄の場合、神に仕えるのは女、日本では神主というと男ですね。そして神と人との間をとりもつ、媒介する存在は、神に祈願する存在であると考えていたわけです。ノロも神に祈願する存在という一面は今でも持っています。ところが沖縄では琉球国として独立王国の時代以来、三日オタカベとか七日オタカベという言葉があります。オタカベは神を高める、尊崇するということです。祭りの三日前、あるいは七日前から精進に入り、神をタカベる。この時は祈願している。そして祭りの前日になると次第に祈願していたノロが神がかってくる。そして祭りの当日はもはや神なんです。そこでは祈願は行われない。ノロはそこでノル、つまり神として託宣するという形になっていくんです。そのことに気がつかなかった。宮城真治氏の『古代の沖縄』という本を読んで初めてその実相が把握できたわけなんです。宮城氏は沖縄本島北部の山原《やんばる》（国頭《くにがみ》ともいう）で小学校の校長を長くしていた人です。そこでお祭りなどをしょっちゅう見て歩き、非常に几帳面な記録を残しています。

彼の記述を読んだ時、驚くべきことだと思って衝撃を受けたんです。日本では、伊勢神宮の巫女でも斎宮でもいいし、あるいは上賀茂神社の宮司さんでもいいですけれど、いずれにしても神に仕える人が祭りの当日、神になるという考え方はないでしょう。少なくとも現代にはないように思うんですね。諏訪大明神絵詞には、諏訪神社の大宮司（大祝）に神がかって言うには自分には体がない。大祝《オオホウリ》をもって神の体とするという託宣が記されています。また、伊予の大三島の宮司もそういう神人であったという例がないわけではありませんが、一般的に神に仕える人が神だという言い方は日本では非常に希薄になっている。仮に諏訪神社の大祝の場合でも、大明神絵詞の中にあるその言葉を考えれば、絶えず神であるわけです。しかし沖縄のノロはそうではない。いつも神であるのではなく、祭りの当日に厳然として神となって村人の前に出るわけです。

このことが本土の神道とは非常に違っている気がいたします。その私の驚きを沖縄の二、三の友人に話しますと向こうは別に驚く風もないのもまた、私の驚きです。

別の例で、久高島の旧正月の時には村の重立つ大男たちが御殿庭《ウドンミャー》と呼ばれるところにあつまり、庭にむしろを敷いて坐ります。庭の正面には御殿《ウドン》があり久高ノロが坐っています。男たちは御殿の石段をのぼって久高ノロに盃を捧げ、またノロからお返しの盃をもらうのです。それはまさしく神が人間に盃を与える姿です。

そしてまた村の男達は神に向かって自分の盃を捧げるという光景なのです。そういうものを見慣れている沖縄の人には珍しくない光景かもしれませんが、私には非常に興味がある。何故なら、沖縄の古謡の中に、ミセセルとオタカベという言葉があるんですね。神が宣言することをミセセル、神に向かっての尊敬の言葉がオタカベであると言われています。一人のノロが祭りの前日までは神に向かって祈願し、神を尊崇する言葉を述べる、これがオタカベである。ところが祭りの当日になると、今度はいわゆる神としての託宣を下すわけです。それがミセセルです。ここに今まで私達の気がつかなかった問題が潜んでいるということを今も強く感じているのです。日本ですと神に仕える人は祈願と尊崇に終始する。祝詞はもともとは神が人間に言うノルという言葉ですから、それが次第に逆の形になったと言われていますが、オタカベは今でいう祝詞に相当しますね。出雲の神社の宮司さんがずうっと祝詞をやってきて、突然祭りの日に託宣を下すというような光景、もちろん実際にはありませんが、それをもっと素朴にしたのが沖縄の神人の姿である。折口先生もこれには気がついておられます。琉球の神道と日本の古神道の違いがそこにあるんじゃないかと思うのです。しかしそれとても、もとは一緒であったかもしれません。それはよくわかりません。しかし非常に示唆に富んだ事柄だと思うわけです。

話がそれますが、沖縄の学者の話では、ひそひそ話すのがミセセルだというのですが、私はそうは思いません。ミセセルは神がセセル、つまり、神が人間をつき動かすところからきていると思うのですが。それはさておき、ミセセルとオタカベというのは沖縄本島だけなんです。他ではどうか。宮古本島の北の池間島では世乞《ゆうく》いという行事が行なわれます。この時には実際に神がかるんですね。沖縄本島、奄美ではノロと言いますが先島ではツカサと言います。ツカサの頂点に立つのはフヅカサ、その下にカカランマというのがあります。ンマは女のことである。神がかりをする女というのがいるんです。それが大主《ウパルズ》と呼ばれる御嶽の中で夜籠りをしている時に神がかって、神歌を歌って踊り出すんですね。ここが世乞い行事の核心部分です。神がかりながら今年は豊作だとか、いろんなことを言う。沖縄本島でも奄美でもノロは神がからないのですが、宮古ではノロに相当するツカサの中のカカランマというのは神がかるわけですね。ゆっくりした歌を歌いながら、だんだん神がかっていく。これをアーグシュウとも言います。アーグというのは、アヤゴで美しい言葉のこと、シュウは衆ですね。綾語衆ということです。池間島の近くにある宮古島の狩俣の粟プーズという夏祭りにも綾語衆がいて、音頭をとって男の人達が歌います。昔はノロもツカサも神がかっていたのではないかと私は思うのです。

宮古島でンナフカという祭りを見ました時、森の中で年配の女の人達が輪になって神歌を歌っている。米がたくさん取れて豊かに実ってほしいという内容の非常に単調な歌なんですね。最後にユンチルユンチルと繰り返す。その時に突然、輪の中の一人の女性が小刻みに震え出したわけです。そして、他の人とテンポが合わなくなる。だんだんそれが激しくなって最後は涙を流すんですね。どうして神はこんなに自分を今日苦しめるのか、とそういうことを叫びながら、水に濡れた小犬がブルブル震えるようなああいう感じになったのです。その昂奮が最高潮に達してくるとばったり倒れました。倒れた瞬間にその老婆はにっこり笑った。つまり普通の人間に返ったのです。神がその老婆の中に入り込んできてふくれあがり、最後に消えたんです。それが神を失う、つまり失神することの意味なんですけれども。それでまた人間に返るんですね。

そういうことを考えますと、沖縄の祭りの中で神がかりをするのはユタだけで、ノロはしないというのは、だいぶ後で整理された観念ではないだろうかと思えてくるのです。宮古のユタも、自分達はユタと呼ばれるのをいやがってカンカカリヤと名乗る。占いや判じをやる職業の人間と思われるのをいやがってのことです。ですから、もともとツカサもユタもカンカカリヤ、神にかかる存在だったと考えていいのではないかと思うのです。そうすると最初申しましたセジが人間の存在にどれだけの影響力を持つかということが、ここで改めて思いかえされないといけないわけです。

沖永良部島の話ですが、不慮の事故で死んだ人が出ると、その一門の人はある家に集まって、真暗な中で円座をして、みかんの小枝を手に持ってリズミカルにそれを振っているうちに、中から突然神にかかる女性が出てくる。この人がその不慮の死を遂げた人を弔う責任を負う。ですから神に仕える女といえども職業的じゃなくて、一門の中から突然出てくるわけですね。自分がなりたいというのではなく、自分の意志にかかわらず出てくるのです。神と人間の間は非常に近いものであって、特殊な能力を持った者が神になるというわけではなく、人間は皆、神になる可能性を持っている。それがある光景で顕在化されるという場合があります。

そういうことから考えて、私はノロとかユタなどと分けず、沖縄の神をひっくるめて考えたい。村落生活の基底にそういう神がいる。神の可能性がある。神の可能性とは何か。結局人間なんです。人間が神の可能性を持っているということですね。それがたまたま琉球王国の宗教組織の中に組み込まれて、村落の制度の中に入り、生産の行事などを司る。しかしノロが神がかると権力者としては困る場合があります。権力批判が口をついて出ることがありますから。それで琉球王国はユタを非常にきらい、しばしば取り締って、まるで魔女狩りのようなことも何度かやっています。殺した場合もあります。

ですからノロは神がかってはいけない。そしてあくまで琉球政府の対策を実行するために、宗教的側面で補佐するという役割を負わされていたのです。ノロにはノロ地というのを与えて手厚く遇しているのもその証拠ですね。

しかしユタはそれで排除される。しかしもともとノロにもユタにも同じように神がかる状況があったのではないかと思うわけです。占いも、予言もしないノロにかわってユタが引き受けたのは何かといいますと、現世と死者の世界との通行といいますか、そのコミュニケーションを取り持つ役なのです。人が亡くなるとその声を自分の口から生者に聞かせる。そうしてユタはますます怪し気な、胡散臭いものに見られていくのですが、私はそうじゃないと思うんですね。

何故なら人間の世界というのは、古代になればなる程、原始的になればなる程、現世と他界という両分的な世界を踏まえて成り立っているわけです。ですから、死ねば死にきりというような状況じゃなくて、死者の世界が厳然とあることを前提として、昔の人達は生活している。それなら、死者の世界をとりあげないことの方が逆におかしい。日本の神道では触穢といって死者の方に近づかなかったりしますけれども、あれは一面だけのことであって、死者と生者との関係をたじろがないで、きちんと正面から見つめるということから出発しないと、本当の宗教の世界はわからないと思います。原始にそういう状況から出発したのが、だんだん日本でも沖縄でも汚れたものには触れないというような形で、生者だけを相手にする形になった。しかし、死者は生者を支配するという言葉がありますが、庶民の生活においても、まさしくそうなんです。ですからそれを取り持つ役割が神に近い存在にふりあてられたという時代が、かつてあったに違いない。私はノロとかユタとかカンカカリヤ、ツカサのもっと前、もっと一元化した根源的な、混然としたものの存在があったろうと思うわけです。

私が沖縄通いを始めた頃、八重山で五十がらみのちょっと魔女のようなユタに会ったことがあります。池間島出身の女性で、蝙蝠傘をさして黒ずくめの服を着た人でした。その人と次のように話しました。

「あなたはあの世に行ったことがあるか」

「行ったことがある」

「どうして行ったか」

「空を飛んで行った。お母さんの袖につかまって」

「あの世はどうだったか」

「あの世はこの世と全く同じである。この世に警察官や税理士、学校の先生がいれば、あの世にもいる」

全く相似的であると言いました。

「あの世で自分の親戚や何かにもてなされて帰ってくる。あの世の人達はみな老人の姿をしている。母親の袖につかまって空を飛んで帰る時に振り向いてはいけないと言われた。皆があの世の渚に立って別れを惜しんで手を振っているので、戒めを忘れてふと振り返ると、皆の顔は骸骨に見えた」

それからもその人を訪ねていったのですが、具合が悪くなってとうとう亡くなってしまいました。それは、一つのエクスタシーの体験だったと思います。夢の中で飛翔していく体験を持ったユタに出会った例です。ですから他界と現世が非常に近い存在であった時代があり、またそれを分離できない生活が長く続いたのではないかと思うのです。

それでは他界は何処にあるかということなのですが、沖縄の人が信じているのは海の彼方にあるニライカナイなんですね。ニーラ、ニリヤ、ニッジャとも言いまして、島々によって呼び方は多少違ってくる。奄美ではネリヤなどと言っている。これは海の向こうの神の島なんですけれど、神だけでなく、ありとあらゆる万物の発祥の根源の場所がニライカナイです。ですから沖縄本島の西にある久米島のオタカベ、神に祈る言葉の中に、ねずみが稲の根をかみ切って害をするからニライカナイの方に行って下さいという祈願の言葉がありますね。ねずみもニライカナイから来たという考え方があるんですね。柳田国男が『海上の道』でねずみを一所懸命擁護して書いている意味もここにあるのです。ウェンチュと尊敬の言葉でねずみを呼ぶのには意味があるという話ですが、稲や火もそうだという、これがニライカナイなんです。

ではニライカナイの神だけが村の神かといいますと、そうではありません。御嶽、拝所にいる神がありす。御嶽は村の高いところにある。その村を拓いた草分けの家は御嶽の近くで、村の一番上の方にあるというのが大体の原則のようです。分家は下にある、これが単純化した形で言えることだと思います。仲松弥秀は『神と村』という本の中で御嶽の神と村人との関係をクサテとオソヒと表現しています。クサテは例えば母親の腰に子供がまつわりつくことを言います。オソヒは、子供が夜中に体を乗り出して寝ていると寝冷えしないように母親が布団を掛け直してやる。そのような関係が神と村人との関係であるというのです。神は、村人をまるで自分の子供のように、雛鳥を親鳥が羽の下に包むような形で見守っているんだと。それからまた、村人はまるで母親に対するように、全くの信頼感を持って神に向かっている。そういう考えを仲松氏は述べています。

これは祖先神なんですね。ニライカナイの神のように外来神ではなくて、その村の有力なノロなどをかつて葬ったような場所、後に拝所としてずっと祀っていくようなところに祀っている神です。ですから、外在神と内在神とでも申しましょうか、二通りの神があるんです。

もう一つは、外からやって来てしばらくその村に滞在する神。これが第三の神としてあることを比嘉康雄氏は指摘しています。例えば久高島の一番北側のクボウ御嶽の神は、もともとニライカナイからやってきた神だけれど、しばらくそこにいる。寄留していると考えられている。ニライカナイの神に対して村人は、神が来るのを待ち受け、神が遠ざかっていくのを悲しむという、親愛の情を強く示しています。奄美の郷土史家の大山麟五郎氏によりますと、神が去っていく時には、名残りを惜しんで、まるで男女の痴話げんかのようなやりとりがあるとのことです。ですから、ニライカナイの神が外来神だからといって、よそよそしい神と受け取られているわけではありません。折口先生のマレビトというのは、おそらくこのニライカナイの神を前提として考えておられるのではないだろうかと思います。マユンガナシとかアカマタ、クロマタの祭りには、村人に対する神の讃め詞が出てまいりますので、マレビトが村人に予祝を与える詞として日本文学の起源に置いて考えておられるのだろうと思うわけであります。

それと同時に昔から村に伝えられている祖先神もあるということですね。宮古の狩俣では、祖神《うやがん》祭りという冬祭りがあります。狩俣だけでなく、大神島とか島尻部落などにもあります。今この三つの部落で行っています。狩俣の例を引きますと、大きな木の葉を冠のように被ったツカサ達が五回山籠りをするんですね。近親者に不幸があっても、山を降りることができないという厳しい掟に従いながら何日か山に籠ります。それを五回繰り返すのですが、山籠りの後、毎回狩俣の部落に出てまいりまして、そこで長い神歌を歌う。最後の時は中庭で歌いますが、二回目とか三回目とかの時は、女達だけが籠れる家がありまして、雨戸を閉めきり、夜の十一時から夜通し歌います。私など男ですから中に入れず、辛じて戸の節穴から眺めるのですが、かすかに流れてくる聖歌が聞こえるくらいです。

これは祖先神なんですね。狩俣の祖先神のことをずっと叙事的に歌う。狩俣の部落を開いた先祖はもともと大浦というところにいたが、よい泉を求めて狩俣に来た。そこで初めておいしい水に出会い、とどまって、だんだん子供を生んでいったという話を伝えているんですね。土地にいついた祖先の物語を祭りの時に歌っています。

狩俣での話を続けますと、フンムイという、大森と書きますけれど、この中に籠るのですね。狩俣の集落はミャークと呼ばれます。集落の中心になる家の中庭で祭りをやるんです。そしてパイヌスマがあります。スマというのは島の意味でして南島ではすべて村落とか集落を指します。パイは南ですね。パイヌスマは南の村落。それは生きている人間の村落ではなく、死者の村落です。ここが三つに分かれる訳ですね。神のいるフンムイと、人間の住むミャークと、死者の世界のパイノスマと。これを三分制と言っている沖縄の研究者もいます。確かにこれは三つに分かれている。現世と他界に分かれ、さらに他界が神のいるところと、死者の住む世界に分かれます。そして祖神祭りの時には、歌を歌っているツカサ達とこのパイヌスマの死者がたたかいをやるんですね。何故かというと、パイヌスマにいるかつてのツカサ達、祖神達は自分もまた祭りに参加したいというわけです。しかし一度死の世界に行っているわけですから、生きているツカサ達は参加させまいとする。この劇的な闘いの場面が三回目に行われる。集落の広場みたいな庭で行うのです。そこには粥を垂らした木の葉が何十枚と並べてあります。これは何か、と聞いたら、死霊に、この木の葉に垂らした粥を食べて、もうお引き取り下さいと言うためのものだそうです。祝詞の中の道饗祭の時に、根の国、底つ国から来る荒びた魂に、道の前にあるものを食べて帰って下さいと言うのと同じですね。

この時ツカサ達は祖神なんです。まさしく神なんですが、その祭りの性格はいわゆる祖霊信仰、それと自分達が一緒になった時のお祭り。そういうことで村落自体がある意味では死者と生者、あるいは神と人間の関係をはっきり示しているということが狩俣の例で言えるわけです。そして祭りが終ると、頭にかぶっていた木の葉の大きな冠を脱ぐ。そうすると今まで、厳しい、人間を超えたような表情だった女達が、本当にこぼれるような美しい笑い、人間に返った時の笑いをするんです。神のセジはそこで終ったわけです。ですけれども人間に返る、家庭の人であるという時のそれも非常に美しいという気がします。

狩俣のそばの島尻の場合の話をします。元島という岬があります。この「島」は先程と同様部落なんですね。だからもともとその岬に部落があった。しかし今はもうなく、そこは広場になっていて、そこで輪を作って、最後の夜に神歌を十一時頃から歌いはじめるんです。ある時、私と比嘉康雄君の二人だけが外来者としてそこにいたことがあります。あとは村の男達だけだった。彼らはそこで泡盛なんかを飲んで待機しているんですが、三十三拝といって、時々、輪を作って神歌を歌っている女達を拝む。拝む対象は母であり、妻であり、あるいは妹、娘、それを土下座して三十三拝するんです。人間的な男女の問題なんていうのはふっとんでしまうような光景です。そして女達は断食、裸足の苦行です。疲労して長い黒木の杖にすがりながら歌を歌い続けるわけです。私と比嘉君は、近づこうとすると男達に止められるので遠巻きにして見ていました。午前四時頃になると、また村の女性達がやって来て、歌っている女達の後から羽交い締めにします。それはもう立っていられないからなんですね。それで体を揉んでやります。ツカサ達は歌を歌っているんですよ。だけれど、その嫁さんなり娘さんなりが、自分の姑なり母なりを案じて後から支えてあげる。足を揉んであげる。その光景を見た時に、ああ、祭りの伝統というのはこんな風にして伝わるんだなあと思いましたね。その娘さん達がツカサになる日がやがてはやって来るわけですから。理屈ではなく体で祭りの伝統が受け継がれていく。

それがずっと続いて日が暮れますと、積んであった藁に火をつけ、向こうの大神島に祭りが終わりましたと合図をします。大神島のツカサ達はそれを見ているのです。そして火が消えたとたんに、今まで辛うじて立って歌を歌っていたツカサ達が走り出すのです。猛烈な勢いで。その時には村の少年達や息子達も来ていまして、危険がないように後を追う。ツカサ達は草むらにつまずいたり木の枝にひっかかったりしてそこで捕まえられる。捕まえられるともう失神している。それを小屋に並べるんですね。私もそれをのぞきに行ったんですが、ツカサが魚市場のマグロみたいに並んでいる。神が失くなっている。それが失神ですね。

これは大神でもありまして、今までリューマチで動けなかったようなお婆さんが祖神祭の最後の夜には走るんです。それで崖から飛び降りたりするので、けがをすることがあります。突進してくるところに網を張ったりして身内の女性達が、中に入れない男性に代って捕まえるのです。

島尻や大神ではそういう劇的なフィナーレがある。祖霊と自分達が年に一度一体化する。そして村の歴史を継いでいくわけです。このように大きな宗教行事が村人の生活の中に深く、くい込んでいます。

久高島でも大体月三回お祭りがあるんですね。その三回、村の女性は必ず出なくてはいけない。年に三十回ぐらいになるので大変な犠牲でもあるわけですが、それにもかかわらず参加して維持していく。現代生活からすれば、その期間働けばいいとか、家で休養すればいいということになりますが、しかしその祭りがあってこそ、村の緊張した秩序が維持されていく。そして緊張だけでなく喜びや楽しみもその中にあるということを考えます時、やはり宗教的なる行事というものは、沖縄の村落の中心に位置しているということが言えると思います。

与那国で冬に玉祭りというのがあります。玉祭りといっても、その前の日まで昼間から蚊帳をつって寝ていたような老婆が、きれいな着物を着、玉をつけ、実に優雅な仕草で玉を鳴らすだけです。そのまわりには、与那国島はもちろん、石垣島とか、遠く離れた親戚一族が集まって、大きな木の下で、木洩れ日を受けながら楽しんでいるのです。何か古代の女の族長の姿を見るような気がして、本当に羨望に堪えなかったですね。今日の我々の孤立した世界の対極にそういう世界があって、その中に住む一族であれば、その幸福感を分け与えられることになる。この体験はもう二十数年前のことですが、あの時はやはりそういう感じがいたしました。沖縄の祭りを見ますと、これは多かれ少なかれ、どこでも感じます。例えば旧正月には御水撫《ウービーナ》でといって、同じ門中の一族が産湯として使ってきた井戸の水を汲んで撫でる。魂の切り換えに男も女も。女性が水を髪につけるその何気ない、非常に素朴な仕草、それを見ていますと、そういうことを何も疑わずに出来る世界ということを思うのです。我々の疑い深い人間の世界の対極にある世界という気がします。

私は柳田や折口を知ってはじめて日本人としての幸福感をあじわった人間ですが、沖縄にいくとなにがしか満ち足りた思いがいつもするのです。沖縄県の一人あたりの所得は東京都の半分にも満たないのですが、しかし、どちらが幸福な生活をしているかということは、にわかにきめられないと思うのです。沖縄には貧しい人々が多いことはたしかです。しかし沖縄の社会にはまだ生活の中に神が生きています。神を失った現代の都会人からすれば、それは羨望に価することです。柳田や折口が沖縄をこよなく大切に考えたのは、そこが民俗学の宝庫であるというだけにとどまらず、神と人間のむすびつきが見られるということ、それが沖縄の魅力であり、柳田や折口が沖縄に思い入れをした最大の理由だと思います。私もまた柳田や折口に見ならって、沖縄と取り組んできました。そして今も、琉球弧の奥ふかく打ち続けている鼓動に耳を傾けている次第です。神の脈膊の感じられる南の島々に繰り返し通うということは、これからも続くだろうと思います。今日は沖縄についての感想の一端を述べて、終りにしたいと思います。

（松永記念公開講座〈奄美・沖縄の信仰と祭祀〉講演「芸能」31―6、一九八九年六月）

古琉球と伊是名

『伊是名村史』の発行に寄せて　上

私が最初に伊是名《いぜな》島・伊平屋《いへや》島に渡ったのは、沖縄が本土に復帰する前年の一九七一年春四月のことである。そのときは伊是名島に本籍をもつ名嘉正八郎さんと一緒だった。名嘉さんの案内で両島に渡ったのだが、なかなかスリルに満ちた旅であった。伊平屋島から伊是名島に渡ったのは大雨の日で、エンジン付きのサバニをチャーターして、雨具を着て乗り込んだ私たちの上に、船頭は船具にかぶせる防水シートをすっぽりかぶせた。こうして私たちは滝のような雨足の叩きつける荒海を横切ったのであった。

そのときの旅は伊平屋・伊是名の両島が日本本土の文化とどのような関係にあるかを目でたしかめたいということに私の関心があった。この両島が日本文化の南下の際の最初の足がかりの島であったことは、折口信夫がすでに指摘しているところである。伊波普猷も「あまみや考」のなかで同様の見解を述べている。『琉球国由来記』を見ると、伊是名島の諸見村の条に「ヤブサス嶽の御イベ」とある。これは玉城間切の玉城村の条に見える「ヤブサツの嶽」と同じである。伊波普猷はヤブサスやヤブサツが対馬や壱岐の聖地の呼称であるヤボサやヤブという言葉に由来することを示唆している。

ところで、今回伊是名村から刊行された『伊是名村史』(下巻、伊是名村史編集委員会編)を見ると、諸見のヤブサス嶽は「イサシ御嶽」のことで、諸見の公民館から約一キロメートルの所にある標高八十四・九メートルの山を言い、頂上近くに石祠があるが、祠の向きは真東で水平線上に与論島が直視できる、と記されている。それは明らかに与論島を意識して建てられたものにちがいないことが分かる。

伊波普猷は文献には見えていないが、と断りながら諸見にアマミ嶽のあることを述べている。『中山伝信録』に「葉壁に古嶽あり。天孫嶽と名づく。尚円すなわち天孫の裔なり」とある文中の天孫嶽がアマミ嶽のことだというのである(「あまみや考」)。こうしてみると諸見のアマミ嶽のアマミは天孫(アマミコ)を指していることが分かる。奄美大島の笠利にはアマンデー(天孫嶽)がある。アマミコは最初そのアマンデーに降りたという伝承がある。諸見のアマミ嶽にもそれに類する言い伝えがあったにちがいない。

東恩納寛惇は諸見の地名は「しほみ」がその原義と考えられると言っている(「南島風土記」)。諸見のアマミ嶽をどこに比定するか、今となってはむずかしいが、やはり潮見の地名からして海潮の見える山ということになろう。そうすればさきに挙げた「イサシ嶽」(ヤブサス嶽)もその目で見てみる必要があるだろう。これについては地元の人びとのご教示をいただきたい。

二度目に伊是名島と伊平屋島に渡ったのは昨年の夏の海神祭（ウンジャミ）のときだった。八月二十八日に伊平屋島の田名（だな）でおこなわれたウンジャミは、その昔、喜界島のノロが首里王府に参向しての帰り、伊平屋島の東の海で船が難破し、伊平屋島の人びとに助けられた。その喜界ノロを送り帰す行事と伝えられている。もとよりその話は後でこじつけたものであるが、奄美の島々との関連が密接であったことが推察される。その日の夕方、伊平屋島では「テルコグチ」という神歌がうたわれる。奄美にはテルコ神、ナルコ神という来訪神があるが、沖縄では伊平屋・伊是名の両島だけにその信仰の痕跡がみとめられる。

『おもろさうし』にはテルカハ・テルシノという対語が出てくる。シノが太陽を指すことはすでに村山七郎氏が指摘しているところである。そうすればシノの対語のカハも太陽のことであろう。カハはカもしくはコという日本の古語と関係がある。テルコ・ナルコのコも同様である。テルカハとテルコが同一語であることはまぎれもない。ではナルコのナルはどうか。それはテルと対応する語である。ところで朝鮮語や蒙古語ではナルという語は太陽を意味する。それは古代日本でも難波の地名に付けられている。ナニワはナルニワのことで、太陽の出るところという意味である。ということから、ナルコのナルも太陽にちがいない。

『伊是名村史』（下巻）に収められた「テルコグチ」を見ると、テルクミ神とナルクミ神が天から降りて、豊作を予祝するという歌詞になっている。そこで「村史」の解説者は沖縄本島とその属島には数ある米作地帯があるのに、どうして伊是名・伊平屋の両島だけにテルコグチが残ったのだろうかと問い、それは第一尚氏が北山を征服する以前の古謡であることを示唆しているのは興味深い。テルコ・ナルコの神は古い稲作技術と共に奄美から伊是名・伊平屋に伝えられたものであったかもしれない。伊是名島では旧八月十一日の夜、テルコグチ祭がおこなわれている。

『伊是名村史』の発行に寄せて　下

昨年の八月末、私は伊平屋島のウンジャミを見てから、小舟をチャーターして、雷鳴がとどろくなかを伊是名島に渡った。伊平屋島がどこか古代的な暗さをもっているのに対して、伊是名島は近代的な感じのする明るい風土であり、島の植物も伊平屋島とはガラリと変っているのが目についた。ちょうどシヌグ祭の日で、男の子たちが、めいめい棒をもって家をまわっていた。子どもたちは土足のまま家に入って、棒で床を叩く。その勝手なふるまいが、『琉球国由来記』の編纂された時代から今日まで一向に変わらずにつづいていることにおどろいた。

『琉球国由来記』には「シノゴオリメノ事」の条に男の子が十人ほど、それにアマミ人が一人加わって家々の悪魔払いをすると記されている。アマミ人はアマミコ（アマミキョ）を指すのであろうか。男の子たちは尚円の産井のある所にいき、そのあと橋の所でネズミを追い出す仕草をくりかえす。『由来記』にはネズミを弓矢で射て海に捨てたと記されてあるから、害虫を海の彼方に流す「虫送り」の行事にほかならない。伊是名島ではシヌグの前日がウンジャミで、昔は伊是名集落のアシャギに神職者たちがあつまり、スク網を立てて「伊是名イノーいっぱい魚が寄っているよ」とはやしたてながら、大漁のかっこうをして祈願祭をしていた。諸見のアシャギでは神人たちが網を張っていて、周囲で見物している子どもをつかまえ、網のなかに入れて「魚ドーイ　魚ドーイ」ととなえて漁の真似事をしていたという（『伊是名村史』下巻）。

郵便はがき

恐れ入ります
が切手をお貼
りください

101-0051

東京都千代田区
神田神保町一の三 冨山房ビル 七階

㈱冨山房インターナショナル
読者カード係 行

お 名 前	(歳)男・女		
ご 住 所	〒 TEL:		
ご 職 業 又は学年		メール アドレス	
ご 購 入 書 店 名	都道 府県	市 郡 区	書店 ご購入月

★ご記入いただいた個人情報は、小社の出版情報やお問い合わせの連絡などの目的以外には使用いたしません。

★ご感想を小社の広告物、ホームページなどに掲載させていただけますでしょうか?

【 可 ・ 不可 ・ 匿名なら可 】

書　名

本書をお読みになったご感想をお書きください。
すべての方にお返事をさしあげることはかないませんが、
著者と小社編集部で大切に読ませていただきます。

私は海神祭はもともとスクのくる日にあわせた祈願と感謝の祭であるという仮説をたてているが、その証拠の一端はここにも示されているのである。

さて、私が伊是名島で泊った民宿には、『伊是名村史』執筆のために調査に来島した上江州均さんと津波高志さんが滞在して、夕食のときなど種々の話を交わしたが、今、『伊是名村史』（三巻）という大冊となって刊行されているのを見て慶賀にたえないのである。

この大冊は「上巻」が「島のあゆみ」となっていて、「原始時代の伊是名」から「王国時代の伊是名」「近代の伊是名」「沖縄戦と伊是名」「戦後の伊是名」「伊是名の戦後教育」の六章に分けられている。「中巻」は「島の古文書」となっていて、「王府編纂記録にみる伊是名」「歴代宝案・明実録の尚円関係記事」「銘苅家文書とその内容」「伊是名に残るその他の古文書」「伊是名に関する近代史料」「近代新聞記事にみる伊是名」「近代統計にみる伊是名」の各章に分かれている。「下巻」は「島の民俗と生活」となっていて「村落と家族」「衣食住」「生業」「交通・運輸・通信・交易」「信仰と祭祀」「年中行事」「産育と婚姻、厄年と生年祝」「葬制・墓制」「芸能と歌謡」「民俗知識」「伊是名の自然」の十一章に分かれている。

このように書き並べただけでもその充実した内容が分かろう。ではこの『伊是名村史』をまずどこから読んだらよいか。私は「中巻」の「近代新聞記事にみる伊是名」をすすめたい。そこには離島苦と飢饉になやまされた伊是名島の姿がある。昔からおそれられていた「伊平屋渡」（いへやど）で難航する人びとの叫びがある。伊是名島の小中学生の歴史の教材に是非使ってもらいたいとおもう。

つぎに些細なことであるが興味をひいたところをあげておく。「中巻」に収録された「銘苅家文書」は貴重な文献資料であるが、そのなかに、献上品として「一壺しゅく」「二壺しゅく」とある。これはスク（シユク）の塩漬を意味するのではないか。また清明祭の献立品のなかに「かすていら」とあるのもおもしろい。「下巻」の「民俗知識」の「卜占・まじない」に「ウザシ」という言葉がとりあげられていて、「根神や神シジ（神性）のある婦女に神が乗り移ってミセセル（託宣、神のおつげ）を唱えること」と説明してある。『おもろさうし』にもウサシという言葉が出てくる。これは「御差し」で、太陽、神、王、貴人の御命令の意とあるが、さきのウザシの説明で、その命令というのも、もともとは神託による指図であったことが判明する。

さいごに一言。「伊是名の自然」が「下巻」の巻末に置かれているのは合点がゆかない。「上巻」のはじめに置くべきではなかったか。というのも、私は伊是名島を訪れてウバメガシやイワヒバなどの生えているその美しい自然に魅せられたからである。

（「沖縄タイムス」一九八九年九月二六日、二七日）

草荘神の古型

高天原を追放されたスサノオは、長雨の降るなかを根の国に降っていった。蓑の代用として青草を束ねからだに結んで、あちこちと宿を求め歩いたが、誰も宿を供そうとしなかった。

こうしたいわれがあるので、後の世では、笠蓑を着たり、束草を背負ったりして他人の家の内に入るのはタブーとされた。

と『日本書紀』は伝えている。

ここでは雨風をよけるために、笠蓑のかわりに青草を束ねて背負ったという叙述になっている。しかしそれはあとからの理由付けである。

もともと笠蓑や青草を身にまとうのは、神聖な人間の印であった。

八重山の川平《かびら》は、一年の折目である節《しつ》の日に、神は人間のかっこうをして、今晩だけでよいから宿をかしてくれと川平の家々を頼んでまわったが、皆ことわられた。ある家だけがその旅人を泊めたので、その家の作物はよくできるようになったといわれ、それを記念して村の若者がクバの葉でつくった笠蓑を着て家々をたずねてまわり祝詞を述べる行事が毎年おこなわれている。

このマユンガナシの行事のいわれは、スサノオの故事と酷似している。

このことから笠蓑を身につけるのと青草を束ねて身にまとうのが同じ意味をもつことが分かる。笠蓑は青草の変形だと見て差支えない。

八重山諸島では西表島の古見《こみ》、新城島《あらぐすく》、小浜島、石垣島の宮良《みやら》にアカマタ・クロマタの神が出現する。それらはいずれも、

「猛貌之御神身に草木の葉をまとひ頭に稲穂を頂く」(『八重山島諸記帳』)姿である。

私は今年の夏、古見と小浜島のアカマタ・クロマタの祭を見たが、噂にたがわず、全身木の葉や蔓草で蔽われた異貌の神であった。

その形からして明らかに外来神であり、折口信夫のいうマレビトにふさわしい。

宮古島の狩俣の冬祭である祖神祭《うやがん》のとき、神女《ツカサ》たちはカウスと呼ばれる木の葉の冠をかぶる。

狩俣の祖神の娘である山ノフセライ青シバノ真主が、

「白浄衣ヲ着シテ、コウツ(カウスのこと)ト云フ、葛カツラ、帯ニシテ、青シバト云葛ヲ、八巻ノ下地ノ形ニ巻キ、冠ニシテ、高コバノ筋ヲ、杖ニシテ、右ニツキ、青シバ葛ヲ、左手ニ持チ、神アヤゴ謡ヒ、我ハ是、世ノタメ、神ニ成ル由ニテ、大城山ニ飛揚リ、行方知レズ、失ニケル」(『琉球国由来記』巻二十)

という故事にもとずいて、祭をおこなうのである。

こうした狩俣の祖神祭の神女の服装は、『古事記』の伝える天岩戸のまえのアメノウズメのすがたを思わせずにはおかない。

「天の日影《かげ》を手次《たすき》に繋《か》けて、天の真拆《まさき》を鬘《かずら》として、天の香《かぐ》山の小竹葉《こさば》を手草《たぐさ》に結《ゆ》ひて」と『古事記』にある。狩俣の神女の衣裳はたすきをかけた斜十文字になっている。

これはもとヒカゲノカズラをつけたことを思わせ、蔓草の葉の冠をつけるというのは、マサキノカズラを頭にかぶるのと同じである。

また神女たちは、木の枝葉を両手にもち、

それを打ちあわせて調子をとりながら神歌をうたう。これを手《て》フサと呼ぶ。

フサは草の意味である。それはササの葉を手草に結うのと一致する。

このように草や木の葉をもって身をよそおった神を『宮古旧記』には木荘神、草荘神と呼んでいる。

すなわち「男神は紅葉を以て身を荘厳す。故に木荘神と云ふ。

女神は青草を以て身を荘厳す。

故に草荘神と曰ふ」（『島始』）とある。

宮古島の島の起こりのときに現われる神が、草や木で身をかざったというのは、神の姿のもっとも古い形を伝えていると思われるのである。

こうした眼で、日本本土と琉球弧を問わず祭の光景を眺めるとき、さまざまに進化変貌した祭の様式の背後に神々の素朴な古型が浮び上ってくるのを否定しようもないのである。

草や木の葉を身につけるのは人間と分け隔つ神の印であり、それによって人びとは自分たちと違う存在を確認するのである。

（「自然と文化」二六号、一九八九年九月）

南島の深い闇

八重山の糸満漁夫のあいだでは、戦後数年経っても、まだ人身売買がおこなわれていた。まずしい家の少年少女を金で買ってきては、苛酷な労働を強制するのである。私は『海の群星』を書いたとき、そのようにして買われた子（コーイングワ）たちの体験談を聞いてまわったことがある。私が聞いたのはそれから二十年も経ったあとで、彼らは一様に四十を越えていたが、その一人の話がとくに興味を引いた。「買われた子」の少年たちは海にもぐって貝を採集する作業に従事し、少女たちは魚をカマボコにする工場で働かされた。まずしい少年少女たちなので時計をもっていない。そこで少年少女があいびきをするときには「明日の夜は月が東の海の水平線から四寸あがった時刻にここで会おう」とか「一週間後は月の出がおそくなるから水平線に出た頃会おう」とか打ち合わせをしたという。この話は、おさない恋物語の一場面として印象的であった。それと共に、分秒を刻む時計を抜きにしてはたちまち機能が麻痺する現代人の生活とはちがう、大らかで閑雅な時間の流れている生活を羨む気持も多少はあった。人間の一生が定まっているものならば、その間を流れる時間の扱い方は各人にまかせられていて他人の干渉する筋あいはないのであるが、社会生活をいとなむともなれば、一人勝手に時間の刻み方をきめてしまう訳にもゆかない。しかし、本土の時間の尺度とはちがった時間が長い間南島に動いていたことを私は思い知らされてきた。

たとえば、沖縄出身の学者、比嘉春潮の『蠹魚庵漫筆』をよむと、明治十二年の廃藩置県まで、首里城の漏刻門で、雨天のときは楼上に水を盛った器を置いて時をはかったとあり、晴天には日時計を用いたという記事もある。琉球弧の時間が悠々たる歩みをつづけてきたことを認識させられる話である。

八重山出身の国語学者である宮良当壮によると、八重山に太陰暦（旧暦）が導入されたのは、日本本土の元禄時代、すなわち十七世紀と十八世紀の交であるという。八重山島民はそれ以前は暦のない生活を千年間もつづけてきたことになる。それで不自由はなかったろうか。もちろん不自由はあった。しかし文字暦にかわる時間の認識方法はかならずやあったにちがいない。それは四季の循環や自然の変化などに反応する鋭敏な感覚を必要とするものであった。自然は圧倒的な力で人間の生活をとりまいていた。

奄美大島では、子どもが暗くなっても帰らなかったとき、年寄りたちは「夜がとる」といって心配し、さわいだという。「夜がとる」というのは、夜がさらっていく、または夜がとり殺してしまう、という意味である。「夜がとる」という言い方は八重山にもあると聞いたことがある。夜を兇暴な魔物としておそれるこのような表現は、南島の夜が真暗であることを背景にしているのである。私が今から二十数年まえに与那国島にいったとき、そこの老婆から、昔は外出する夜はカマドの燃えさしをひき抜いて持って歩いた、という話を聞いたことがある。月夜のありがたさは何ものにも替え難いものであった、とも老婆は言った。

私たちをもっともおどろかすのは、沖縄に鉄器と製鉄技術が伝わったのは十二、三世紀頃という事実である。日本本土では弥生時代の初頭に鉄器が導入されているのであるから、鎌倉幕府が開かれた頃には、沖縄はまだ石器時代にあったと言われても、ピンとこない。しかし沖縄の人びとが十五、六世紀になっても鉄器の日用具を渇望したことは、中国の冊封使の記録に散見する。鉄器は人を殺傷する鋭い利器である。それがなかった時代はことばが武器であった。ことばの力によって相手を呪殺することが考えられた。したがって呪謡と言えば、鉄器以前の世界においてこそ、もっともその効力を発揮し得るものであった。鉄器のない生活は沖縄の辺鄙な島々では十八世紀頃までつづいたのである。その頃は文字暦もゆきわたらなかった。そして燈火はとぼしく、夜は暗かった。だがしかし、南島に呪謡がさかえたのは、人間が口に発することばの力を信ずるほかない時代がながかったからである。ということから日本本土の十八世紀の感覚で沖縄・奄美の十八世紀を比較することはできない。そもそも時間の尺度がちがうのである。昭和六十二年から本誌に連載している「南島呪謡論」はこのように南島の底知れぬ深い闇に対する畏敬の念から書き始められた。先月号で二十八回をかぞえ、七百枚を突破した。だが私の飢餓感はまだまだ満されるところまでいっていない。許されるかぎり、書きつづけたいと思う。

（「現代詩手帖」一九九〇年六月号）

丹念な作業をもとに――平敷令治『沖縄の祭祀と信仰』

本書は六〇〇ページに及ぶ大著である。しかし標題から察せられるように沖縄の祭祀と信仰を全般にわたって論じたものではない。内容は五篇にわかれていて「沖縄の綱引」「祭」「消えた習俗」「神の去来」「外来宗教の受容と変容」となっている。著者の得意とするところは、広く事例をあつめて、その分布状況を確認するという丹念な作業である。著者は沖縄本島・宮古・八重山の綱引伝承三〇四例を調べ、かつて綱引をおこなったムラが一三四カ所、現在もおこなっているムラが一七〇カ所であるという結果を得ている。なかでも沖縄本島の島尻地方の分布密度がもっとも高く、国頭地方はその四分の一以下である。その調査から綱引の期日の大半が旧の六月の満月頃に集中しているのは、稲の刈入れ直後にあたるからだということが示唆されている。もっとも七月の満月頃の盆綱、八月十五夜の綱引もある。そのほか雨乞い綱引がある。綱引の目的は年占、邪気払い、とである。雨乞いの場合は、綱を雨を呼ぶ竜に見立てるのである。著者の調査は綿密であるが、奄美群島がまったく視野の外に置かれている。したがって小野重朗のすぐれた綱引研究と切り結ぶところがない。民俗分布は県境を越えているのがふつうである。とくに南島研究は沖縄・奄美を一括した視点をとるべきであろう。

本書の地域調査の一つに今帰仁がある。今帰仁城は山北王の居城として栄え、第二尚氏も重視した。高級女官のアフリヤエが今帰仁城内の火の神を祀ったが、今帰仁ノロも格式の高い地位のノロであった。そこで今帰仁の記述は詳細である。「今帰仁城内外の聖地は古くから沖縄の聖地でもあった。今帰仁の原郷意識をかきたてられ、城内外の聖地を巡礼する者はひきもきらない。第二尚氏系の同族団はもとより、士族系・百姓系の別なく、多くの同族団にとって、今帰仁城は遼遠の先祖からの系譜をしのばせる聖地と目されてきた」（二四七ページ）とすれば、著者はその同族意識にもう少し目を向ける必要はなかったか。例年盛況をきわめる今帰仁拝み（グシクウガミ）の実体に筆を惜しんでいるのは物足りない気がする。

本書では宮古群島の伊良部島の冬祭である「カムウリ」が紹介されている。カムウリは「神降り」の義であろう。その祭場は伊良部島の乗瀬御嶽（ヌーシウタキ）である。祭は旧暦十一月初旬と十二月初旬の二回おこなわれる。初日に神を迎え、三日目に神を送る。これから見てカムウリは来訪神を迎え送る祭である。著者はこの祭を「確かにいえることは、カムウリが、太陽エネルギーのもっとも低下する冬至の頃にムラの活性化を祈らずにはおられない冬至の祭」（三七八ページ）としているが、奄美・沖縄に冬至への関心があったとは思えない。したがって冬至の祭のおこなわれている事実も評者は聞き及んだことはない。また本書では、宮古島の島尻や狩俣の冬祭であるウヤガンも来訪神の祭のように受取っているようだが、狩俣の祖神はフンムイ、シラス、ミシマなどと呼ばれる狩俣のムラの背後の聖地にとどまっている神であって、年ごとに海彼から来訪する神ではない。

本書は「外来宗教の受容と変容」の中で、琉球国における神仏の信仰の経緯について触れている。神道や仏教が寺社の建立という形で琉球国の王権に影響を及ぼしたことは疑い得ない。このことについては評者も関心があるので興味深かった。また「ビジュル信仰」と呼ばれる霊石信仰にも言及されている。霊石信仰は沖縄で目立っているが、日本本土の石の信仰との関連は著者にとって今後に残された課題であると思った。

（「週刊読書人」一九九一年一月二一日）

学恩の論文集『神・村・人』の刊行に寄せて

仲松弥秀先生の傘寿を記念して、その学恩を受けた三十人の研究者による記念論文集『神・村・人』が刊行されたので、感想を述べよという堂前亮平さんからの依頼があった。

仲松さんの学問については、本書の冒頭で小川徹氏が「仲松沖縄学の特色は、沖縄民俗社会の神観念という、高度に精神的な課題を見据えながら、これを実測図上に即物化するという手法を駆使したところに胚胎《はいたい》する」と述べている文章で尽きると思う。

かんたんに分類すれば仲松さんの学問は民俗地理学の分野に入る。だが仲松さんの学問の魅力はその頂点に沖縄の神を据えたところにある。しかもその神がたいへん人間臭いやさしい神であるということである。そこで私は仲松さんの学問をむしろ「人間地理学」と呼びたい衝動をもつ。仲松さんは人間をこの上なく愛する学者である。日ごろ庶民と接している民俗学や地理学の学徒で、またその他の分野の研究者を含めて、庶民を資料や索引の対象としてしか扱わない学者は案外多い。それらの人びとにとっては、自分の学問的業績が初めで終わりである。残念ながら、沖縄出身の学者にもまた、わずかながらそうした人たちを見かける。

仲松さんはちがう。それは本書の扉にかかげられた仲松さんの近影を見れば一目瞭然《りょうぜん》である。この写真は比嘉康雄さんの撮影である。比嘉さんのすぐれた技術は申すまでもないが、比嘉さんの写真家としての究極の対象が人間であることは私がよく知っている。したがってこのように仲松さんの感じのよく出た写真が撮れたのだと思う。折口信夫の最晩年の歌に「人間を深く愛する神ありて、もしもの言はば、われの如けむ」という作品があるが、これは八十の賀を迎えられた仲松さんにそのまま呈上したい歌である。それにしても独自の学問を大成して健康で、なお活動してやまない仲松さんの老年は、美しくかがやいている。

この際、生きているとき、仲松さんほどに恵まれることのなかった不運な学者たちを思い起こすゆとりがあってよい。死後においてもなお、宮良当壮、宮城眞治、稲村賢敷、嘉味田宗榮などの諸氏のすぐれた業績は、沖縄の内部でそれにふさわしい評価を受けているとは思われない。

さて、話を記念論文集『神・村・人』にもどすと、仲松さんが代表である「南島地名研究センター」のメンバーによる地名研究論文が目立っている。地名はこれまで研究対象になることがすくなかったが、沖縄でこのような盛況を見ることはよろこばしい限りである。文献のすくない沖縄では地名は本土よりはるかに重要な役割を果たす。「地名研究は沖縄より起こる」と言っても過言ではないと思う。一々紹介するわけにはいかないので、私の関心をもった論文にふれておく。

目崎茂和さんは「伊勢志摩のオー考」の中で、仲松さんが一九六三年に発表した「奥武《オー》考」の提起した問題は大きく深い、と前置きし、沖縄のオー地名の「青」を手掛かりに、北へ本土へと展望した私の説に触れている。目崎さん自身は三重大学への転任を機に、伊勢志摩のオー地名を精密に実地調査し、仲松、谷川の提起した問題を更に発展させている。八重山の白保問題で見せた目崎さんのするどい実験精神がここで大きくものを言っている。なお、伊勢志摩のオー地名については外間守善氏も発表しているが、大島をオーに対比させる外間説を「全国一多いと思われる『大島』地名を『奥武』とするのは疑問であり、オー考の展開を混乱させてしまうと思われる」と批判している。この点、私は目崎さんの批判に全く賛成である。

次に興味をおぼえたのは、新垣源勇さんの「干瀬地名考」である。新垣さんはウキンズ、ハインズ（受水走水）の原義を「ウキ溝、ハイ溝」の当て字であり、もともとは「船を浮ける溝、船を走《はら》す溝」であったのが、いつの間にか陸上の小さい泉口の名称に変わった、と解している。ミゾが海溝をあらわすのは宮古、八重山も共通している。これでいけば、平良市の漲水港も「走《は》りミゾ」が原義であるかもしれない。

また、新垣さんは洞穴を沖縄でエーと呼ぶと言っている。ちなみに、沖永良部島では岩穴をイヨーと言う。群馬県ではユウである。沖縄のエーがこれらと関係がないか、なお追求する必要がある。ここで与えられた紙数がつきたが、本書に対する興味はなおつきないものがあると言っておく。

（「沖縄タイムス」一九九一年三月二五日）

「南島学」の提唱――宮古ゆかりサミットによせて

東京は今、桜が散って、新緑の季節を迎えた。私は四月十九日、二十日の全国地名シンポジウムを終えてほっと一息ついているところだ。このシンポジウムも今回で十回目である。毎年、大会の席上で、地名研究や風土研究に業績のあった人びとに賞が与えられる。今年は八重山の牧野清氏が地名研究賞を受賞した。私は先島にあって、ひたすらその風土の研究と取り組んできた牧野氏の業績がみとめられたことを嬉しく思う。そして五月十四日と十五日の柳田サミットも宮古島が舞台だ。私が沖縄に関わりをもったのは復帰前からだが、それ以来私の眼はたえず先島にそそがれてきた。沖縄本島とその周辺の文化が、多かれ少なかれ、首里王府の政治と文化の影響下にあるのとひきくらべて、先島、とくに宮古の文化には権力社会の匂いのないところが好きだ。私は広い空と青い海と、それから権力に縁のない庶民があれば、それで充分だ。だが、こうしたつつましい先島の民にも、おそるべき権力の爪、すなわち人頭税がおそいかかった。先島と私の出合いは、人頭税との出合いでもあった。人頭税の最後の体験者の証言を求めて、息せき切って先島を歩いたことを思い出す。

それからざっと二十年後の一九八七年十一月、人頭税廃止運動を記念するシンポジウムが、平良市で開かれ、私も出席した。さらに四年後の今年五月、ふたたび平良市が開催する柳田サミットに出席する。二度にわたる宮古島のシンポジウムに招かれたことは、私の光栄である。よくよく宮古島と縁が深いと思う。私は宮古や八重山の島々を歩き、自然の光そのもののような庶民と接しながら、「自分はここに生き、ここに死ぬべき人間だったのか」と何度心につぶやいたことだろう。そうした願望とも吐息ともつかぬ感情を心にひめながら、都塵にまみれ、いたずらに歳月をついやしてしまった。しかしそれだけに、奄美へ、沖縄へ、先島へと、私の「海上の道」は理念の中で生きつづけている。その道を更に延長すれば、古代の日本人が、またわが南島の民が、日本の周辺の島々に寄せてきた熱い思いとつながっていくのではないか。トコヨあるいはハハノクニと呼び、ニライカナイと呼んでいる幻の島は、「海上の道」の果によこたわる私たちの願望の投影である。それを逆にたどれば、海の彼方から到来した稲の道であり、また貝の道、石斧の道である。

柳田国男は、古代中国の沿海の民が、貨幣として珍重された宝貝を求めて宮古の八重干瀬（ヤビシ）にやってきたのではないかという大胆な推論をたてた。彼らは帰国の順風を待つ間、自給するために稲の種子をたずさえた。それが南島の稲作の起源であるという。柳田のこの説は、これまで裏付けのない仮説として、学界では問題にされなかったが、最近、再評価の機運が生まれた。作物学の研究によると、インドネシアで栽培される稲の品種のジャバニカは、南島の稲の在来種と酷似しているという。この在来種は昭和初年に台中六十五号に取って替わられたが、つい最近まで八重山の一隅に残存し栽培されていたという。

伊波普猷にはじまった「沖縄学」は、歴史、民俗、地理、言語、宗教などと各分野を総合したものであったが、その後、研究の細分化によって、いま姿を消すかに見える。その細分化した研究を、もう一度より合わせる努力が必要ではないだろうか。その際、「沖縄学」というのは狭すぎる概念であると思う。なぜなら、これでは奄美が脱落するからである。奄美や宮古、八重山は沖縄本島に劣らぬ重要な学問的価値を有している。これらを包括する学問として、私は「南島学」を提唱したい。今回の宮古島の柳田サミットは各方面から「海上の道」を分析するが、それが「南島学」の構築のための最初の試みとなれば幸いである。

（「琉球新報」一九九一年五月一〇日）

柳田国男と沖縄——沖縄の発見

沖縄の発見は日本民俗学にとって最大の画期的な事件であった、と柳田は言っている。柳田は生涯の著作活動を通じて、沖縄が民俗学にとって、汲めども尽きない宝庫であることを実証したが、それだけでなく、沖縄出身の有為な学者たちを育て励ますことを終生忘れなかった。それまでの日本の学問はすべて中国や朝鮮など大陸の方にむいていた。柳国の民俗学だけが、南の小さな島々の価値を認めたのである。柳田によって開かれた沖縄への道は、また沖縄の知識人が本土との結びつきを深める道でもあった。伊波普猷をはじめとして、仲原善忠、東恩納寛惇、比嘉春潮、宮良当壮、喜舎場永珣、金城朝永などは柳田の影響の下にいわゆる「沖縄学」を形成していった。

柳田と沖縄との関係を『定本柳田國男集』の年譜に見てみることにする。柳田は大正十年（一九二一）四十七歳ではじめて沖縄の土を踏んだ。

その年の「一月三日、宮古丸にのり、五日早朝に那覇に上陸、楢原館に泊る。伊波普猷と会う。十六日、鉄道馬車で糸満にゆく。二十一日、宮古島張水につき、平良町を一巡。二十四日、石垣島に上陸、岩崎卓爾に会う。二月二日、島袋源一郎と斎場御嶽を拝みにゆく。五日、那覇の松山小学校で『世界苦と孤島苦』と題して話をする。六日、首里の尚順男爵を訪問。七日、那覇出帆、名瀬に着く。二月十五日に鹿児島着」となっている。

柳田は三月一日に自宅に帰っているが、帰路、方々で沖縄についての講演をしてまわっている。二月十七日に、鹿児島の婦人会で手拭の話をし、二十日には、桜山同志会で沖縄の神道の話をしている。またその日、県公会堂でも沖縄の話をしている。二月二十一日には、久留米明善校で蒲葵の話をする。二十二日、長崎で沖縄の話をする。二十四日、長崎県議事堂にて、国語研究の要、沖縄語のことを講演している。

三月六日、折口信夫宅の小集会で沖縄の話をする。四月十六日、流行会で八重山の歌の話をする。宮良当壮三味線をひく。四月二十八日、慶応義塾大学地人会で「琉球の文献」を講演。

五月九日、柳田は国際連盟委任統治委員として横浜を出帆、ジュネーブに滞在している。その年の暮に帰国した。

あくる年の大正十一年（一九二二）二月二十三日に、柳田は神道談話会で南島神道について話をしている。四月七日にはネフスキーと宮古島の話をする。また四月二十一日には一橋如水会館で南島談話会が開かれ、折口信夫、岩崎卓爾、喜舎場永珣、東恩納寛惇などが参会している。

これらの記事をざっと見渡しただけでも、大正十年以降、短時日の間に、柳田が沖縄に傾斜を深めていったことが、手にとるように分かる。柳田は、沖縄旅行から帰った直後の大正十年三月から五月にかけて、沖縄紀行文を三十二回にわたって「朝日新聞」に連載した。それを他の文章と一緒にまとめ、大正十四年四月に『海南小記』と題して刊行した。柳田の沖縄への関心は最晩年までつづいた。そのしめくくりは、昭和三十六年七月に刊行された『海上の道』である。その中に宮古島の宝貝のことが出てくる。しかし柳田の宝貝に対する関心は晩年に生まれたものではない。大正十年沖縄旅行のとき、八重山の新聞に宝貝のことを歌った一首をそえた文章を寄稿しているのである。それからすればおどろくべき関心の持続と言わねばならぬ。八重干瀬に貴重な貨幣としての宝貝を採取にきた中国の人びとが、定住するために稲の種子をたずさえてやってきた。それが日本の稲作の起源であり、稲作は南島から北上したというのが柳田の説である。柳田の稲作南島北上説は、学問的裏付けのない荒唐無稽の仮説として、学界から無視された。しかし最近の作物学の研究によると、南方の在来種の中にインドネシアの稲の品種と酷似するものがあり、両者の関係は否定しがたいものがあるという。ここにおいて、柳田説があらためて見直される気運が生まれたのである。南島の稲作行事の中で重視される初穂儀礼は、インドネシアや中国南部の少数民族の間では、今も濃厚に分布しており、その儀礼の内容も共通するものが多い。このことは稲作に伴う儀礼も周辺諸民族から伝わったことを物語っている。伊勢神宮の神嘗祭や大嘗祭の抜穂行事に見られる儀礼の源流も、南島に求めるほかない。この事実は、南島を通じて私たちの眼を更に海外に向けさせるものである。

（「第五回　柳田国男ゆかりサミット」一九九一年五月）

奄美の魂

私は一九七〇年頃から奄美の島々を訪れていたが、シマウタを聞く機会はなかなかなかった。あるとき偶然にシマウタを聞いてから病みつきになり、一九八四年の暮からは毎年のように奄美に出かけてはシマウタを聞くのを楽しみにしていた。たいてい詩人の藤井令一さんのお宅でウタシャ（歌い手）を呼び、藤井さんの奥さんの心尽くしの料理と焼酎に陶然となりながら、夜の更けるのも知らぬ甘美な雰囲気にひたった。そのウタシャは本巻にも収録されている上村リカ、西和美、築地俊造など奄美でも一流とされている人たちであったから、私は最もめぐまれた聞き手であった。

シマウタの魅力は、シマウタが奄美の風土にしっかりと根を下して今も素朴さと野性味を失わないでいるところにある。昔から今まで奄美のどの村にもウタシャがいて、シマウタがうたいつがれている。他府県の民謡のほとんどがお座敷歌になり下がり、芸謡化しているのに、シマウタはまだ飼い馴らされない強烈さを失っていない。私はシマウタの三味線の前奏も好きだ。それはどことなく物語の内容をつぶやくようなふしぎな調べをもっている。

シマウタは媚薬のような効き目を私に与え、私はシマウタ中毒とまではいかないけれども、シマウタを抜きにしては奄美を考えられないようになった。かん高い裏声を多用し、喉の筋の浮き出るような絶叫型のシマウタを聞いていると、幾百年もの間、収奪者の手で締めつけられた奄美の島民の運命に心をゆさぶられるのであった。薩摩からも琉球からも見放された孤島の風土が彷彿と立ち現われてくるのをおぼえた。私はシマウタを知ってはじめて「奄美の魂」に触れた気がした。そののち私は南島の民謡や古謡に関心を抱きはじめたが、そのきっかけをつくったのが、私に終生忘れることのできない感動を与えた奄美のシマウタであった。

（「南海の音楽　奄美」解説、キングレコード、一九九一年）

沖縄

私が初めて沖縄に渡ったのは、一九六八年の暮れのことだが、沖縄というか南島に対する関心は、そのずっと以前からもちつづけていた。

私と南島との関わりをいえば、生まれ故郷のことから話さなければならない。私が生まれたのは、熊本県の一番南の水俣である。昔の言い方をすれば、肥後と薩摩との国境の町である。

このあたりは、南九州とみなすこともできるし、奄美、沖縄を中心とする南方文化圏に属するといっても差し支えがない。そのため、私自身も小さいころから、風土的には南への親近感というか、南とのつながりを感じていた。

とくに沖縄とのつながりを意識させられたのは、生家の近くにあった為朝神社である。この神社は私の家が氏子でもあった八幡宮の境内にあって、いつも遊びにも行っていた。少年時代になって聞いた話が、為朝はここから琉球に向けて船出したというものであった。滝沢馬琴の『椿説弓張月』に描かれていることでもあり、神社には為朝の片袖がまつられているという言い伝えもあった。ことの真偽のほどはともかく、南九州の西海岸と沖縄との深いつながりがあったことは確かだろう。

ついでにいえば、琉球王朝を建てた第一尚氏の本拠は、沖縄本島南部の佐敷町だが、私の故郷のすぐ近くにも佐敷という地名がある。

しかし、本当に自覚して沖縄に関心をもったのは、後年、民俗学を学ぶようになってからである。柳田国男や折口信夫の著作を読むと、南島の重要性を口をきわめて語っている。おのずと、私も南島に目を開いていった。

当時、私は出版社に勤め編集の仕事に携わっていた。仕事に追われ、沖縄へ行く時間をつくるのはむずかしかったが、編集の企画では積極的に沖縄を取り上げた。『風土記日本』という全七巻のシリーズでは、第一巻を「九州・沖縄篇」とした。米軍占領下の沖縄を日本本土に含めるにはためらいがあった時代だが、私はあえて「九州・沖縄」とした。ついで、『日本残酷物語』のシリーズを刊行したときにも、ずいぶん沖縄のことを入れた。とくに、南の小さな島々のことを拾い上げた。さらに、雑誌「太陽」を創刊し編集長に就くと、第三号で沖縄特集を組んだ。

ちょうどそのころのこと、世田谷の喜多見に南灯寮という沖縄出身者が住む学生寮があるが、私の住まいの近くで、そこの学生たちと親しくなった。寮の建物も汚ければ、学生たちも貧しくて、ろくに食べる物もなくシャツ一枚といった生活だった。私は沖縄に関心を寄せ始めたこともあって、学生たちのことが気にかかり、仕事で手が必要なときは、彼らにアルバイトで手伝ってもらっていた。

この「太陽」の編集長時代に、私は病気になり入院した。それを機に出版社を辞めて、筆一本の生活に入ることになった。いよいよ時間は自由になった。こうして、ようやく沖縄に行くことができたのである。

さて、沖縄に行っての最初の印象はというと、書物の上の知識ではとうてい歯がたたないな、というものであった。南島について多くの本を読んでいたが、間接的な知識ではやはりだめで、フィルター抜きに知ることが重要だとあらためて思い知らされた。

それからは何度も沖縄に足を運んだが、初めは先島《さきしま》が好きでよく回った。とっかかりとして私が調べたのは、人頭税《にんとうぜい》のことだった。この人頭税は、宮古や八重山など先島にだけ課された税である。明治三十六年には廃止されていたが、先島の民謡によく出てくるので気になり調べ出した。

しかし、調べるといってもむずかしい問題があった。沖縄の多くの人にとっては、遠い昔のこと、とっくに終わったことという意識があった。しかも、沖縄本島の人にとっては何ら痛切な体験ではない。先島には知り合いもいない。そして何よりも、人頭税の体験者がほとんどいないということである。明治三十六年に十五歳だった人が最年少というから、体験者が生きていたとしても、かなり年配である。あの過酷な税を体験して生き延びた証人を探して歩いた。

こうして、私の南島研究は社会的な事件から始まったのだが、もともと民俗研究を志していたのだから、ついで南島の民俗に関心を移していった。

南島と日本本土とは、母が同じで父が違うというふうにいえる。母とは民俗であり言語等の基層文化である。父とは歴史である。

それ故、南島の文化と生活は、本土というか日本の実体や深層を映し出す鏡となり、日本人の考えを相対化するはたらきをもつ。ところが、南島の人々の本土に対する感情は複雑なものがある。一方では母が同じなので血が引きつけ本土と一体化したいと思い、他方では父が異なるので一体化できない気持ちを捨てきれない。

日本人は逆に、歴史上も一体であるという考えを押しつけ、他方で自分たちとは違うという感情から沖縄に犠牲を強いてきた。強権とご都合主義である。

島尾敏雄さんが発想したヤポネシアの概念は、沖縄も日本も、さらに太平洋諸島をも含めて、そこにネシアとしての特徴をみている。しかし、あくまで歴史性や権力性をぬきにして、地理的、空間的に成立する概念である。民族や言語が共通しているので大前提としては可能だが、歴史がかくもかけはなれていること、仏教の影響がきわめて少なく、信仰の基軸が異なること、鉄器の導入が沖縄は大きく遅れたことなどを考えると、むしろ差異をみる必要がある。

ヤポネシアの特質を残す沖縄は、日本本土を見返すことも、無権力の点から権力を批判することもできる。つまり、日本を相対化する力をもっている。しかし、沖縄が日本との同質化を強調すればするほど、それはむずかしくなり、沖縄の意義は薄れてしまう。

私自身は、沖縄のゆったりとした生活と時間が好きだ。東京での時間に追われた生活からすれば、それはあこがれといってもいい。また、南の風土特有の明るさにもひかれる。沖縄には仏教が入ってないから、無常感がなく、あの陰々滅々とした暗さもない。古代からいきなり近世となったから、わびやさびといった中世の美学と縁がないのも、沖縄の明るさとなっている。

沖縄の人たちは、京都や奈良の豪壮な仏閣には抵抗感をもっている。仏教に親しんでないためと、何より権威とつながっている文化を嫌うからである。

日本と基層文化が同じで、仏教を歴史的に受容していない社会。歴史における〝ｉｆ〟は禁句だが、仏教思想とは無縁な、因果応報に毒されていない社会を実際にみることができるのである。

日本では古代にすでに失われた常世の観念が、沖縄ではニライカナイ信仰に生きている。常世の国、いいものも悪いものもすべてそこから出ている。そしてまた、人々の魂が帰るところと信じられている。それが南方への憧憬となって現れる。

屋久島で戦後になっても実際にみられた例では、木棺に船の絵が描かれ、それに先島丸《さきしままる》と名づけられていた。まさに、常世＝ニライカナイをめざす死後の旅を象徴している絵である。

仏教の影響で常世の観念が棄てられた日本本土でも、魂が帰って来るお盆の行事は連綿とつづいている。人々は死後の魂は海の向こうに行くと信じている。十万億土といった仏教的観念に支配されてはいるが、私たちの心の底流には常世観が残っているのだ。

暖地性の植物である楠、なかでもイヌグス（タブ）が日本の海岸地に植生している。これらが黒潮に乗って運ばれてきたことは容易に想像される。柳田も折口も、そして南方熊楠も、このクスノキ科の植物に並々ならぬ関心と執着を寄せた所以である。それは、南から渡来した人が目印に植えたともいう。それらの植物に特有の強烈な芳香が、はるか昔の記憶の底に眠る民族渡来の原郷を思い起こさせるのだともいう。

沖縄では「世」とはイネを意味する。常世の国とは稲穂がたわわに実る南の国のことである。稲作文化をはじめ日本の基層文化は、われわれの祖先とともに、その南の国から海を越えて渡来してきたものという。「海上の道」はたしかにそのことを示唆するものだ。と同時に、死後の魂の行方についても指し示している。

南島の祖霊信仰や死者をめぐる風習、他界の観念は、日本人の深層の心性をあらわにしてくれる。ニライカナイの思想は、日本人の深層意識を形成していた常世の思想を思い起こさせる。南島通いを繰り返すうちに、私の常世の思想も熟していった。南島の風土が、日常的時間のみならず非日常的時間を、現世のみならず他界をも私のなかに自覚させてくれた。

私の南島への旅はつづくが、この二十年で南島の人々の生活も意識もずいぶん変貌した。あれほど仏教を拒否してきた沖縄、それも先島の離島でさえ、大きな墓がたつようになった。テレビの影響か、方言が消えてゆき、言葉が画一化してゆく。リゾート開発で景観が変わってゆく。本土と同質化することは、はたして沖縄にとってどうなのであろうか。

（『南の王国　琉球』日本放送協会、一九九二年六月）

沖縄の神々と人びと

沖縄の神と人との関わり方は、日本古代の信仰を思わせるものがある。まず第一に沖縄の拝所には鳥居や拝殿のような建造物が見当らない。日本本土でも三輪山のふもとの檜原《ひばら》神社のように、拝殿がなく、三輪山を神体山としているものがある。檜原神社には鳥居はあるが、沖縄の拝所にはそれもない。山らしい山の少ない沖縄では、わずかに木の生い茂った空地を拝所としているのがほとんどである。それは本土のモリ（森）信仰に相当する。神社の社は万葉集ではモリと訓《よ》ませている。「木綿《きふ》懸《か》けて斎《いは》ふこの社《もり》越えぬべく思ほゆるかも恋の繁《しげ》きに」（巻七）という歌がある。このように神社の原型は人為的な建造物を伴わない自然の森であった。木がこんもりと茂っている場所に神が降臨すると信じられた。それを沖縄の拝所は今も伝えているのである。沖縄本島ではこの拝所をウタキと称している。ウは敬称である。タキは本土の嶽《タケ》に由来する語である。嶽は高い山の意であるが、高山にとぼしい沖縄では平地にある聖所をウタキと称している。沖縄の古い村落はウタキを背にして形成されている。ウタキのすぐ前に草分けの家があり、そのさらに前に、草分けの家を本家とする分家が並んでいるという構図である。したがって、ウタキは村を背後から腰を抱くようなかっこうになる。ウタキがクサテ森とも呼ばれているのは、それがクサテ（腰宛）になる神の森だからである。沖縄の学者仲松弥秀によると、クサテは幼児が親の膝に坐っている状態と同じく、村落民が御嶽《ウタキ》の神に抱かれ、膝に坐って腰を当て、何等の不安も感ぜずに安心しきって拠りかかっている状態をさしていう。

クサテ神は村人の守護神である。ウタキの神の中にはオソイという名をもつ神がある。オソイというのは、仲松によると親が臥している子どもに着物をかけてやる動作、また鳥が卵を抱いている動作をあらわしているという。ウタキに坐《いま》すクサテ神は村人をわが子のようにしっかり守っている。それがオソイである。村人は親の腰に抱かれて安心しきっている。それがクサテである。

村の背後に位置するウタキは遠い昔に村の祖先を葬った場所であったと思われる。ウタキの神は村の祖先神である。だからこそ神は村人をわが子のようにいつくしみ、村人は神をわが親のように頼りにする。神と人間との関係が成立しているのである。

ウタキの神は、常時村人を見守っている祖先神ばかりとは限らなかった。海の彼方の神の住む島であるニライカナイの神を祀るウタキもあった。ニライカナイの神は地先の小島や岬を足がかりにして来訪する。そして村人に祝福を与え、豊作や豊漁を約束し、ウタキでの祭のあとまた海の彼方に帰っていく。

まわりを海にかこまれた沖縄の島々では、島の外からもたらされる幸福を期待する念が強かった。それがニライカナイの神の来訪となってあらわれ、盛大な祭の行事がいとなまれる理由である。沖縄本島の夏祭である海神祭、八重山諸島のアカマタ・クロマタの祭、マユンガナシの祭は、すべて海の彼方から訪れる神を祀る祭である。来訪神はウタキに一時滞留するが、祖先神のように常時在住する神ではない。

沖縄の人びとの心の中でニライカナイへの信仰はきわめて重要な位置を占めている。古代日本では死者の魂は海の彼方の常世《とこよ》へいくと信じられた。常世に在《いま》す祖先たちの魂は一年の折目ごとに生者の世界を訪れる。沖縄では死後の魂のおもむく所を後生《ぐしょう》と呼んでいる。八重山の旧盆の頃に訪れるアンガマアのように、後生にいる祖先がこの世にやってきて、村人と問答を交わす行事もある。

常世はまた古代日本人には四季を問わず稲が実り、果物が熟している神の島とも信じられた。これは沖縄のニライカナイに相当する。ニライカナイは火や穀物などの発祥の地と考えられているばかりではない。疾病や鼠や蝗《いなご》などの害虫もニライカナイから送りこまれると思われている。善いもの悪しきものにかかわらず、万物の原点がニライカナイなのである。このことは沖縄の島々の人びとの海の彼方に対する熱烈な期待と願望を示すと同時に、警戒心と恐怖とをあらわしている。かつて古代の日本人が信じていた常世の思想が、沖縄では今もニライカナイの信仰として、生きている。

神と人間との関係を媒介するのは沖縄では神に仕える女性である。といっても本土の神官のようなものを想像してはならない。村の草分けの家の男子は村内部社会の運営を指導する役目をもち、根人《ねひと》と呼ばれてきた。これに対して、草分けの家の女子は根神《ねがみ》と呼ばれて、村の神まつりを取りしきる。つまり兄弟は政治、姉妹は宗教という風に、職分が異なっている。これもまた遠い時代の日本の社会を推測させずには置かないものである。沖縄では女は男に比べて霊威が高いとされており、姉妹は兄弟の守護神の役目を果している。神に仕える仕事はもっぱら女に限られ、男には許されないのがふつうである。

琉球王国が誕生した十五世紀の初頭以来、王府の祭祀をつかさどる高級神女が発生した。宗教区域は十六世紀初めの尚真王の時代に系統的に統一されて、高級神女の下にノロと呼ばれる神女が従属し、村々の祭をとりしきることになった。ノロは村の祭を主宰するが、死の儀式は忌むべきものとされていた。仏教の普及がきわめて希薄であり、僧侶がいない沖縄の村々では、死の儀式はもっぱらユタの手にゆだねられた。ユタは神がかりによって、自分を神と合体させ、託宣を発して吉凶を判断し予言した。その発言の内容が社会秩序を惑乱するとしてしばしば弾圧された。こうしたことから、ノロは公共の祭をつかさどるが、神がかりせず、それに対してユタは神がかりして託宣し、個人の病と死や魂の問題に関わるという二者の対比的な図式が生じた。ノロは社会公認の存在であり、それにひきかえてユタは公共の社会では認知されず、社会的な身分も低かった。しかしノロとユタの宗教的な機能が分化したのは後世のことである。最初からノロとユタの区別があったわけではない。

南島の社会では、はるかな昔には、神がかりして託宣を発し、村落共同体の祭をつかさどると共に、魂の呪師として人びとを救済する役目を担った女性がいただけである。神に憑かれたとき、その女性は神と一体化し、人びとの礼拝と畏敬の対象となった。このことはノロが祭の場に臨むときは神であるから、神を拝むことはしないことからも推察される。祖先神にせよ、海の彼方からの来訪神にせよ、それがノロに宿っている間は、ノロは神なのである。神がかりして託宣を発する巫女は古事記や日本書紀にもしばしば登場するが、沖縄ではそれが脈々として今日まで受けつがれている。

このように見れば、沖縄の信仰の形態は日本古代の信仰の原型といっても一向に差支えない。神社のような建物のない森に宿る神にむかって祈り、神の霊威《せじ》を受けて神がかりしては、神と合体して昂揚し、人びとにむかって神託を伝え、ときには烈しく躍動する巫女の姿を沖縄の村々では今でも見ることができる。沖縄の村はウタキの神を中心にして運営されてきた。ウタキの神は村人の祖先であり、親であった。村人はその子どもであった。ときには異様な姿をした来訪神を迎え入れることもあった。このような神と人との関わりあいが沖縄では今でもなお生きている。沖縄がこうした「神」を失ったとき、沖縄は南の小さな島々の連《つら》なりにすぎなくなるだろう。


（「季刊ＭＯＡ美術」四三号、一九九二年七月）

日本人の他界観

紹介のなかで私の仕事は「自前の学問」であるとおっしゃられましたが、それは非常によく当たっているのじゃないかと思うんですね。それはどういうことかと申しますと、私の気質からして、人の真似はしたくないということがあります。

しかし、それだけならば、自分の小さい殻に閉じ籠もることなんですけれども、もっと大きなものとつながりたいという欲望も一方ではあるわけです。そういうことから、私は細々とした研究の道を歩んでまいりましたけれども、ただ、私の細々とした道が、自分一個の学問――もちろん一面は自分一個の学問ですが――それがそれで終わるならば、私の仕事の意味はまったくないと言ってもいいのじゃないかと思います。

私は戦前、キリスト教に非常に関心を持ちまして、キリスト教の勉強をしようと思ったぐらいだったんですけれども、そのときにどうしてもキリスト教に対しての違和感を拭い去れないということから、キリスト教でもなく、また戦時中に非常にはびこっていた皇国史観的な日本尊しという伝統的な史観でもなく、違う道があるのではないかと思いながら、戦後出発した人間なんですね。

戦後出発したときは既に二五歳ですから、今の大学の学生よりは上の年齢に達していたんです。それからいろいろ模索していくんですが、結局、日本が戦争に負けたのは何かということが大きな課題でした。それはやはり日本が狭い殻に閉じ籠もって夜郎自大の態度であったことが敗因につながった。これはみんな指摘するんですが、戦後は、その反動として外国の思想をやみくもに取り入れるという風潮が澎湃として起こったんです。それに私は与することができなかったわけです。なぜかと申しますと、私には戦前のささやかなキリスト教体験というようなものがあり、どうしても自分の人生観なり世界観とするのには納得がいかないところがあったわけです。そのときに私の目の前にあったのは、日本はどういう国だろう、あるいは日本人とは何かという問いなんですね。その問いを掲げながら、ひたすらに自分の道を細々と歩いてきたという形になります。

そのキリスト教について言えば、私は皇国史観にどうしてもなじめなかったものですから、自分が皇国史観に抵抗する拠点としたいという願望が戦時中にあったんですね。そういうことでキリスト教にも近づいていったわけですけれども、先ほど申しましたように、それを踏まえて、自分の世界観なり人生観を築くということが、日本人として、どうしてもなじめないということで、道を分かつことになった。

それで「日本人とは何か」というこの一つの問いで、戦後かれこれ半世紀以上過ごしてきたわけですが、そのときの問いが一つ前方にありましたので、自分の細いケモノ道のようなものをたどりながらも、その問いを目指していけば、いずれいつかは自分の納得するものに出会うかもしれない、そういう気持でやってまいりました。ですから、いろんな研究というか、ほかの人の学問はもちろん大変参考になりましたけれども、やっぱり最後は自分が納得しない限りは、それを認めないという、はっきりした姿勢でやってきました。

それで、「日本人は何か」という問いを突きつめますと、もともと日本人はどういう世界観を持っていたかということになります。あるいはどういう宇宙観を持ってきたか。――その宇宙観、世界観を理解するには、どういう死生観、他界観を持ってきたかということと、これは切り離して考えることができない。そういうことから、「日本人の他界観は一体何であったか」ということに非常に興味を抱いたわけです。

そして仏教が日本に到来する前、あるいはまた儒教とか道教とか、それが日本にやってくる前に、日本列島に住んでいる人たちは、どういう世界観なり人生観なり他界観なりを持ってきたかということが、私の最大の問題になってきた。今でもそうですけれども、そういうことで日本人の他界観は、私にとっては人ごとではない問題だったわけでございます。

沖縄の海

そういうことで、戦後は他界観を調べようと思い立ちまして、それから足しげく沖縄にも通うようになったんですね。いろんなところで書いておりますが、沖縄へ行って私が一番心を打たれる風景は沖縄の珊瑚礁の浜辺に立って海の方を眺めるときである。沖縄の海にはコーラル・リーフという島を取り巻く珊瑚礁の暗礁があります。沖縄で「ヒシ」とか「ピシ」とか「ピー」とか言いますが、その暗礁が島を取り巻いている。その向こうにまた深い海があるという二段構えの海になっている。沖縄の青い海というのは、その珊瑚礁の内側の海をいう。沖縄で言えばヒシ（干瀬）の内側をいう。どす黒い海がヒシの向こう側に横たわっている。

そのときに感じるのは、「かなし」という言葉だったんですね。この「かなし」という言葉は、日本本土では今では「悲哀」という意味にしか使われておりませんが、昔は「かなし」には「いとおしい」とか「すぐれている」とかいう意味があった。『おもろさうし』では「非常に立派な」という意味で使っております。現世に対する愛着と、他界に対する悲哀感、また他界に対しての係恋《あこがれ》と現世の生活に対する悲哀感が、入り混じったような感情、それが私は浜辺に立つときの「かなし」という感情ではないかと思ったわけです。

沖縄の人は、ヒシの内側の青い海では魚をとったり、タコを突いたり、貝を拾ったりします。これは日常的な空間に属している。

ところが、コーラル・リーフの向こう、つまり沖縄の言葉で言うヒシの向こうは昔はほとんど行かなかったのです。それは非日常空間に属している。沖縄には材木が非常に乏しくて、松材などでくり船をつくるのが精いっぱいでしたから、遠くには行けなかったのですね。ヒシの青い海をイノーと申しますけれども、イノーの中で漁労をやるのには、丸木舟はある程度有効ですけれども、ヒシの向こうの外海へ丸木舟で行くのは非常に危険に満ちているわけです。そこは非日常的空間で、ほとんど行かない。大型の帆船ができてから、外洋の航行ができるようになった。それまではヒシの向こうは非日常的な空間だった。沖縄の人はヒシの向こうは、他界と考えていた。死者の魂が向こうへ行くと考えている。そういう理解の仕方が沖縄の人たちにあることを知ったのです。

現世の次に他界が来るわけですから、これは時間的な秩序になると思います。

一方では、現世であるイノーの向こうに、ヒシを越えたところに他界があるのですから、これは空間的な秩序にも属するわけです。空間的な他界と時間的な他界が、この沖縄の浜辺に立ったとき認識できるということです。その手前は時間的な現世であり、また空間的な現世である。このように現世と他界が空間的にも時間的にも一望に把握できるのが沖縄の海の特徴ではないでしょうか。

そのヒシが、日本本土の海では発達しておりませんので、本土では水平線までずっと船が行けるように感じる。ですから、他界と現世が視覚的になかなか理解できないということです。しかし、沖縄の海ではそうしたことが分るということで、現世と他界との両方に入り混じった「かなし」という言葉が、私の頭の中に浮かんできた次第です。

他界

日本人は古代においては、現世だけがあるとは絶対に考えない。他界が必ずあると考えていた。それを常《とこ》世《よ》と言ったということは、『古事記』や『日本書紀』に出ております。あるいは「黄泉の国」と言ったり「根の国」と言ったり、あるいは「妣の国」と言ったことは『古事記』や『日本書紀』で理解できるのです。ですから、日本の古代人が他界のあることをはっきりと認識していたことがわかります。

他界をあらわす言葉は一体何かという問題に入りますが、いろいろ調べてみると『古事記』や『日本書紀』にはそういうことが書いてありますが、他界について研究した人は、ほとんどいないんですね。やっと江戸時代の国学者、宣長あるいは篤胤の段階になって、他界のことをちらちらと書いているわけであります。つまり他界という言葉が出てきても、その内容について、それを究めようとした人たちは非常に少なかった。宣長は「黄泉の国」は汚い国である。現世から「黄泉の国」には死後行くんだけれども、そこは非常に汚い国であるということを言っている。これはおそらく、『古事記』にイザナギが「黄泉の国」にいるイザナミを訪問したときに、イザナミの体が腐れてウジがたかっていたことを踏まえて言ったと思うのです。

宣長の弟子の篤胤は、「黄泉の国」は月読命《ツクヨミノミコト》の「ヨミ」であるから、月の世界にあるということを言っているんですね。ただし、死後の霊魂は現世にあるけれども、目に見えないだけである。死んだ魂は月の世界に行くわけではなくて、現世にとどまるというのです。とどまっていて、死後の世界からは現世が見える。しかし現世からは死後の世界は見えない。そういう言い方をしております。宣長や篤胤の他界についての考えは、そんな単純なものです。

それで私は大変失望したんです。結局、日本人の他界観について、本格的な研究を始めたのは、日本民俗学の柳田国男と折口信夫の二人であると、はっきり言っていいのではないか。

要するに近代になってから、日本人の他界観についての本格的な研究が行われたわけで、それまでは他界についての観念は、仏教の観念に強く影響された点ももちろんありますから、まだ仏教の色の染まらない以前の日本人の他界に対する考えは、ほとんど研究されていないんですね。初めて柳田と折口の手によってその研究が始められたということが、私にははっきりわかってきたわけであります。

柳田、折口の驥尾に付して、私も日本人の他界についての観念を追究していったんです。私の結論では、古代人の世界観は、現世と他界が双分された世界であるということができると思うのですね。では、その現世と他界はどこで双分されているかというと、それは渚である。一方は陸があり、一方は海があります。他界は海の彼方にあるし、現世は陸の方にある。その境目をなすのは渚である。ここに一冊の本があれば、右のページは現世であり、左のページは他界である。書物ののどに当たる中心部分、これが渚であると思うのです。

もう一つの特徴は、他界は現世の延長であるということなんです。現世にあるものはすべて他界にある。現世にあったものが寸分変わらない形で、他界に延長して実現されているということですね。

沖縄通いを始めた二十数年前に、八重山で宮古の池間島出身のモノシリに会いまして、モノシリはユタ（巫女）とも申しますが、占いをする人です。そしてそれは日が照っていても黒いこうもり傘をさして、黒いスーツを着ている見るからに魔女のような女でしたけれども、その話をいろいろ聞いておりましたときに、自分は他界に行ったことがあるということを言うのですね。他界を沖縄では後生《ぐしょう》と言っております。それで後生へ行ったことがあるというのです。どうしてかと聞きますと、自分のお母さんの袖につかまって、空を飛んだというのです。魔女の話を聞くような感じでしたけれども、それから向こうに行ったらどうだったと聞くと、自分の亡くなった親戚やお父さんやお母さんに会った。現世にあるものはすべて他界にあるともいうのです。

現世で警察官をした者は後生でも警察官である。現世で教師をした者は後生でも教師をしている。現世で葬式をやるように、後生でも葬式がある。

沖縄では五月四日あるいは五日にハーリー船と呼ばれているペーロンの競争があります。このハーリー船の競争のある日はあの世、後生でもハーリー船の競争をやると言われています。これは八重山で会ったユタ（巫女）の話じゃなくて、与那国で言われていることを考古学者の国分直一さんが聞いてきました。それで現世と他界は全く相似形なんです。合わせ鏡のようなんですね。

その魔女の話の続きですが、後生から帰るときに自分の親しい人々が渚に立って送ってくれた。母の袖につかまって空を飛んで帰ったけれども、後ろを振り返るなと言われた。その戒めをやぶって振り返ってみると、今まで白いひげをはやした老人やまっ白い髪の女たちが一瞬骸骨に見えた。そういう話をしておりました。それはシャーマンのトランス、夢の中で他界に飛行するという意味ですが、現世と他界は相似であることが見えるということが言えるだろうと思います。

現世のものはすべて他界にある。例えば『丹後国風土記』逸文に浦島の子が海神の娘に送った「子らに恋い　朝戸を開き　吾が居れば　常世の浜の　浪の音聞こゆ」というのがあります。古代人は常世の浜の浪音を聞いているんです。これは非常に感動すべき歌だと私は思います。

そして『日本書紀』にもトヨタマヒメとヒコホホデミの物語でヒコホホデミが海神宮に降りていきますと、海の底に「おのずから可怜《うまし》小汀《おばま》あり、」非常に美しい渚があったと書いてあります。これは、現世と他界の境目の渚であるということと通じるのではないかと思うんです。この世にも渚があると同時に、常世の国にも渚があるということなんです。

そういうことから考えましても、海岸の波打ち際は現世と他界の交錯する場所ではなかったかと思われるのです。それを裏づけることとして、海岸の砂浜に死体を埋める風習が日本の古代に行われていたと推測される。

死者の埋葬

亡くなった人の体を埋めるのには、風葬とか火葬とか土葬とかのほかに水葬があったと考えられます。日本では八世紀の初めに、道昭というお坊さんが、初めて火葬に付されたということから行われるようになって、持統天皇なども火葬にされているんですけれども、その前は火葬の風習はあったかもしれないが、一般的に行われていなかった。大体、古墳時代は土葬が主だったと思います。今日でも土葬するところがあります。

そのほかに風葬といって、これは沖縄ではずっと行われていましたが、今はほとんどなくなりました。奄美・沖縄では明治から大正ぐらいまでは、風葬が一般的な埋葬の形式であった。風葬というのは、死体を棺桶に入れたり、あるいは菰に包んだりして、空気中にさらしておくだけなんです。沖縄の学者の伊波普猷は「空葬」と言ったらいいだろうと言っております。

そのほかに水葬があったんですね。水葬の痕跡は、なかなかたどれませんが、沖縄の学者の仲松弥秀さんは、宮古島で自分は聞いたことがあるということを言っておりました。私は対馬の青海に行きましたときに、そこでは本当に波打ち際に死体を埋めてある。すぐそばのお寺に詣り墓がある。つまり埋め墓と詣り墓があって両墓制なんですね。埋め墓は海岸の波打ち際のところにあります。青海の老人の話では埋めた死体は、以前は潮に引かれて流れるままにしておいた。要するに水葬の形式ですね。それを「砂葬」、砂浜に死体を埋めたから「砂葬」と言う人もおりますけれども、海の潮にもっていかれることを目指すわけですから、私はやはり水葬の形式ではないかと思います。

この水葬の形式は、日本本土では島根県に多いんです。あそこは砂丘も発達しておりまして、島根県に点々としております。出雲大社でも平安時代までは出雲国造の死体は、出雲大社の東南に「菱根の池」というのがありまして、そこに埋めたと言われております。赤い牛に国造の体を縛りつけまして、「菱根の池」に埋めてしまう。今はその池自体が埋まってしまっておりますが、実は江戸時代の『懐橘談』という本に書いてあります。

ところが、そういう話は平安時代で終わったのかというと、出雲国造の末裔である千家さんの書いたものに「あの人はとうとう赤い牛になったそうだ」ということが戦前ごろまで言われていたということが記されています。「赤い牛になった」ということは、要するに、赤い牛にくくりつけられて、菱根の池に埋められたということで、これも水葬の一つの形式だと思います。

それから補陀落渡海、これは那智勝浦から屋形船を仕立てて補陀落を目指して行く。これはある意味で自殺的な行為なんですけれども、そういうことをやったのが紀州の勝浦です。紀州の田辺にはトカイという地名がありまして、そこは海の州ですが補陀落渡海の渡海を思わせる地名です。そこには砂浜に人を埋めたという話も残っているわけです。おそらくこの水葬は、日本全土でも、あるいは南西諸島、沖縄、奄美でも行われていたと思います。

話は随分飛躍するようですが、水死人を恵比寿と言ってそれに出会うのを非常に喜ぶということがあります。漁民は水死人を海で見つけますと、これは大漁の兆し、と言って喜ぶ。私はそれも水葬の痕跡を伝えているのではないかと思います。

では、どうして水葬にするかというと、それは常世の国へ向かって、常世の国へ運ばれるように願う葬制ではないか。砂浜に死体を埋めるのは、そういうことなのではないかと思っているんです。それで、今「子らに恋い　朝戸を開き　吾が居れば　常世の浜の　浪の音聞こゆ」の歌の常世の浜の浪は、常世の国からずっと海岸にやってくるわけです。これを沖縄ではニライ潮と申します。ニライカナイの潮というのですね。それがずっと海の彼方の神の島から海岸までやってくる（ニライカナイについては後で申します）。ニライカナイは本土では常世に相当するところですね。ニライ潮にしろ、常世浪にしろ、海岸にたどり着く。沖縄の国頭の大宜味村の喜如嘉という所の海神祭では、ニライ潮がやってくるという歌がうたわれるわけであります。

ですから、他界と現世がそこで断絶しているんじゃなくて、絶えず常世の浪がやってくる。結局三月三日の大潮の日の潮干狩もそれに由来するだろうと私は思います。その日に海岸に行って、潮干狩をするというのは、自分の体をそこで洗って、常世浪に自分の身体を浸して、そしてそこで魂を若返らせる、そういう意味がもともとの意味であって、それが大潮の日で、海中の洲が一番あらわれるものですから、そこで潮干狩がしやすいという形になってきたんだと思います。

ですから、昔、宮古島では三月三日——これは宮古では「サニチ」と申しますけれども、サニチの日に海辺に出て手足を洗うことができない病人がいると、塩水を家に持って帰って、病人にそれを与えて手足を拭いたといいます。

そういうことで、彼我の関係、つまり現世と他界の関係というのは、非常に密接なものがあったに違いない。

それで一種の水葬を想定できるような墓が点々と海浜に墓地として残っておりますが、一方、産屋・産小屋というのも海岸にある。私は一九六〇年代に敦賀市の西の方に当たる越前と若狭の境目にある立石半島に産小屋が残っていることを知りまして、産小屋を訪ねて歩いたことがあるんです。そのときには産小屋はほとんど使われなくなりまして、物置小屋になっておりました。

しかし、納屋《のうま》、常宮《じょうぐう》、沓《くつ》、手ノ浦《たのうら》、色ケ浜《いろがはま》、浦底などの集落はみな海岸線の波打ち際にあるんですね。あそこは半島の山が海ぎわまで迫っておりまして、陸地に道がありませんので、村どうしの交流が船でなされていたのです。ですから、平地がないものですから、浜辺に産屋があるというのは、当然といえば当然であります。

私は産屋が浜辺にあるのは、また深い意味があると思います。と申しますのは、平安時代の初めに斎部氏が書いた『古語拾遺』の中に、海辺の砂浜に産屋を建てたと書いてあるんですね。その砂の上に蟹が入り込んできたので、それを箒で掃き出した、それが蟹守の起源であるという斎部氏の記述がありますが、そこにも海辺に産屋をつくったと書いてある。それから『日本書紀』にも豊玉姫が夫のヒコホホデミにむかってお産をするときに必ずやってくるから、どうか海辺に産小屋をつくってくださいということを言っております。こういうことから考えましても、海岸の砂浜に産屋があったということが当然のことながら推測されるわけでありまして、豊玉姫は産屋で産んだ自分の子を渚に捨てて海神宮に帰ってしまう。ヒコホホデミが自分のお産をする姿を覗き見したということを非常に怒りまして、自分の生まれたばかりの赤ん坊を草《かや》に包んで、渚に置き去りにして帰ったというのは皆さんご存知だと思いますが、ヒコナギサウガヤフキアエズ、これは神武天皇の幼名なんですね。ヒコナギサ、こういうことからいっても産屋が渚近くにあったことはわかるわけです。

渚の砂を産屋の一番下に敷きまして、そしてその上に藁しべを置いて、その上にボロのふとんを置いて、産婦がそこでお産をする風習が、敦賀市の西の立石半島ではながく行われていた。

私は、常宮というところの七十歳近い老人に会いまして、産屋の話を聞いたことがあります。そこはもう老人の物置小屋になっておりましたので、当然その老人に話を聞くしかなかったんですが、「この産屋の構造はどうですか」と訊ねたら、さっきお話したようなことを言いました。一番下に砂、その次に藁しべ、その次にボロのふとん、それでむしろを敷いて、産婦は天井から吊るされた力綱を頼りに座産なんです。座産といっても、相撲取りのような蹲踞の形で産むんですが、このときにこの砂を何と言うかというと「ウブスナ」と言うんですね。私はそのときに初めて「ウブスナ」の元の意味がわかった気がいたしました。

と申しますのも、柳田国男は昭和十八年に『月曜通信』という文章の中で「ウブスナ」について、いろんなことを言っているけれども、何かはっきりしないということを書いているんですね。その「ウブスナ」について、的確な現地の言葉があれば知らせてほしいということを書いていておりますが、「ウブスナ」についてては「産土」「産砂」「本居」、いろいろな当て字が日本の古典には見えます。しかし、「ウブスナ」の実態はわからない。わからないから、柳田はそこで非常にもどかしく思って、そういうような質問を発したと思うのですが、私はそのときに「ウブスナ」は産小屋の砂であるということが初めて理解できたわけです。

そうなりますと、いろんなことがわかってくる。産土神《うぶすながみ》というのがあります。また氏神というのがあります。氏神は血族の神、血縁者の神である。産土神というと、今まで郷土神、地域神のように受け取られていた向きがあると思うのですね。ところが、そうじゃなくて、一つの産小屋の中で、あるいはある場所の産小屋の中で産まれた人たち――産小屋は、昔は一回ごとに火をつけて燃したと思うんですね。ですから、同じ産小屋を使うわけじゃありませんが、同じ場所にもう一つ産小屋を建てて、そこで産まれた子供たちは産土神を一つにしていたということができる。だから、例えば兄がこの産小屋で産まれまして、弟がまた離れたところで産まれたといたしますと、これは氏神は一つであります。同じ血縁、同じ母の血を受けているわけですから……。

しかし、産土神は違う。そうした関係を私は初めて理解できたわけですね。単に産土神というのは、郷土神じゃなくて「ウブスナ」というのは実際に神様なんですね。安産の神で、京都府の三和町というところに産小屋がございまして、天地根元造《てんちこんげんづくり》なんですが、本当に狭いところなんです。そこにやはり砂を敷く、その砂を安産の神として持っていく。そういうことで「ウブスナ」は、産小屋の砂である。同じ産小屋に産まれた者が、産土神を一つにしているということがわかったわけです。

産小屋を浜辺に建てなくちゃいけない。だから、「ウブスナ」が重要になってくるわけです。それではなぜ産小屋を浜辺に建てなくちゃならないかというと、それは浜辺が常世の国というか、他界から一番近い距離にあるからですね。八丈島の産小屋は『八丈実記』によりますと、海の見えないところに建てると書いてあります。あるいは鹿児島県の黒島でも、海の見えないところに産小屋をわざわざつくる。それは本当は海の見えるところに産小屋がなければならないということが、後になって反転したんだろうと思います。

例えば聖なるものが汚れたものに反転していきますように、日本ではそういうものは非常に反転しやすいんですね。ですから、もともとは海の見えるところに建てるのが産小屋の特色であった。それは他界から現世へ来るときに一番距離が近いからであります。

それについては、なぜ一番距離の近いところに建てたかということになりますが、日本人は古代においては、産まれたものは死にます、すると、現世から他界に行くんですが、他界から現世へまた帰ってくるという観念があったんですね。死ねば死に切りというのではなくて、他界へ魂は行きます。他界からまたカムバックする。そうした循環的な時間的秩序の中に生きていた。

奄美大島では、生後、産まれて一年までは、産まれた、というふうには言わないんですね。一年して初めてユノリ（世直り）があったと言う。ユノリは世直りのことで、直りというのは、移転するということを言います。私は九州ですが、家を移ることを「家を直った」と言います。世というのは常世の世で、現世の世でもいいですが、常世から現世へ移った、これがユノリ（世直り）なんですね。奄美の金久正さんから私が直接聞いた言葉であります。金久さんはれっきとした研究者ですから、いいかげんなことを言う人では全くありません。

そういうことで他界つまり常世にいた魂は、もう一遍帰ってくるということが考えられていたからこそ、この言葉が生まれたんだと思うんです。

そういうことで現世から他界へ、他界から現世へというふうに動いていく循環的な世界観がつくられていた。

先ほどの言葉に即して話を進めてまいりますと、ここに現世があって、ここに他界があると申しましたが、時間的にいえば、現世に生きていても常世にいる者とみなされる年齢があるわけです。これは常世神といって『日本書紀』にも出ております。常世神というのは生きながらの常世の人だ。ある一定の年齢、七十とか八十になれば——私なんかも常世神かもしれません、ある一定の年齢に達しておりますから——常世神なんですね。

これをもう少し詳しく言いますと、沖縄では人が高齢で亡くなりますと、お祝いをするんですね。大往生というのがあると思いますが、そのお祝いをするときに、豚肉の入ったお汁を振る舞うんです。これは意味がありまして、豚肉というのは亡くなった人の身体の代わりです。豚肉を食べることによって、亡くなった人の活力を取り入れるという意味があるんです。かつては亡くなった人の身体を食べた時代があったということです。それで、それがまた非常にリアルでして、脂肪親戚と真肉《まじし》親戚があるという。これは伊波普猷が書いております。鯨の脂肪と鯨の赤肉みたいですけれども、そういうことが書いてありまして、要するにそれは亡くなった人の身体を食べることで、活力を自分の中に受け継ぐという意味があるんですね。

この風習は何も沖縄に限ったことではなくて、日本本土にも古く行われた時代がありまして、葬式に行くことを「骨がみ」と言ったり、「骨かじり」と言う所が最近まで各地にあったんですね。亡くなった私の友人の上野英信という人は、筑豊の炭鉱におりましたが、彼の本の題名にも『骨を噛む』というものがありますす。これは上野流に解釈すると、非常に無念の意味を含めているのですが、実は決して無念の意味があるのではなくて、みんな葬式のときに骨をかじった。

私は五島の福江市で聞いたんですが、福江では、小さい子供が夜泣きをいたしますと、三十三年忌あるいは五十年忌を終えた人の墓を掘り出しまして、そして、その薄い骨を持ち出して、きれいに洗い餅網でそれを焼きまして、砂糖醤油かなんか知りませんけれども、甘からく煮て食べさせると、夜泣きがやむというのです。それはやはりおじいさんの活力を孫に与えるという意味ですね。極端に言えば聖体拝受と同じですね。神の身体を口の中に入れる。カトリックのミサのときのコミュニオンと同じでありまして、それがここに行われているわけで、そういうことから言いまして、高齢で大往生した人たちは祝福されるんですね。その祝福を子孫に与えてやる、それが常世神なんです。

宮古島では大正の頃までは、お正月（旧正月）に老人はその家の縁側に端座しています。夜明けになると、女や子供たちがやってまいりまして、老人を礼拝するんですね。そうすると、老人は盆の上に塩を固く積みまして、それをひとつまみ口の中に入れてやるんですね。これはローマ法王が信者に何か口に入れてやって祝福する、それと全く同じです。それをやったということは、常世神だからなんです。そこでは塩は非常に神聖なものです。そういうことで現世から他界へ移られる、境界的な儀式があった。それからまた、現世へ移る、ある境界的な儀式があった。そういうことが考えられていた時代があると思います。

常世

常世についてですが、常《とこ》は常ですから問題ないんですけれども、世《よ》はいろんな解釈ができるわけです。「よ」は齢という字にもなります。長生きの意味ですね。あるいは君が代の代というような世代的な意味があります。それからまた世は米を中心とした穀物をあらわす場合があります。米とか穀物、それから果物、そういうものを含めて世という場合があります。もう一つ、夜があります。

アマテラスがスサノオの乱暴に激怒して、天の岩戸に籠ります。そのときに『日本書紀』に「常夜行く」という言葉が出てくるんです。常夜というのは、真っ暗なところへ行く、常夜のような状態になったという。

そのときにこの夜を使ってある。

そういうことで折口信夫は、つまり他界というのはもともと真っ暗じゃなかったか、というのです。そういう見方がだんだんと時代が下るにしたがって、かなり美化されていき、最終的には常世の島は蓬萊島というふうになるんです。

そこで常世というのは蓬萊というふうに呼ばれることにもなるのです。蓬萊島という理想郷のような形にまでいくんですが、そうなる過程に常に五穀や果実がたわわに実っている国だというふうな形がとられていったんじゃないか。それは最終的に理想郷になりますから、かなり道教的な常世になるわけです。ですけれども、もともとは真っ暗な世界を常夜と呼んだ。確かに記紀の黄泉の国の光景を見ますと、真っ暗ですね。イザナギが櫛を一つかきまして、それに火をつけて見るわけです。そうすると、イザナミの死体にウジがたかっていたと書いてある。折口信夫の考え方はそれにもとづいてあるわけなんです。私も最初は折口信夫の考え方を支持していたんです。

しかし、また一方に柳田国男の『海上の道』に根の国の話がありまして、そこで展開されているのでは、柳田国男は決して他界を暗いものだと考えなかった。それは根の国という発想からきている。

根の国と申しますと、普通、根は木の根のように考えたがる。木の根は、土中に入っているので、土中の世界を根の国と呼んだのじゃないかと解されているけれども、それはとんでもない間違いであるということを柳田は強調している。それは「黄泉」という中国の言葉から影響されたんじゃないか。中国は黄土地帯ですから、土を掘りますと黄色い土が出ますが、ずっと掘ったところに泉があって、そこが黄泉の国である。その関連で古墳の状況の連想も手伝って、根の国を土中の国であると考えたがるが、それは間違っている。

では、何かというと、それは大本《おおもと》である。本《もと》つ国《くに》である。現世は末つ国であって、他界は本つ国であると解釈するのがよいだろうと、柳田国男はいっているわけです。いわば「原郷」という言葉の「原」、それが根の国の意味である。

柳田の言うことはもっともなことでありまして、土中の暗い国を連想する必要はまったくない。海の向こうにある根の国を想定すれば、決してそこは暗くない。そして、根の国からすべてのものが現世へ我々のほうにやってくるんだ。

ニライカナイの考え方を調べておりますと、よいものも悪しきものも、すべてニライから来るという考え方があるんです。例えば太陽も火も害虫も全部ニライカナイから来る、ノミも来るし、ネズミも来る、イナゴのような害虫もやってくるという考え方があります。ですから、一切のもののいわば発信する場所が根の国であるというふうに柳田国男は言っております。

そうすると、柳田国男の根の国は、明るいですね。それに比して折口信夫の常世の国は真っ暗闇から出発したというわけですから、暗いわけです。この両者はともに日本の他界観について最後まで考えた。折口信夫の最後の著作は「民族史観における他界観念」という、これは岡野弘彦氏に口述した文章です。柳田国男の最後の著作は『海上の道』。ともに他界の問題をもって自分の最後の仕事としたわけです。そうした両巨人の考え方はここで食い違ってしまっている。

我々はどうそれを解釈したらいいかということで、私も随分迷ったわけであります。最初は確かに『日本書紀』とか『古事記』とかを読みますと、常夜ということからだんだん光明化していく、美化されていくというのが物事の順序であるように思うのですが、しかし、根の国を、陰惨な暗い土中の国と考えるのは間違いであるという柳田国男の言い方にも十分理解できるわけです。

そういうことで随分私は迷っておりましたが、結局、結論はどうかと申しますと、宮古島の大神島《おおがみじま》、池間島では死者のゆく世界を「カマの世《ゆ》」と申します。「カマの世《ゆ》」というのは、彼方の世だ、死んだらどこに行くかと聞くと、彼方の世に行く。カマの世はどうした状況か、小さい線香のような火をつけて、そしてひっそりと暮らしている。真っ暗じゃありませんが、ロウソクよりも細い線香のような火をともしながら、あの世の人たちは暮らしているんだというのが大神島でいっているカマの世です。そうしますと、折口信夫の常世（常夜）というのが思い出されて仕方がないわけです。

ところが一方、もう一つの常世、この世界はいわば穀物とか果物のたわわになっているところから想定するといたしますと、飢餓を知らない豊かな国のように感じます。実際において『日本書紀』にも、垂仁天皇のときにタジマモリ（田道間守）というのが、常世の国にトキジクのカグの木の実、トキジクというのは、一年中、季節を問わずかぐわしい橘という意味でございます。それを常世の国に取りに行ったが、天皇の死に間に合わなかったという話があります。そうすると、常世の国は一年中たわわにミカンがなっている国だと考えられる。

それからまた、『日本書紀』によると、皇極天皇のときに、富士川のところで大生部《おおおべ》の多《おう》が常世虫を持ってきまして、この常世虫を信仰すると、金もうけになる、裕福になると言いふらした。ここではかなり道教的な匂いのする現世的な富が問題になっておりますが、いずれにしても常世虫を宣伝して、これを信仰しないさいというのは邪教だというので、秦河勝に殴られるんですけれども、常世虫とは何かというと、橘の木に棲んでいるというのですね。一名ホソギともいう。ホソギというのは何かというと、山椒なんですね。山椒というのは柑橘科なんですね。それに棲んでいる虫はナミアゲハというアゲハ蝶の幼虫で、ユズボウと申しまして、それが常世虫です。そうしますと、やはり橘と関係があるということで、常世の国の世というのは、ある豊かな観念がここに生まれているわけです。

私は常世は真っ暗からだんだん光明化していったのか、あるいはまた柳田がいうように、常世は暗くないということを前提にして考えた方がいいかということで、随分迷ってまいりましたが、結局、私の結論はこうです。

要するに、トキジクのカグの木の実をあらわす常世と、暗い方の常世とは別系列じゃなかったか、たまたまそれが世という言葉で接合されてきたんじゃないか。

なぜかと申しますと、稲や柑橘類がたわわになっているという国を想定いたしますと、どうしても南を想定せざるを得ないんですね。東南アジアとかインドネシア、南中国、台湾ですね。その国々が、日本民族が黒潮に乗ってやってきたときの最初の出発点であったとすれば、それに対して我々が憧れることは、当然自分たちのたどってきた海に対する追憶でもあるし、記憶の再生でもある。そうしたこととして常世があると考えられる。

一方、大神島や池間島で聞いたような、非常に寂しい、暗い感じの常世をどう考えるか。また双方が関連づけられるということがあったんじゃないか。一方もヨだし、もう一方もヨだものだから、どうしても同じ次元で考えざるを得ないようになって、それで折口的な考え方もできるし、柳田がそれとは矛盾するようなことを言うことになった。元もとはこれを別系列というふうに考えたらいいのではないかというのが私の考え方でございます。

この世というのは、輪切りになった時間なのですね。輪切りになっているということはどういうことかといいますと、連続しないで切れることです。始めがあって終わりがあります。沖縄では最初はクバノ世《ゆ》按司《あじ》の世《ゆ》。その次の唐の世《ゆ》、中国に支配されていた時代、ヤマト世《ゆ》、これは薩摩に支配された時代、アメリカに支配された、アメリカ世《ゆ》、そして今、ヤマト世《ゆ》がきているというふうに時代が断絶するわけですね。これが世の特徴なんです。

卑近な例で言いますと、忘年会、これは一年で終わるわけです。一年ごとで年忘れというのは、年がそこで断絶する。大晦日で切れて、また新年で新しく始まる、そういう観念の時間です。

大神や池間島では、カマノユといって、小さい線香のような火をともして暮らしているという他界の人たちの姿をお伝えしましたけれども、死者のゆく所として、サフの島という言い方もある。サフはソウと読ませるのではないかと思いますが、ソウの島というのは何かというと、八重山の研究者によりますと、死者は何か海岸にのりみたいにくっついている海草を食べてそれで暮らしている。何かみじめな感じですね。そうしますと、ソウの島や、カマノユで思いあわせますと、あの世というのは何かたらふく食べるような世界じゃないような感じです。

そういうことを考えますと、あの世は非常にさみしいという観念と、現世ではいつもひもじい思いをしていたのが、向こうへ行けば腹一杯になる。そういうものが入り混じった観念が常世ではないか。これを一方的に決めることは非常に難しいわけであります。はっきり申しまして難しい。一元的にこれは解釈できないわけです。

では、黄泉の国はどうか。夜見島というのが出雲の国にありまして、今は夜見半島になっている。しかし黄泉の国を夜見国とするのは俗説であります。これは黄泉戸喫《よもつへぐい》、この黄泉戸喫というのは、よもの国のかまどで炊いたものを食べたのを「よもつへぐい」という。よもというのは醜いという意味がある。「よもつしこめ」というのは、よもつの国の醜い女のことです。奄美では「よもつづら」というのは、ブッチョウヅラのことで、口をすぼめているのを見ると「よもつづら」になるわけでありまして、だんだんそれが激しくなってくると、「よもつしこめ（よもつ醜女）」になってくる。

それから「妣の国」、「妣」というのは亡くなったお母さんのことであります。その母のまた母もこの言葉であらわされているのであります。妣の国といいますと、スサノオがアマテラスとの争いに敗れまして、妣の国へ行きたいと泣き叫びます。その妣の国、それからまた神武東征の折に、熊野灘で非常に海が荒れると、そのときに神武の兄が、海神は我々の妣であるのに、海神の怒りで海が荒れるのはどうしてか。神武の母はタマヨリヒメでありまして、豊玉姫の妹に当たります。豊玉姫は海神の娘だから、タマヨリヒメも海神の娘であります。海神がかかわっているのになぜこんなに海が荒れるのかと叫んで海に身を投げて妣の国へ入っていったということが書いてあります。妣の国というのは海の彼方にあり、また海の底にあって、自分の妣の思い出とつながっていく世界でありまして、妣の国というのは私は、大変いい言葉だと思っておるのでございますが、妣たちのいます国を海の彼方に日本人は想定したのでございまして、根の国、妣の国、黄泉の国、常世というようないろんな言い方で古代人は他界をあらわそうとしてきた。

青と白

その他界の観念はそういう言葉の中で受けとめられますけれども、ではその内容はどうかというと、書物の上ではほとんどわからないんですね。先ほどから説明しておりますように、沖縄、南島があって、初めて他界の内容がわかるということになるわけです。幾ら古典をいじっても、日本古代の他界観というのはわからない。南島がぜひとも必要であるということになるわけです。

柳田も折口も南島・沖縄の発見は、日本の民俗学の最大の事件であったと言っておりますが、まさしく日本の他界観をつきとめるには南島の世界の現に生きた習俗あるいは証言を土台にして組み立てなくてはならないということになろうと思うんですね。

先ほどご紹介のときに、私が「青」、南島の青の島に非常に注目したということがいわれた。この「青」というのは、これまた「妣」という言葉と同じように懐かしい言葉であります。これを単純に解釈すれば、単なる青いということです。

しかし、もう少し立ち入って考えてみますと、この「青」というのは含蓄があるのです。『古事記』の場合には「赤・黒・白・青」の四色の呼称しかない。沖縄もつい半世紀ぐらい前までは、その色名というか、色の呼び名は四つしかなかった。もちろん色には紫もあれば黄色もありますけれども、沖縄では黄色をも青と呼んだんですね。常見純一という文化人類学者が沖縄の国頭のある村に住み込んで調査しているときに、そこのおばあさんが「青いタオルを取ってくれ」と娘に言った。そうすると「黄色いタオル」を持っていったというんです。黄色を青と呼んだ。黄色という色はあるけれども、その色名というか呼称はないわけです。これは、古事記の時代と全く同じです。

『万葉集』にも黄色い葉を黄葉とかあるいは黄塗りの屋形船とかが出てまいりますから、黄泉の「黄」という字はあります。しかしそれを「き」と呼んだのは、平安時代になってからじゃないかということがいわれておりまして、前に佐竹昭広さんも、そういう説で、『万葉集』巻十六の最後の「おそろしきもののうた」に、黄色の下に塗りと書いてあるのを、佐竹さんは黄塗《にぬ》りというふうに訓んでいるんですね。ですから、黄色というのは赤でもあったし、青でもあった時代がある。すると橙色に近い黄色であるならば、これは赤です。しかし、緑色に近い黄色は青になるわけです。

そういうことで「青の島」は単純に青い島であるとは解せられない。それはなぜかと申しますと、その青の島は「おもろさうし」とか、琉球の古典に出てまいりますが、みな死体を運んだと思われる島ですね。人間が亡くなりますと、地先の小島に人間の死体を運んだ。青の島はそういうふうにいわれている島でありま す。今は青を「奥武《おう》」と表記しています。沖縄本島の南部に、奥武島があります。奥武山公園が那覇市に、久米島にも奥武島があります。そういうふうにして今でも五つぐらいは確認できるんですが、それはみな死者を運んだ島で、死者の住む島であったということを民俗学に造詣の深い仲松弥秀という沖縄の地理学者が『神と村』という本の中でいっておられます。

沖縄では海蝕洞窟、海の波がえぐり取った洞窟が海岸に点々とございまして、それに菰で巻いたまま死体を入れるんですね。そうすると、そこは薄暗い、ぼんやりとした世界になっていまして、太陽光線も外光も黄色になるんです。そのぼんやりとした黄色を青と呼んだのではないかというのが仲松さんの説なんですね。これは大変おもしろい説だと私は思います。

そうすると、青の島は、真っ暗じゃないわけです。それからまた光明まばゆい世界でもないわけですね。要するに薄ぼんやりとした明るさ、つまり、薄明の中で死者は横たわっているという考えがそこにあると思います。現に沖縄では、お墓のことを「ようどれ」と申します。「ようどれ」の「どれ」というのは穏やかなことをいうのです。瀞八丁とかとろとろとしたとか、そういうのは「どれ」なんです。ゆうどれは「夕なぎ」のことです。「朝どれ・夕どれ」という対句があります。「朝なぎ・夕なぎ」であります。夕なぎであって、しかもお墓をあらわす言葉が「ようどれ」なんです。夕方の非常に穏やかな薄明の世界の中に死者たちは横たわっている。「夕どれ」というのは、死者の世界をあらわすのにいい言葉じゃないかと思います。

沖縄には英祖という王様がいました。英祖とその一族を祀った墓が浦添市にありますが、それを「うらそえようどれ」と言います。浦添の墓なんですね。「ようどれ」は奄美では「とおるばか」と言います。「とおる」というのはとろっとしたという意味。私たちが死ぬのは、いわば夕べの憩いに過ぎないのではないか。一時の旅のある中間地点である。決してそれは終末ではなくて、やがて我々は再生できるのではないか。そうした意味が込められている言葉ではないかと思うんですね。

沖縄では、生まれることを「しら」と申します。産小屋、産室はなかなか確認できません。一カ所ありますが、それはどうも民間のものじゃない。久高島のノロが尚徳王の子供を産んだときにつくったという産小屋がありますけれども、これは民間のものじゃありません。だけれども、産室はある。産室を「しら」と申します。柳田も「稲の産室」で書いておりますように、穂のついたままの稲をうず高く積んでいる、これを沖縄では「しら」と申します。「しら」は要するに生まれるということですね。

それで、生を白といたしますと、死は青であるということになると思います。白から青へ、青から白へというふうに輪廻を繰り返す。これは沖縄の世界観であると同時に、古代日本人の他界観であったのではないかと私は思うわけであります。

死ぬことは何も恐ろしいことではない。穏やかな夕暮れの中に自分の魂を浸しておればいいわけです。蝶が幼虫からサナギへ、サナギから成虫へと繰り返すように、やがて生まれかわる。人間の生も、また死も繰り返していく。

沖縄へまいりますと、ときどき激しい驟雨・スコールが来ます。そのときはびしょ濡れになりますが、たちまちのうちに珊瑚礁の白砂にそれが吸い込まれてしまって、また空には青空が輝いて、太陽が照りつける。その繰り返しなんですね。それが一日のうちに一回来たり二回来たりするということで変わっていくわけですね。曇ってきた、雨が降って困ったなと思うと、もう太陽が照ってくる。太陽が照って暑過ぎると思うと雨が降ってくる。それと沖縄の人たちの生と死の交代の考えは非常に似ているのではないかと考えざるを得ないわけであります。

奥武の島の観念もこれを日本本土に延長して、海岸にある「おう」という地名を私も追ったことがございます。

確かに「おう」という地名は日向の青島を初めとして、青島には死体を埋めたということは確認できませんが、あの対岸には青島古墳群というのがずっとあります。日本の本土でも地先の島に死体を埋めた例はたくさんあります。そこは水がなく人が住めないようなところです。しかし、古墳はたくさんあるんです。これは何度も見ています。ですから、決して沖縄だけの考えじゃなくて、地先の小島に人を葬るというのは、なるべく他界へ近いところに持っていこうという考え方じゃなかったかと思います。

海上他界

沖縄の祭りで感じますのは、象徴的な世界あるいは観念的な世界と現実が二重になっているということです。例えばこういうことがあります。

竹富島の西表島の方に向かった砂浜にニーランジー（石）があります。旧九月のお祭りのときに船にのったニライカナイの神が船のともづなを結びつける、その杭になる石だといわれておりまして、その祭りの当日は竹富島の神に仕えるツカサたちが白衣を着て一列に坐って、今か今かと神の船が訪れるのを待つわけです。

その神の船は、日本本土ではどこのお祭りでも特別の装いをした竜頭鷁首《りようとうげきす》の船の場合もありますし、普通の船もありますが、祭り用の特別の船なんです。竹富島はそうじゃない。西表島などから来た貨物船、商船、普通の漁船でも、神の船なんですね。特別に神の船をそこでつくるのではない。

普通の船がツカサたちの視野の中に入ってまいりますと、そこで神の船に変貌するわけです。そしてまた、地先の海から遠ざかると、普通の船になる。その船がきて、初めてお祭りが始まるわけですね。

日本本土の祭りは、日常的な世界と、聖なる世界を分けておりますけれども、向こうは日常的なものが、ある瞬間聖なるものに変わるわけです。童話の中でカボチャを一たたきしますと、馬車に変わるように、神の船はただの漁船でいいわけですが、観念としては神の船です。ですから、常に日常的な世界と非日常的な聖なる世界が二重になっているというのが沖縄の特徴なんですね。

おそらくこれは日本本土の古代にも適用できる考え方であろうと思うわけでございます。

先ほどニーランジー（石）と言いましたが、これはニライカナイの石、石はジです。ニライカナイというのは、沖縄本島で使われる言葉です。奄美では「ニルヤ」と申します。沖縄本島では「ニライ」、宮古では「ニッジャ」、それから八重山では「ニーラ」と呼びます。そういうふうに各島々で多少の変化はありますが、

「ニー」という言葉だけは共通です。これはおそらく根の国の「ネ」だと思います。私はそれをニライカナイという語は「根浦」「金浦」から来たのじゃないかと考えているんですが、ネウラ、ネーラ、ニーラ、ニール、ニルヤ、ニライと音韻変化をしたものと思われます。根の浦、そこは神のいるところです。金浦は非常に堅固な浦という意味。根のカタスクニという言葉が記紀に出てまいります。根のカタスクニ、固いということと金というのは共通なものがあると思います。だから、根浦、金浦が、ニライカナイになったと思います。

これは私の説ですから、決して人様にそれを押しつけようと考えておりません。

海上他界といいますのは最初地先の小島だった。青の島、奥武《おう》の島とも申しますが、青の島が最初の他界だった。そこから絶えず死者は現世に帰ってくる。キリスト教徒の世界は不可逆的な世界ですね。現世を去った人は他界に行きますけれども、他界から現世に帰ってくることは不可能であってできない。

しかし、日本人の他界観というのは、そうじゃなくて、折り目を見て帰ってこられるんですね。これが特徴だと思います。キリスト教的なものは、他界と現世の間には越えられない壁がある。ところが、日本の場合は襖ぐらいの形で仕切られている。襖をそっとあけて、あるいは障子でもいいんですが、そっとあけて死者たちが帰ってくる。これが日本人の特徴だと思うんですね。それが盆の行事です。沖縄では「アンガマ」といいます。老人のおじいさんとおばあさんの形をして、面をかぶった若者たちが後生《グシヨウ》あの世から帰ってきて、お盆のときに村人と問答を交わす。このごろは後生も物価が高くなって暮らしにくくなったよとか、そういうことを言うわけです。しかし「佛」だから「ドル」じゃないですかと、そういうことを言うんですね。ニンベンを取れば「弗」ですから。それは冗談ですが、死者と生者がそういう対話ができるというところに、古代から今日までの日本人に共通した他界についての見方があるように思うんですね。

私も青年時代にキリスト教に深く影響されましたけれども、現世で犯した行為が他界で罰せられるということが大変苦痛なんですね。最初はそのとおりだと思っておりましたが、だんだんもっと安らかな他界はないだろうか。気持ちが大体ルーズなものですから、もっと安らかな、喜んで他界に行けるような、他界に行くことがこわくないような、地獄で歯がみするようなものではなく、もっと安らぎのある世界が欲しい。そこで日本人の他界観を追求しまして、そしてホッとしたわけであります。

特に沖縄へ行きまして、日本人の他界観の内容が具体的にわかってまいりました。そこで、そういう他界を信ずる限りは、自分は死ぬことがこわくないんだ、そこでは自分の親しい、亡くなった自分の母や父にも会える。そして本当に夕なぎのような穏やかなところで旅人のように一時休憩するだけである。やがていつの世か、この世に生まれてくるときがくるだろうという観念は、非常に原始的な観念かもわかりませんけれども、しかし、考えてみれば人間は一つの観念があればいいわけです。それは高級であろうと原始的であろうと単純であろうと複雑であろうと、そんなことはどうでもいい。何かそこに自分の救いがあればいいわけでありますから、私は大体それで満足できるんじゃないかと考えまして、そういう気持ちに落ち着きましたときに、長い自前の道を歩きながら何か日本人共通の他界観、死生観にたどり着きましたときに、やっと安らぎのようなものを得たことを告白する次第でございます。

(『人文研ブックレット1　日本人の他界観』中央大学人文科学研究所、一九九三年六月)

宮古島の神と森を考える――シンポジウムを終えて

島に残る「森は神の住居」

宮古島の平良市狩俣で毎年おこなわれている祖神祭《うやがん》は十八世紀初頭の宮古旧記や琉球国由来記にも記載されている。その起源をたどるとすれば、それはさらに数世紀さかのぼることが確実な古い祭である。私も本土復帰以前に宮古を訪れて以来、祖神祭に幾度となく立ち会っている。

二十数年前、祖神祭に奉仕する神女《ツカサ》は十八人であったことを記憶している。それが今はわずか六人である。これ以上人数が少なくなれば祭をおこなうことが不可能である。これをトキにたとえることが適切かどうか分からないが、個体数が減ってしまった日本のトキは八方手を尽くしても再生不能である。祖神祭は絶体絶命の瀬戸際に立たされている。手遅れにならないよう活力を取り戻すために、私どもは手助けしなければならない。

私は久高島のイザイホーが中止された時のことを思い出す。イザイホーを主宰する幹部の祭司がそろわなかったことで中止されたのだが、私はあらゆる変則を許容してでも、祭をおこなうべきだという考えを抱いていた。いったん中断したら、さらに十二年後復活させることは至難の業だからだ。

しかし私は自分の意見を述べたとき、ヤマトンチュとして出過ぎた行為と受け取られることをおそれた。そこで致し方なく、かつて見た白昼夢のような華麗なまぼろしを追うだけで我慢した。久高島の広場にふたたび比類のない美しさをもった大輪の人の花が咲くことはとうてい期待できない。私はそのとき、なんと思われようとも、自分ひとりででも、祭を求める声をあげなかったことを後悔した。

その後悔をこんどだけは味わいたくない。イザイホーが琉球王府にゆかりのふかい洗練された祭であるとすれば、狩俣の祖神祭は原始国家の祭をほうふつさせる重厚な迫力をもっている。その祖神祭が存亡の危機に瀕している。しかしまだかろうじて間に合う。私は四分の一世紀に及ぶ私の南島通いの帰結として祖神祭の活性化に、残された時間を役立てようと決意した。私は座視したままで、祖神祭の臨終の立会人となることを自分に許すわけにいかない。

そうした思いでいた矢先、今年の五月二十二日のことであるが、宮古に滞在中の私は地元紙の記事に眼を落として愕然《がくぜん》とした。宮古群島の緑は、本土復帰後二十年間に、半減したというのだ。宮古のように資源にとぼしい島では、海と土地と緑が財産である。その緑が半減するまでに、宮古は自分の財産を食い荒らしてしまったのだ。ちなみに面積にたいする森林率は日本本土で六七％、沖縄県全体で四七％であるが、宮古はわずかに一六％そこそこである。元来緑のとぼしい宮古島がここまで追いつめられている。

森が神の住居であるという考えは南島では今も生きている。森の中にウタキが作られ神まつりがなされる。その森が消滅することは神の居場所がなくなったことを意味する。私は近年、宮古の島内がいたるところ掘り返されて工事がすすめられている光景に心を痛めてきた。宮古には大モグラがいてあばれていると、友人に笑いながら軽口をたたいたこともある。しかし宮古の森の半減を示す冷厳な数字を見て、私の笑いは凍りついた。

神女たちもシンポ出席

今日、地球規模での自然環境破壊を阻止することが人類の最大の課題となっている。日本国内でもバブル経済の崩壊は、国民にあらためて自然環境の大切さを認識させた。さいわいなことに今年の七月、私の年来の友人である医師の伊志嶺氏が平良市長に就任した。伊志嶺氏は文化の理解者であり、自然環境の回復を訴えて選挙戦にのぞんだ人である。

この機を逸しては立ち上がることはできないと私は考えた。私は宮古の地元紙の報道に衝撃を受けた日から、「宮古地名研究会」（代表・佐渡山安公氏）の人たちと準備をすすめ、ちょうど半年目の十一月二十三日に、平良市で「宮古島の神と森を考える会」の発会式にこぎつけた。

それとともにおこなわれたシンポジウムでは、東京、京都、和歌山、沖縄本島、八重山から、第一線で活躍している学者、写真家、音楽家などが手弁当であつまった。伊志嶺市長、宮古のカンカカリヤー、狩俣の神女たちも会場に姿を見せた。宮古島が神と森を喪《そう》失したとき、宮古島の魂は消滅するという危機感がこのように多彩な顔ぶれを一堂にあつめさせたのである。発会式の様子は本紙の十一月二十四日の夕刊に大きく報じられた。沖縄県民もそうであるが、本土の人たちもこの会に共鳴して、入会者が続出している。

私どもの会のこれからの活動は多岐にわたるが、さしあたって狩俣の祖神祭の支援に全力をそそぐことになろう。それはやがて宮古全域の神行事に及ぼすつもりである。そのほか講演会やコンサートを通じて宮古の森や海岸の保存を訴えてゆく。またそれらの実態調査や記録もおこなう。

私どもは宮古を発信地として、南島全体や本土、さらには外国にも呼びかけるつもりでいる。来年の十一月二十三日に第二回シンポジウムと会の総会を予定しているが、それには外国人の知識人の参加も考えている。

ここで力説したいのは、植物の移植が必要であるように、文化土壌も異質のものが入りまじることで活性化をはかることができるということである。この会には多くの島外者が参加しているが、それによって宮古の文化土壌は強化されると思う。宮古の文化活動が豊かさをますことを、私たち宮古を愛する者すべてが願っている。

(「沖縄タイムス」一九九四年一二月五、六日)

宮古島の神と森を守るために

今年の一月から二月にかけて、宮古島では長期間の断水を余儀なくさせられた。それはいまだかつてなかったことだ。その原因として考えられることは、森林がむやみに伐採された結果、降った雨はむき出しの地表から強い日に照らされて蒸発し、地下水となって浸透する量がきわめて少なくなったためである。面積にたいする森林の割合、すなわち森林率は日本全国で六七パーセント、沖縄県全体で四七パーセント。それに比して宮古島の現在の森林率はわずかに一六・四パーセントにすぎない。宮古島はもともと標高一〇〇メートルそこそこの平たい小さな島である。森林といっても雑木が多く、十六世紀頃には船材を求めて遠く西表島まで出かけていったという記録がある位である。沖縄県の統計によると、一九七二年の本土復帰以後の二十数年間に、宮古島の緑は半減したという。さらに二十年経った宮古島が赤はだかの島となることは目に見えている。

宮古の森がいちじるしく減少したということは、森のなかに設けられた神の居場所がなくなることを意味している。沖縄の島々のなかでも宮古はとくに神高い島で、いまも神行事がおこなわれている。その神行事をする場所がきわめて限られるようになった。土地改良、圃場《ほじょう》整備の名目の下に、周囲の森林は惜し気もなく伐採され、宮古島のどこを歩いても、掘り返された土地が赤く醜い腹を見せている。そのために表土は海に流され、海浜を汚染しつづけている。

宮古本島の西に浮ぶ来間《くりま》島は夕陽の美しい島だ。いま、宮古本島と来間島の間に橋を架ける建設工事が進行している。その橋は来年二月に開通するが、農道として作られている。ぼう大な金をそそぎこんで、建設する農道としての橋は、来間島にそれと見合った農業の規模拡大を迫っている。そのために、島は集落だけを残して、そのほとんどを土地改良し、農地に変えてしまった。

二十数年まえ、私がはじめて来間島に渡ったときのことを思い出す。そのとき来間島には渡し船が一そうあった。対岸の宮古本島がわで、ワラを燃すと、その煙を見て、渡し船が来間島から迎えにくるというきわめて牧歌的なものであった。そのように島の時間はゆったりとしたものであった。橋が架かれば便利にはなるだろう。しかしそのために来間島の林は切りはらわれ、聖地もあとかたもないほどに整地された。だがいま農地に変えていったいどのような利益があるだろう。来間島の集落の人びとは高齢化してしまっている。

それに農業をやったところで、ほとんど利益を得ることはできない。ここに便利さと利潤をひたすら追求した文明の戯画がある。

開発の波は宮古島のもっとも重要な神行事をおびやかす。十八世紀初頭にさかのぼれる宮古島の古い記録にも記された宮古本島北部の狩俣の神祭は、いままさに存亡の淵に追いつめられている。二十数年まえには狩俣の冬祭である祖神祭（おやがん）に奉仕する神女は二十人いた。それがいまは六人に減った。これ以下では神祭はおこなえない。個体数の減った日本のトキがついに再生不能になったように、祖神祭もここでとだえるかどうかの瀬戸際に立たされている。祖神祭では狩俣の創世神話とそれにつづく歴史が神歌として神女たちによってえんえんとうたわれる。その重要さは限りないと云って差支えない。こうした状況に対応すべく、私共は、去る十一月二十三日、宮古島の平良市で「宮古島の神と森を考える会」を発足させた。それは宮古島に住む人たちと島外者が一体となって、宮古の神と森を守っていこうという決意につらぬかれた会であった。平良市長の伊志嶺氏はじめとして一般市民が多くあつまったが、なかには祖神祭に奉仕する狩俣の神女たちや、神占いをするカンカカリヤたちも姿を見せて注目を引いた。

発会式と共におこなわれたシンポジウムには東京、京都、和歌山、沖縄本島、八重山から、第一線で活躍している知識人が手弁当でかけつけたが、そのなかには沖縄でひろく知られた音楽家の喜納昌吉もまじっていた。発言者はそれぞれ宮古島へのつきせぬ思いを語り、宮古から神と森が消えたとき、宮古島は魂を失った島となることはまちがいない、と憂慮の念を述べた。これは単に宮古島の問題だけではないであろう。私ども「宮古島の神と森を考える会」は、宮古島を発信地として、沖縄全体、本土、そして外国にも訴えつづけていこうと思っている。

（「西日本新聞」一九九四年一二月一四日）

宮古島の神と森

私は自分の民俗学を「神と人間と自然の交渉の学」と称している。この私の考えを明瞭に裏付けているのが南島であり、とりわけ宮古である。宮古に足を踏み入れてから四分の一世紀がすぎた。しかしその間、私は宮古に通いつづけて倦むことがなかった。宮古はつねに私の疑問に対して、するどく、正確な答えを送りかえしてきた。サトウキビ畑とその間をつらぬく珊瑚の砂の道。一見何の変哲もないその大地の深い底から答えが発っせられていることを思うとき、私は心から宮古の大地に畏敬を感じずにいられない。畏敬だけにとどまらない。活動期の少なからぬ歳月を宮古に関わりあってきた私は、宮古に限りない愛着を抱いてきている。

いま宮古の大地は大きな危機に直面している。大地は削られ、海浜は埋め立てられた。森は二十年まえ、つまり日本復帰の頃に比べて半減した。これが宮古の社会の進歩と引換えに支払われた。その代償があまりに大きかったことに、私どもは今更のように愕然としている。宮古の自然には、海浜でも平地でも森でもどこでも神が住んでいる。その神の居場所が無くなってきたのだ。大規模な資本によって囲いこまれた広い土地の一隅に申し訳のようにウタキが残された。それが神々にとって居心地のよい場所であるはずがない。神々はやがてそこからも追放され流浪の運命を強いられるであろう。

ここにはっきり言えることは、宮古島から神が無くなったとき、宮古島は死ぬということである。神々と共に生きた宮古人の誇りは他に求めようとしても得られないということである。琉球弧のただ中に浮かぶ、平たく、貧しい島にすぎなくなるということである。リゾート施設をいくらもってきても、リゾートに宮古人の誇りを発見することはできない。人間の精神がそんなもので満足させられる筈はない。このことを思うとき、私共は何としても宮古の神と森を守らなければならないことを決意する。

神が人間の思想や感情の源泉であるように、森はそこに水をたくわえ、大地をうるおし、海浜をきよめる始源の力である。神がなければ人間の精神は軽佻になり、真の自信を持つことはできない。森がなければ、自然は荒廃する。宮古は神と森の喪失の危機にさらされている。

宮古を愛するものは、そこに生れ育った者、そこに住む者にかぎらない。外部の人間たちも、外国人も含めて宮古の神と森を守るつどいに参加する資格があり、また、義務がある。そのつどいの誕生にむけて、私もささやかながら努力を惜しまないつもりである。

日本のようにせまい国土では自然を破壊することなしに開発を進めることは困難である。沖縄の島々はその矛盾にいっそうさらされる。沖縄本島よりも小さい宮古島はその矛盾が極端に露呈する。宮古島の神の居場所である森をこれ以上荒廃させることを防ぐために、私が提唱した「宮古島の神と森を考える会」が十一月二十三日、宮古の平良市で発足した。

会場は趣旨に賛同した島内、島外の人びとであふれた。東京からは古代文学の古橋信孝、フランス文学の岡谷公二、京都からは中世文学の福田晃、和歌山・田辺市からは南方熊楠研究家の中瀬喜陽、沖縄本島からは民俗地理学の仲松弥秀、写真家の比嘉康雄、音楽家の喜納昌吉（喜納昌吉&チャンプルーズのリーダー）、八重山からは民俗学の石垣博孝の諸氏が手弁当でかけつけて、それぞれの立場から、宮古島の神と森に対する尽きせぬ思いを述べた。いずれも宮古に関係が深く、宮古を愛する知識人ばかりである。

会場には伊志嶺平良市長をはじめ、宮古の人びとが集まったが、その中には神占いを仕事としているカンカカリヤたち、狩俣の神祭を主宰する神女たちも見え、一堂に会したその多彩な顔ぶれは、宮古島が置かれている現実の総体を反映していた。

当日の会の模様は、宮古の地元紙も、県紙である沖縄タイムスや琉球新報も連日のように大きくとりあげた。それは戦後五十年を迎えようとする沖縄の関心がどこにあるかを示すものであった。

沖縄は戦災からみごとに復興したが、それと引換えに失なったものも少くない。その筆頭が自然の破壊であることに、沖縄県民がいかに心を傷めているかよく分かる。

沖縄では神と森とは一体の存在である。そこで私たちの運動は自然保護だけでなく、神も一緒に考えようとする立場である。「宮古島の神と森を考える会」は、宮古島を発信地として、沖縄全体、さらには本土、いな外国までもその訴えをひろげていくつもりである。

（「波」一九九五年一月）

宮古島の神と森

一昨年、一九九四年の五月、宮古島に滞在していた私は、何気なく地元紙を開いて読んでいるうちに、愕然とする記事に出会った。

沖縄県が本土復帰した一九七二年には、七千八百ヘクタールであった宮古群島の森林面積は、それから二十年後の一九九三年には三千六百ヘクタールに減少した。つまり半分以下に減っているという報道である。このまま事態が進めば単純な計算では、更に二十年後には、宮古島の森林はまったく無くなることになる。ちなみに日本全国の森林率は六七パーセント、沖縄県全体の森林率は四七パーセントである。それに対して宮古島の森林率はわずか一六・四パーセントにすぎない。

もともと宮古島は高い山のない平たい島である。もっとも高いところでせいぜい百メートル位である。その森林の少ない島の樹木や原野が半減したということに私は衝撃を受けた。

森林率の減少は大がかりな開発によるものである。土地改良事業と称する圃場整備によって、宮古の田畑は掘り返されて、赤い土がむき出しになっている光景を、毎年宮古通いをしている私はいやという程見せつけられた。宮古島は年中大もぐらが暴れている、と友人に冗談めかして言ったことがあるが、この赤裸になっていく島を見て、心はたえず痛んだ。その上、この小さく辺鄙な島にゴルフ場が四つもある。

こうしたことのために、宮古島に渡ってくるサシバの数も近年めっきり少なくなっている。島影一つない三百キロの海を沖縄本島から横断してやってきたサシバは宮古島で疲れた羽をやすめる森を必要とする。以前は毎年十月十日頃になると、宮古島の空は、陽をさえぎって真暗になるほど、サシバの大乱舞が見られたというが、宮古の風物詩であったサシバの渡りも、今では四分の一にも満たない。その主な原因は、宮古に森林が急激に減ったことである。

森林が減ってきたことから宮古島では地上と地下の水の循環に異変が起ってきた。宮古島の雨水の蒸発量は本土よりも四〇パーセント多く、逆に地下浸透量は本土よりも三六パーセントも少くなっている。そのために一九九四年の一月から二月にかけて宮古島では初めて長期断水を強いられた。

宮古の神々は森にも海にも海岸にもいるが、その神の居場所はなくなってきた。宮古のもっとも美しい砂浜はリゾートホテルを作るために本土の大資本が囲いこんでしまった。宮古の神も島民もそこに入ることを許されない。こうしたことのために神行事の衰退もいちじるしい。

宮古島の民俗は日本の最も古層を今に残している。とりわけ宮古島北部の狩俣の神事は、はかり知れないほど重要なものである。

私が二十数年まえはじめて狩俣の冬祭を見たとき、祭をつかさどる神女が十八名いて、蔓草のかんむりをかぶり、白い神衣を着、はだしのまま円陣を作っておごそかに神謡をうたう姿は、古代以前の日本を思わせるものがあった。その神女も今はわずか四名になってしまった。個体数が減ってしまった日本のトキは八方手を尽くしても再生不能であったように、このままでは長い伝統をもつ狩俣の神事もとだえるのではないかと憂慮していた。

そこで私は地元紙の記事を見て、何らかの意思表示をすべきであると思った。長年宮古島に通い、宮古島から民俗学の研究で多大の恩恵を受けてきた私は、宮古島の神と森の衰亡を坐視するにしのびなかった。手をこまぬいて、それで後悔するようなことはしたくなかった。私は宮古の友人を語らい、半年間の準備をして、一昨年の十一月二十三日に、「宮古島の神と森を考える会」の発足のためのシンポジウムを開いた。それは予想を超えて盛会であった。本土や沖縄本島から宮古島に縁のある研究者がシンポジウムに加わり、地元の参加者と討論した。地元紙はもとより、沖縄タイムスや琉球新報も大々的に報道した。それに力を得た私共は、昨年の第二回大会を十一月二十三日に狩俣で開いた。会場は地元の老若男女であふれ、シンポジウムにも熱心な発言があった。朝十時から昼の休憩をはさんで夜六時までぶっ通しでおこなったが、途中で帰る者はほとんどなく、その光景は私には奇蹟のように見えた。

そのすぐ後、私共に嬉しいニュースがあった。狩俣の四名しかいない神女に、新しく二名の神女が加わることになったというのである。狩俣の神女に参加するのは尋常の仕方ではない。冬祭のとき森にこもっていた神女たちが、真夜中に森からひそかに降りてきて、家にこもっている女性をさらっていくのである。その儀礼を見ることはきびしいタブーとされているが、私はせめてその雰囲気でもあじわいたいと、宮古の友人たちと一緒に新しい神女の出る家のまえの石垣の蔭に身をひそめた。息をこらしていると、オオロウ、オオロウという異様な叫び声が私の耳を突き刺した。蔓草のかんむりをかぶった一団が闇の中を、風のように通りすぎて、家の中に入った。白衣の群は新しい神女をとりかこむと、抱くようにして、森の方へ連れ去った。あっという間のできごとであった。これは古代日本にもあった、神が処女を掠奪して「神の嫁」とする儀式である。こうして新しく二名の神女が出たことに、私共はトキが孵化したように喜び合った。

さて、「宮古島の神と森を考える会」は今年も例年どおり十一月二十三日に、狩俣の近くの池間島で大会を開くことにしている。この南の果の島で、神と森を守るために、私共はささやかな執念をもやしている。

神の嫁となる夜

一九九五年の十一月二十七日の夜、宮古島の北端にある狩俣の集落は異様に静まり返っていた。それは新しく祖神祭《ウヤガン》に参加する神女《つかさ》が誕生する夜であった。ここで祖神祭の説明をして置くと、それは狩俣に古来伝わる冬祭で、頭に蔓草をふかぶかと被った白衣の神女たちが五回山ごもりをしながらおこなう祭である。一回の山ごもりは三日間から五日間で、山ごもりをしている間、神女たちは跣足《はだし》で山中を歩きまわり、粗末な小屋に寝起きして、神歌をうたい、神人交歓の儀式をくりかえす。これは日本本土ではもはや見られなくなった神祭の原型を残すものである、と私は考える。

ところが狩俣の集落でも近年、近代化と過疎化の波に洗われて、それに参加する神女の数は減る一方で、かつては二十数名もいた神女が昨年はわずか四名という有様になった。この分ではやがて祭も絶えるにちがいない、と憂慮した私は、一昨年、宮古島と本土とを問わず、有志に呼びかけて「宮古島の神と森を考える会」を発足させた。結成にあたっての趣意の文章は新潮社の「波」編集部の御好意で、九五年一月号に掲載されたので、あるいは読まれた方々もあると思う。それからちょうど一年目、私共の蔭の努力の甲斐があっ

（「文藝春秋」一九九六年一一月号）

て、昨年、四年振りに祖神祭に二名の新しい神女が加わることになった。

その参加の仕方は尋常ではない。山に籠っていた神女たちが、ひそかに降りてきて、家から神女を連れ去っていくのである。その一連の行動は深い夜闇の中でおこなわれ、それを公然と見ることはきびしいタブーとされている。そこで、私は宮古の友人と共に、せめてその雰囲気なりとあじわうために、新しく神女の出る家のまえの石垣の蔭に身をひそめたのである。

待つこと数刻、とつぜんその家の燈りが消えた。しばらくすると、オオロウ、オオロウという異様な叫び声が私の耳を突き刺した。白衣の一団の影が漆黒の闇の中を風のように通りすぎ、家の内に入った。途端、家の中から神女たちの歌う神歌がしずかに流れてきた。歌がやんで、白衣の群は新しい神女をとりかこみ、抱くようにして、山へ連れ去った。あっという間のできごとであったが、それは今まで世俗のくらしをしていた家庭の女を、神が自分の嫁とするために、奪い去っていく儀礼行為なのであった。ありふれた家庭の女は、神に奪われ、神に祝福されるよろこびと、家族を残してきた悲哀の入り混った気持のまま、茫然とした心境で山ごもりの仲間に連れ去られたにちがいない。

アマテラスは大ヒルメと呼ばれる。ヒルメは日《ひ》の妻《め》であり、太陽神の妻である。神に掠奪《りやくだつ》されて日常のたのしみを捨てねばならなかった女の姿、その歓喜と悲哀は日本本土でも斎宮にその俤《おもかげ》をとどめていたが、今は見られなくなっている。それが南島の狩俣の祭に残されており、私は古代人の信仰の古層をまのあたり見る心持がしたのである。

（「芸術新潮」一九九六年三月号）

「沖縄の根」とは何か

本書の底本となった『沖縄・辺境の時間と空間』（三一書房）が刊行された一九七〇年は、アメリカの占領軍の統治下にあった沖縄が、二年後の祖国復帰を目指して、熱く燃えた年であった。それから四半世紀をすぎた一九九五年、沖縄はアメリカ兵の少女暴行事件を契機として、基地の廃絶を目指し、再び立ち上がった。歴史の曲がり角には沖縄がいつも姿をあらわす、と島尾敏雄は言ったが、沖縄の存在が社会問題になるのは、日本全体にとっても大きな変わり目にさしかかっている時である。

戦後五十年を経て、日本はあらゆる面でひずみを露呈し、その方針の根本的な検討を迫られている。沖縄にぼう大な基地を押しつけて平然としている日本本土のエゴイズムはきびしく問われようとしている。沖縄の痛みを自分の痛みとすることのできない日本とは何か。その問いは、そのまま、日本と沖縄との関係とは何か、さらには沖縄とは何か、という問いにもつながっている。

私が沖縄に足を踏み入れたのは、沖縄が政治的季節の真只中にあった時である。そこで私は「沖縄の根」とは何かと問い、自分なりの考えを文章に発表したが、一九七二年の本土復帰後も、私は沖縄に通い、沖縄の崩壊ともいえる急激な変貌を眼のあたり見てきた。怒濤のような本土資本の濁流に沖縄はあっという間に呑みこまれ、政治、経済、教育など、あらゆる分野で本土との画一化を強制された。沖縄の伝統のライフスタイル、またその核となっている信仰すらが、衰退の一途をたどりつづけている。

私は「沖縄の根」の底に沖縄固有の「神」の存在を見る。その神を見失った沖縄は日本本土の衝撃力に耐えられない、という考えを一貫してもちつづけている。その危惧《きぐ》は復帰の一年あとに早くも現実となった。一九七三年に書いた「沖縄、その危機と神々」という文章は、私の危機感を率直に披瀝《ひれき》したものである。私の懸念は年を追うごとに増大し、残念ながら杞憂《きゆう》とはいわれなかった。

たとえば、復帰二十年たってみると、宮古群島では緑が半減していることが判明した。それに伴って神祭りもいちじるしく衰退した。その事実に愕然とした私は宮古島内外の有志と語らって「宮古島の神と森を考える会」を一九九四年十一月に結成した。この会は今年二年目を迎えて活動をつづけているが、前途はけっして楽観を許さない。その間の経緯に触れた文章を本書にも収録しておいた。

私が沖縄をはじめて訪れたのは一九六九年二月であったが、その時の旅の印象を「火にかけた鍋」と題して書いたことがある。


沖縄は火にかけた鍋である。その中の水は沖縄本来のものであり、そこにあとから、本土産や中国産の材料が投げこまれたのだ。鍋を焚いている火は島津であり、日本の政府であり、アメリカの軍政府である。長い年月の間に鍋の中にはふくざつな味のスープができあがった。とろ火にかけられた長い世紀の苦しみが、沖縄の味を独特なものにしている。その独特さはあれかこれかの二者択一を越えている。


私がここで二者択一というのは、沖縄が本土との一体化か沖縄の独立かという二つの道の一つを選ぶことである。

日本本土と沖縄は母を同じくし、父を異にする兄弟である。母は民俗や言語などの基層文化を指す。父は歴史である。沖縄は明治十二年の琉球処分までは、少なくとも琉球王国としての独立国の体面を保ち、本土《ヤマト》とは別の歴史の道を歩みつづけていた。

母が同じであるために、沖縄は本土に限りない親近感をおぼえる。しかし、父が異なるための違和感も否定できない。沖縄のこころは本土のつよい牽引力と、本土に対する反発の両極の間を振り子のように揺れている。沖縄が本土との関係で、自分の立場をどちらか一方に固定できない理由は、もともと本土とは同母異父の兄弟関係にあるからだ。同化も異化もできない沖縄は二者択一を超えた道を模索するほかない。

具体的に言えば、日本国に属しながらも独自の歴史をもつ奄美・沖縄は、「南島自治文化圏」を設定する方向にむかうべきである、というのが私の考えである。それについては、復帰二十年目に書いた「沖縄問題は終わったか」という一文を参考にしていただきたい。私はそこで沖縄問題ははじまったばかりである、と述べたが、今日沸騰する沖縄の社会がそのことを証している。

だが一口に南島と言っても、そこには眼に見えない断層がある。沖縄本島には除外され、先島《さきしま》と呼ばれる宮古・八重山だけに課せられた人頭税《にんとうぜい》もその一つである。私は一九七〇年、先島を歩きまわって、先島の歴史に人頭税が大きな影を投げかけていることを知ったが、当時、人頭税のさいごの体験者は八十を越えており、生きた証言が聞かれなくなる日が間近であるので、私はいそいで体験者の話を聞いてまわり、人頭税廃止運動の指導者中村十作《なかむらじゅうさく》を主人公にした文章を雑誌「中央公論」に発表した。それまで人頭税に触れた論文は皆無に近かったので、それは世間の注目を引いた。

宮古・八重山では人頭税にたいする関心が一九八〇年代になって高まった。宮古の平良《ひらら》市では、人頭税廃止の年から八十五周年を記念して、一九八七年にシンポジウムがもたれ、更に一九九三年にも大規模な集会が開かれた。

一九九五年八月には、青森市の主催で笹森儀助《ささもりぎすけ》生誕百五十年を記念する集会がもたれた。笹森は『南島探験』の中で、人頭税に苦しむ先島の民の惨状を活写している。ついで、その年の九月には、中村十作の出身地の新潟県中頸城郡板倉町が中心となって、中村十作を顕彰する集会を開いた。このような機縁を作ったのが、『沖縄・辺境の時間と空間』であった。

このたび文庫化するにあたっては、巻末に「宮古人頭税廃止請願運動関係資料」を付し、またあらたに章を設け、「復帰」後の沖縄に触れた文章を追加し、更なる充実を目指した。

(『沖縄　その危機と神々』序　講談社学術文庫、一九九六年四月)

「南島自治文化圏」への提言

沖縄問題を真に解決するためには、その空間と時間がヤマトとははっきり違っていることを土台にして、考えを組み立てる必要がある。奄美から南の島々はヤマトと異なった自然景観と気候をもっている。またそのたどってきた歴史もヤマトのそれではない。琉球国は室町時代から明治初めまで独立国の体面を備えていた。

こうしたことを考えると、奄美・沖縄、ひっくるめて南島をヤマトと一律にして統制しようとする明治以降の日本の指導者の方針が誤っていたことは明白である。指導者が行政面でも教育面でも性急に本土化を促したのはけっして悪意からだけではない。たとえば方言札の問題でも、標準語が話せないとヤマトでの生活に支障を来すことを心配した教育者があったことはたしかである。

しかしそれにもかかわらず、日常生活の細部にいたるまで本土並みに規制しようとした結果、奄美・沖縄の人びとの気持が本来ののびやかさを喪失して、窮屈になったことも否定できないように思う。私は沖縄の本土復帰の数年前から沖縄に通いはじめ、それ以来毎年沖縄を訪れているが、「復帰」前の沖縄をなつかしむことがある。あの頃は沖縄の固有性がきらめいていたように思う。今から見るとはるかに貧しかったが、沖縄の人びとの着物にはいつも風が吹き通るようだった。歩みもゆったりしていた。悠々たる琉球弧の歴史が感じられた。

このゆったりしたライフスタイルが奄美・沖縄の本来の姿だと思う。それがいつの間にか消えかかっている。沖縄の人びとは身丈の合わない着物を無理に着ているような窮屈な気持をいつも持っている。私は沖縄問題の真の解決は、南島にもっとも適合したライフスタイルの再発見と再構築だと考える。そのためには行政や教育の面で、沖縄は（奄美も含めて）本土が一律に課している規制から脱しなければならない。日本国に属しながらも、許容される自治を獲得すべきだと思うのである。

近頃、規制緩和が叫ばれているが、それは沖縄の行政や教育面でも実行するべきである。

奄美・沖縄はヤマトとは言語・民俗で共通したものはもっている。これを母と呼ぶならば、本土と沖縄はおなじ母の血をわけた兄弟である。しかし自然と歴史はちがう。とくに異なる歴史を体験してきている。父がちがうのである。母がおなじであるために、お互いは、無限の親しみをもつ。しかし父がちがうために奄美・沖縄はヤマトに反発し、異和感を抱くことが多い。

この南島の空間と時間の構図は不変のものである。それゆえに、奄美・沖縄はもっとも自然かつ合理的な解決を求めて「南島自治文化圏」がいかにしたら可能であるかを模索すべきであるというのが私の考え方である。押し着せのものではないライフスタイル、それが南島民の幸福であるからには、それを堂々と要求すべきであろう。

この「南島自治文化圏」の具体的内容については私も明確に言うことができない。しかし「沖縄のことは沖縄にまかせろ」と言える部分を拡大していくべきである。沖縄が抱えているぼう大な基地問題も当然ながら、沖縄の自治とは無縁ではない。

これについては私が最近、講談社の学術文庫から出した『沖縄—その危機と神々』に述べておいた。この本は二十五年前刊行した『沖縄・辺境の時間と空間』を改訂増補したものであるが、沖縄問題の「本質」はまったく変わっていないことを痛感している。

（「沖縄へのメッセージ」琉球新報出版部、一九九七年二月）

不思議なことが日常にある島

私は、ここ二十数年宮古島に通っているが、宮古島がぴるますの島であるという思いは年々つよくなる一方である。ぴるますとは、「ふしぎな」という意味だそうだが、不思議と思われていることに日常ザラに出会うのが宮古島である。だがその中でも私がもっともぴるますと思っているのは、価値観念が、宮古はよその島とはちがっている、ということである。このまえ、私共「宮古島の神と森を考える会」は池間島で第三回目の集会を開いたが、会場の壇上に並んだのは、池間島のもとウプツカサ（大司）、そのほか佐良浜や西原の神女たちが中心であった。ふつうシンポジウムといえば、知識人、文化人、専門家が壇上に並ぶ。だが宮古島ではカンカカリヤやツカサなどが活発に討論し、会場からの質問に答える。これはまことに不思議なシンポジウムの光景である。本土ではおよそ考えられない。

また会場で発言された池間島の区長も船の上から、ウパルズ神社の祭りはとだえているのに、白装束の女たちが神社の森の中に行列を成して入っていくのを目撃したという。区長だけではなく、同じ船に乗っていた数人の男たちも見た。あとで気がつくとその日はちょうどユークイの祭りの日であった、というのである。こういうことから区長は宮古島の魂が集まるというウパルズ神社の祭りを復活させねばならないと明言した。

一九九六年十一月二十一日にアトールエメラルドという新しいホテルで、佐渡山安公、政子夫妻の『続ぴるます話』の出版記念会があった。招待された面々を見ると、翌日からウヤガンのために山ごもりをする狩俣の四名のツカサたち。池間島の仲間小夜子さん一家のように池間の神を大切にしている家庭、根間ツルさんのようなカンカカリヤなどがいる。話の中で、挨拶に立った平良市長の伊志嶺亮さんが、「ここには有名な人は誰もいない」と言った。

それを聞いて、私は会心の微笑《えみ》を洩らした。なぜならば、そこにこそ私の考えるもっとも純粋な宮古人がいたからだ。知識人ならば私は年中会っている。しかし庶民に会うことは少ない。そこで私は旅に出かける。その庶民の純粋な姿に会えるのは沖縄だ。もちろん本土でも出会うことはないわけではないが、沖縄の庶民のうつくしさは格別だ。

その中でも私が宮古に足しげくはこぶのはなぜか。庶民が神をもっているからだ。だから宮古島で私どもが開くシンポジウムではツカサやカンカカリヤが上座にすえられる。また会場に集まる人々もそれを不思議と思わない。ツカサやカンカカリヤは庶民だから、他所では知識人の下に置かれる。宮古ではそうでない。その魂に触れて、島外からやってきた人々が癒やされる。不思議が不思議でない島、眼に見えない魂の問題をもっとも深く考えさせられる島。それが私にとっての宮古である。

（「てぃら」創刊号、一九九七年二月）

悠々たる琉球弧の歩み

私は只今沖縄が置かれている状況を、私が最初に訪れた一九六九年の沖縄と重ね合わせている。当時は復帰前で、さまざまな意見が沸騰していた。大別すれば、祖国復帰の熱望という大きな潮流があり、その中で、ただやみくもに復帰すればよいのではない、という反復帰の流れがあった。それは黒潮の中に反転する潮流があるのと同じであった。私はどちらかといえば、反復帰の方に賛成であったが、反復帰の主張の代表的論客であった新川明が烈しくヤマトを糾弾するのに胸のすく思いをしながらも、一方ではそれが逆差別につながることを怖れてもいた。つまり沖縄は善でヤマトは悪であるという単純な図式にいつの間にか沖縄の人びとが陥ちこむことを警戒した。

そこでヤマトという大きな円の中に含まれていつも反対の方向に動かされる沖縄という小さな円があることを指摘すると共に、沖縄という円の中に先島という更に小さな円があって、それは沖縄の歴史の中ではいつも反対の方向に動かされてきたことを指摘した。その一つが先島にだけ課せられた人頭税の歴史である。当時は熱い政治の季節であったから、沖縄の知識人の目は、本土へ、またその中心である東京へ向いていた。その敏感さは私がおどろくほどであった。それに引きかえて人頭税にはほとんど関心を寄せていないのが私には不満であった。人は自分が体験しないことには真の同情を寄せることができない、という証拠がここにあった。

沖縄本島の知識人の協力を望んでいたが、それが得られないので、私はひとりで先島を歩きまわり、人頭税を調べた。体験者の貴重な証言も得た。といっても私は研究者の姿勢で先島の人びとに接したのではない。私の頭にはいつも――当時も今も――「悠々たる琉球弧の歩み」というまぼろしが生きている。南の小さな島々。島をとりまく干瀬。それに白い波が揚るのを見ながら、大自然の営みに忠実な人びとの歴史を思いうかべる。私は「小さき者」が好きだ。彼らは権力に最も遠い存在だが、反権力も権力の裏返しであるから、彼らは反権力でもない。そこには、私のあこがれる屈託のない人生がある。沖縄では青の島といってかつて死者を葬った島がある。青はそこでは死者の世界をあらわす色で、それに引き換えて生まれることをシラと称した。シラは白に通じる。白は誕生であり青は死である。昔の人は白から青へ、青から白へとまるで蝶のように、生命が生まれがえることを信じていた。沖縄の小さな島々でいつも体験することだが、俄か雨が降ってもそれは珊瑚礁の砂地に吸いこまれて後をのこさず、またキラキラと陽がかがやく。このように生も死もひとときであって、ながくつづかず、断絶したものでないという考えが私を魅了した。悠々たる琉球弧の歩みは、先島にこそふさわしかった。なかでも宮古島は文化的な匂いがないだけに、私の気に入る島であった。私は宮古島から多くのものを学んだ。宮古島の庶民の中に生きつづける民俗は私の思想の糧であった。

復帰前の沖縄体験は『沖縄・辺境の時間と空間』という題でまとめて、一九七〇年に三一書房から刊行したが、しばらく品切れになっていたので、昨年『沖縄』と題を改めた増補改訂版を講談社の学術文庫に納めることにした。その間四分の一世紀が流れている。旧著を読みかえしてみたが、訂正を必要とする文章は一箇所も見当らなかった。そして当時の私の考えが、そのまま今の沖縄にもあてはまることを確認した。それは思想が生命である物書きにとっては大きな喜びである。同時にそれは沖縄の置かれている政治的位相が、復帰前も、復帰後二十数年たっても、何の変化もなかったことを告げているのである。変化があるとすれば、それは砂浜や森林などの急速な消滅、おそるべき自然破壊である。この悲しむべき現実に目をつぶることはできない。（四月二十日記）

（「ＥＤＧＥ」第四号、一九九七年六月）

人頭税廃止運動の記念のために

(上)

二十世紀もあと三年で終わりを告げる。宮古の歴史をふりかえってみると、二十世紀の最大の事件といえば、二百六十六年間、先島の民を死の苦しみに投げ入れていた人頭税(ニントウゼイ)という悪法が、明治三十六年(一九〇三)をもって、廃止されたことである。

それにはその前の十年間、つまり明治二十六年から始まった宮古農民の悪税廃止にむけての烈《はげ》しいたたかいが含まれる。この事件を記念するために、人頭税およびその廃止に関わる資料館の設立を私は提唱する。また宮古農民の不屈の闘魂《あららがま》を示し、そのたたかいを指導した新潟県人・中村十作との友情をあらわす記念の彫刻像を建てて、二十一世紀に活動する宮古の若い人々に、祖先の苦闘を知って貰《もら》うことを提唱する。資料館や彫像を建てる場所は公園とし、緑にかこまれた快適な空間とする。この場所は宮古を訪れる人々の眼につくところが最適である。

この考えは、私が前からもっていたもので、身近な友人たちには洩《も》らしていた。このたび宮古を訪れる機会ができたので、その際、提案したいと思っていることを、数日前、中村十作の出身地である新潟県中頸城郡板倉町の町長清水郷治氏に電話をして話したところ、その趣旨に大賛成である、ということで十一月二十一日夜、平良市のアトール・エメラルドで開かれる私のための出版記念祝賀会に出席し、それについて話し合いたいということであった。板倉町は中村十作がとりもつ縁で宮古島、とくに城辺町と交流をつづけており、双方の中学生が毎年ホームステイをして、雪深き新潟の風土と雪を知らぬ宮古島の風土との体験を交換して現在に及んでいる。

板倉町長がわざわざ新潟から宮古にやってくるということを電話で城辺町長の仲間克氏に伝えたところ、もちろん私の提案には大賛成であった。平良市長は上京していて不在であったが、伊志嶺亮氏は私の長年の友人であり、また人頭税に関する大がかりなシンポジウムを平良市で二回も開いているので、積極的に賛意を表していただけると思っている。

私は今年数え年七十七歳になるが、私が最初に宮古島を訪れたのは今から二十八年前、一九六九年正月のことで、当時私は五十歳にもならなかった。それからずっと私は宮古に通いつづけている。それも年一回というのではなく、数回というのが多い。本土ならびに沖縄本島の知識人で私ほど長年にわたってとぎれなく宮古に通いつづけ、また宮古に関わる文章を私ほど発表した知識人は誰もいない。それは宮古島が私を引きつけて離さないからであるが、そのきっかけとなったのが、人頭税のテーマであった。人頭税のことは早くから知ってはいた。たとえば、一九六二年に私は「日本読書新聞」に「笹森儀助・辺境の踏査者」と題する小文を三回にわたって書いている。これは私の著作集第三巻「柳田学と折口学」に収録されているので、「谷川文庫」のある平良市立図書館で読むことができる。

しかし宮古、八重山で人頭税の体験者から聞くニントウゼイという言葉はまたちがったひびきをもっていた。老人たちは異口同音に人頭税は苦しかった、と言った。私は宮古・八重山の人々に地表から見えない意識の層があり、そこに人頭税の歴史が横たわっていることを知った。この意識の歴史を解明しなければ先島をほんとうに理解することにならない、と思った。しかし当時は沖縄の知識人の人頭税にたいする関心はほとんどなかった。その重要さを説いてまわったが相手にする者もなく、結局自分でやらねばならぬと決心した。そこで一九六九年の十二月から宮古・八重山の島々をまわって体験者の話を聞いて歩いた。この旅で人頭税の問題が先島の歴史にきわめて重要な部分を占めていることを再確認した。その調査の中から浮かびあがってきた一人の青年がいた。その青年が中村十作であった。私は中村十作のことを知るために手紙を書いた。

（中）

私が中村十作の甥《おい》である中村敏雄氏に出した手紙は今も同氏の許《もと》に保存されていて、このたび、その写しを送っていただいた。同氏に感謝し、ここに紹介する。

拝啓

突然御便りを差上げます。私は文筆業にたずさわっているものですが、とくに沖縄に関心を持ち、そのなかでも人頭税の問題の重要さを考えて、今回、宮古、八重山方面を四十日あまり旅行調査してまいりました。

その節宮古島で下地かおる氏にお会いし、かつ、この中村十作の甥にあたる方が新潟におすまいと聞き、さっそくお手紙を差し上げた次第です。

那覇では城間正安氏の孫にあたられる城間忠氏にお会いし、城間正安伝をお借りしました。その中で、城間正安と中村十作の劇的な出会いや関係なども知り、貴重な資料を得ました。

今月(一月)二十五日に東京にかえり、早速雑誌に宮古の人頭税撤廃運動を書くことになりました。つきましては中村十作のことも是非紹介したいのですけれども、それについて大変恐縮でございますが、御教示ねがいたく存じます。

中村十作氏が宮古島民をひきいて上京されたのちのことがわかりません。

①十作氏は宮古にかえられたのでしょうか。
②十作氏はその後どんな生活をされておりましたか。
③十作氏と自由民権運動の思想とは関係ございませんか。
④十作氏は増田義一氏と同郷とききますが、学校はどこを出られたのでしょうか。
⑤十作は重作とも書き、また十一郎とも書いているのがありますが、この間の事情はどんなになっておりますか。
⑥十作氏についての思い出話、また十作氏が当時の請願運動の回顧談などを地元の新聞にお書きになったことはございませんか。
⑦十作氏の生まれた年また亡くなられたのはいつだったのでしょうか。

以上、中村十作の経歴やその人となりを紹介するため是非知っておきたいと存じ、おたずね申し上げます次第です。請願運動は調べれば調べるほど、大きな、まさに画期的事件であり、十作氏の講願書の文章もじつに若年とは思われぬりっぱなものです。

城間忠氏には祖父城間正安氏の思い出話を書いてくれるようにおたのみし承諾を得ましたが、できましたら、中村十作氏の思い出話を走り書きでも結構で、その多少にかかわらずお送りいただけませんか。

いずれ人頭税に関する一書をあらわすつもりでおり、その際宮古島の撤廃運動は最重要の記事になると思いますので、何卒《なにとぞ》御教示御協力下さいます様おねがいいたします。

一九七〇・一・二九

谷川健一

この手紙はきわめて性急な調子で書かれている。また人頭税廃止運動の重要さに気がついていても、中村十作の人となりについては、ほとんど知らず、十一郎が十作の弟であることも分かっていなかった。私は手紙の文面をたしかめるために一九七〇年五月初、板倉町稲増にある中村敏雄氏の宅を訪問した。越後の山々には妙高をはじめ、まだ雪がかがやいている頃であった。

（下）

中村敏雄氏は挨拶がすむと、早速奥から古行李を持ち出してかきまわしていたが、中から一通の手紙と一冊の日誌が出てきた。手紙は南の島で真珠養殖を志す若き十作が、そのための資金を送ってほしいと、大阪から、父親の中村平左エ門に懇願したものである。日付は明治二十五年十月五日となっている。その一年後、自分が宮古農民をひきつれ、人頭税廃止請願の代表となって上京することになろうとは、ゆめにも予想できなかっただろう。このように短時日の間に急転回した十作の運命の前奏曲にあたるものがこの手紙である。一冊の日誌のほうは十作の一つちがいの弟である十一郎が、上京した十作とその一行の動静を丹念に記したものである。この新発見の資料によって、上京後の十年の足どりをつかむことができた。

中村家では夕食を出され、酒をふるまわれた。食後、色紙を出されたので、酒のいきおいも手伝って即興の歌を書いた。歌と称するほどのものではないが披露しておく（色紙も中村家に保存されていた）。

雪深き村より出でて　雪知らぬ民を　救いし人のいさおし
先島の民よ忘るな　北国の旅人の名は　中村十作
いさおしはつたえざらめや　たまきはる命をかけて人を救いき
おもかげは　まなかいに顕つ　妙高の嶺のしろがねの　とはのかがやき

中村家を辞した私はそれから昼となく夜となく人頭税廃止運動の指導者である中村十作のことを調べた。国会図書館に通って明治二十六、七年の国会の議事録や当時の新聞記事をも写し、二十日足らずで百枚（四百字詰原稿用紙）の「北国の旅人」と題する論文を書きあげ、それを「中央公論」七月号（六月に発売）に発表した。反響は大きかった。このほかにも私は人頭税に関する一連のエッセイを書いた。それらをまとめて一九七〇年十一月には『沖縄・辺境の時間と空間』を三一書房から上梓した。この本は復帰直前の沖縄の学生、とくに宮古・八重山の青年たちによく読まれた。その後も版を重ね、一九九六年四月には『沖縄』と改題されて講談社学術文庫に収められている。

人頭税の認識は一九八〇年代になると、宮古島でおもむろに高まった。一方、新潟県でも新井市で人頭税廃止運動を記念するシンポジウムが一千人の人々を集めて開催された。

これらは私が人頭税廃止運動について書いた「北国の旅人」がきっかけとなっていることを私は誇りに思っている。それだけに宮古の人々が人頭税廃止運動から学ぶ歴史の教訓を、眼に見える形で後世に伝えてくれることを念願し、そのために私の人生の残りの時間を惜しむことなく提供して、協力したいと思っている。二十世紀に起こったことは二十世紀の間に結末をつけて置くことが肝心である。

人頭税廃止運動は宮古農民の心意気を示す昂揚《こうよう》した局面であった。だが宮古農民だけでは、たぶん盲目的な暴動に終わり、弾圧されるだけで終わったであろう。中村十作という指導者がいて、東京にも知友が多かったからこそ、その請願運動は成功したのである。私が宮古農民のたたかいを顕彰する場に中村十作をも顕彰してほしいと思うのは、両者の協力と信頼の美しさを見逃すべきではないと思うからである。

（「宮古毎日新聞」一九九七年一一月一八日、一九日、二〇日）

辺境の島の祖神祭——心に残る旅

一九七〇年の秋、宮古島の北端にある島尻という集落で、年に一度おこなわれる祖神祭《おやがみまつり》を見にいったときのことである。当時は沖縄はまだ本土に復帰していず、宮古・八重山に足を踏み入れると「辺境」という言葉が肌で感じられた。

島尻の波止場に近い元島《むとじま》という小高い丘に登っていくと、カヤ葺《ぶき》の見すぼらしい小屋があった。内部をのぞきこむと、真暗に近い壁際に年老いた女たちが十人ばかり、入口の方をむいて腰を下ろしている姿がみとめられた。カヤ葺小屋は床がなく、土間であり、復元された縄文時代の掘立小屋と全く変りなかった。彼女らの頬はこけ、血の色はなく、一様に黙りこくっていた。

祖神祭のときは数日間の山ごもりをくりかえすが、そのとき神に仕える神女たちは、断食し、跣《はだし》で夜も歩きまわっては神歌をうたう。その歌が夜更けの集落まで聞こえてくるそうである。神女たちは山ごもりのあと、この小屋に坐っているという案内者の話であった。私は何か時間が幾千年も前に戻ったような気になった。

その祖神祭のさいごの日は、山ごもりを終えた神女たちが、海に突き出した元島の広場で輪を作り、神歌をうたう。それがえんえんと数時間もつづく。村の男たちは神女の輪から遠くはなれて見守っており、時折土下座して神女を拝む。その神女は男たちの妻であり、母であり、妹である。このようにふだんは平凡な村の女が、祭のときは神となって、男たちの礼拝の対象となる。

しばらくすると、神女たちの娘であり、嫁であり、孫でもある身内の女たちがやってきて、祭の苦行のために疲労困憊《こんぱい》して今にも倒れそうな神女たちの身体を、背後から羽交締めにして支え、身体を揉んでやっている。祭の伝統はこのようにして母から娘へ、姑から嫁へと、身体を通して伝わっていくのだということを目のあたり実感した。三十年近くたった今も脳裡に焼きついている光景である。

（「甦る！」一九九八年九月号）

アイヌと南の島が交流——宮古島で「神と自然」を考える催し

「宮古島の神と森を考える会」は一九九四年十一月に発足して以来、宮古各地でシンポジウムを開き、宮古島にとって神の森がいかに大切であるかを訴えてきた。宮古群島の森は、七二年の本土復帰以来、二十年間で半減した。面積に対する森林の割合は九四年現在、日本本土で六七％、沖縄県全体で四七％であるが、宮古群島はわずか一六％である。これでさらに二十年も経《た》ったら、宮古は緑のない裸同然の島になってしまう。そこで私たちは、宮古の森の消滅に歯止めをかけ、また御嶽《ウタキ》と呼ばれる拝所を守り、神祭を主宰する神女たちを激励しようと志した。その結果、池間島では、十二年間途絶えていたツカサ（神女）が再興され、神行事が復活した。

今年、私どもの会は、五周年を記念して、北海道から「北海道の森と川を語る会」の有志とアイヌの方々を招いて、「神と自然」をテーマにシンポジウムを開くことにした。

北海道のアイヌ民族は、風や火や水と対話し、広大な森と川の動物や植物の中に神を見いだしてきた。一方、海を相手とする宮古は、大自然の真っただ中にあり、南島の中でも、とりわけ神高い島である。しかも、アイヌ同様、教祖も、教義も、経典も、教会もない。神と人間と自然が、同じ高さの目線で交流する。至るところに「神」を見、あらゆる時間に「神」を感じる世界が、日本列島の北と南に遠く隔たって共存している。私はまだ見ぬ双方の友人たちが一堂に集まり、「神」と「自然」について語り合う機会を、長く待ち望んできた。

その日は訪れた。今年の十一月二十二、二十三の両日、シンポジウムの初めから懇親会の終わりまで、私どもは深い感動の中にいた。その全容を伝えることはむずかしいが、北の友人たちの発言にみられた人間としての限りないやさしさが、会場に集まった約三百人の人々の心を洗い流し、裸形にした。

「北海道の森と川を語る会」代表の小野有五氏は、スライドを使って、地面に落ちた森の紅葉の話をした。落ち葉は多くの虫たちの栄養になり、虫たちはまた土壌を豊かにするのに欠かせない役割を果たしていることを説明した。

ウタリ協会の元理事の小川隆吉氏は、素朴でムダのない語り口で、聴衆の心を捉《とら》えた。アイヌの母親は、女の子のしつけの第一に、熱湯を地面にこぼさないことを教える。それは地面の生き物が死んでしまうからだというのであった。その小さなエピソードに込められた自然への深い思いやりは、聴衆の心の底に滲《し》み入った。

二日目はさらに感動的であった。大型バス二台を連ねて宮古群島視察に参加した人たちは、宮古のウタキの中でも最も格が高く、島民の生命《いのち》をつかさどる池間島のオハルズウタキに参詣《さんけい》した。ウフツカサ（最高位の神女）がウタキの奥深くいます神に祈願をささげた後、神杯をアイヌ代表の小川隆吉氏にさずけた。小川氏はそれをつつしんで受け、「北と南の人々の心を結ぶ神に感謝します。神は一つです」と誓った。

その後、池間島の珊瑚礁《さんごしょう》の清らかな海岸で、アイヌの人々がアツシ模様の礼服姿で、海の神、水の神、森の神を示す三本のイナウ（木の削りかけ）を、砂浜に立て、カムイノミ（神への祈り）の儀礼を行った。なぎさから数メートル離れた儀式の場の中央には、アイヌの尊崇する火の女神（カムイフチ）をあらわす焚《た》き火がもえていた。焚き火に木の枝をくべるのは、宮古のカンカカリヤ（神占いをする女）であった。小川氏が祈りをささげている間、後ろで、オハルズウタキの祭りを主宰した白衣の神女が涙を流していた。祈りに波の音がまじった。祈りが終わると、砂浜でアイヌの人たちと宮古の神女たちが輪になって、アイヌの踊りを踊った。

北のアイヌと南の島をむすぶ友情の輪が現実となった。私が長い間夢見た光景が眼前に展開した。

人間は人間だけではやってはゆけない。人間には神が要る。そして神の具現である自然が要る。神と自然への畏敬《いけい》を失ったことが、現代日本の精神の荒廃を招いた。それを克服することを、雪深い北の大地の友人と、雪を知らぬ南の島の人々が誓い合った二日間であった。

（「朝日新聞」夕刊、一九九八年一二月二二日）

比嘉康雄君を悼む――沖縄人の哀歓とらえる

比嘉康雄君の突然の訃報につよい衝撃を受けている。誰が見ても早すぎる死であり、彼の豊かな未来が約束されていたことを思うと惜しんでも余りがある。その一方、彼はやるべきことはやって死んだのではないか、という思いも去来する。

私が比嘉康雄君を知ったのは一九七四年であった。私は当時平凡社から刊行されていた月刊誌「アニマ」の連載の取材のために琉球・沖縄の島々を歩いた。その時、同行したのが比嘉君であった。

比嘉君と一緒に旅行したのは主として宮古・八重山であったが、二十数日に及び、昼は聞き取りにかけまわり、夜は宿で語り合った。

彼はこれから南米かカナダに移住しようと思っている。そこでカメラマンとして生きたいと言った。しかし私は反対した。

「君には沖縄があるじゃないか。なぜ沖縄を撮らないんだ。僕は本土の人間だから、どんなに沖縄が好きであっても、調査する時間も費用も体力にも制限がある。しかし君はもっとも有利な条件の下に置かれているんだ」

そう説得しながら、私は次の比喩《ひゆ》を言った。「比嘉君。弓は弦を後に引けば引くほど、矢は前に出るんだよ」

泡盛の酔いと共に言った言葉で、私は忘れてしまっていたが、比嘉君はおぼえていた。私は琉球弧をもっとも深く掘り起こすために、祭を撮ることを勧めた。

宮古島に滞在中、狩俣の冬祭である祖神祭《うやがん》を見た。私はそれまで幾度か見ていたが、比嘉君ははじめてで、強烈なショックを受けた。それから彼は真直ぐに進んだ。

親密な旅行をしたあくる年、私は『神・人間・動物』(平凡社)を刊行した。彼の写真も多く使ったが、どういうわけか数年間連絡がとだえた。

一九七八年の朝はやく、比嘉君からひさびさの電話があった。はずんだ声であった。

「先生、こんど太陽賞に応募し、受賞しました」

私は雑誌「太陽」の初代の編集長で、私の在任中、太陽賞を創設した。それはカメラマンの登竜門として重視されている。授賞式のときは花婿の手をとる仲人のような格好で、比嘉君に付き添った。つづいて同じ年の十二月におこなわれた久高島のイザイホーの時も同道し、比嘉君の写真に私の小文を添えた『神々の島』（平凡社）が一九七九年に刊行され、また一九八〇年には、比嘉君の写真と私の文章を収録した『琉球弧女たちの祭』（朝日新聞社）が刊行された。

比嘉君が『神々の古層』（十二巻）をニライ社から刊行したとき、まっさきに風土研究賞を授賞したのは、私の主宰する日本地名研究所であった。

比嘉君は奄美諸島から与那国島まで、琉球弧の祭行事や生活をくまなく撮った。その後、残念なことに久高島のイザイホーも、また宮古狩俣の祖神祭も中止に追いこまれ、それを見ることはできなくなった。このとき芸術性の高い彼の写真は、琉球弧のかつての姿を知る貴重な資料としても、永久に残ると思う。共同体社会に生きる沖縄の人々の哀歓をこれほど見事にとらえた写真はない。あの比類のない美しい祭イザイホーを産み出した沖縄のかつての文化の最後の証言者として、彼の名前もまた沖縄の土に永く刻まれると思う。

（「琉球新報」二〇〇〇年五月一六日）

「神の島」愛した民俗研究家の遺言——比嘉康雄『日本人の魂の原郷 沖縄久高島』

久高島は沖縄本島の東南部に浮ぶ小島である。万物発祥の神話をもち、昔は琉球王府の尊崇もあつい神の島であった。馬天港から小さい汽船で一時間もかからない距離にあるが、冬季は波がたかく、荒海を横断しなければならない。この島に魅せられた比嘉康雄は、島の祭祀を中心に民俗や生活を調査するために百回も通いつづけた。

久高島の男たちは海の民で遠く奄美諸島まで遠征した。女たちは島を守り、農業のかたわら、祭に奉仕するつとめを果した。久高島は家並がきちんとして白いしっくいの屋根瓦が美しい。祭をおこなう女たちの服装は白い衣に白い鉢巻で、白の美学が支配する久高島では、その世界観や他界観、また祭祀組織も宮古・八重山に比較すると整序されていて、品位を備えていた。おそらくこうした点が比嘉康雄の好みに合ったのだろう。彼は久高島に通いつづけ、その全体像を記録したが、それは本書にみごとにまとめられている。ゆきずりの民俗研究者の報告からは得ることのできない、豊かな内容が簡潔な表現に盛られている。比嘉は島民に信頼されて、どんな秘儀にも立合うことを許された。彼は秩序霊、混沌霊と霊魂を二つに分けているが、迷える混沌霊についての儀式を述べた部分が一番おもしろく読まれた。

私は一九七八年のイザイホーの祭のとき比嘉と同行したが、そのときの見聞が貴重な記録として本書の中心部分を占めている。比嘉をわが子のようにかわいがった老神女西銘シズとの別れの場面は本書の中でも最も感動的である。神女たちが白衣に白い鉢巻をしめ、髪には白い花を挿し、安らかな死に顔の西銘シズ（彼女も神女の衣装をつけている）のまえで、葬送歌をうたうシーンである。久高島では、死ぬと海の彼方にあるニラーハラー（ニライカナイ）に行くといわれているが、西銘シズを送って十年後の今年、今度は比嘉自身がとつぜんニラーハラーに旅立ってしまった。

比嘉は本書を遺言書としてあらかじめ準備していたように思われてならない。久高島は他の誰よりも比嘉康雄にとって魂の原郷にほかならなかった。

（「日本経済新聞」二〇〇〇年七月二日）

琉球文化の栄光

今日、北海道から沖縄までは日本国として一括されているが、かつてはそうではなかった。北の北海道はアイヌモシリ（アイヌの国土）であり、南の奄美・沖縄は琉球王国に属している時代があった。一六〇九年（慶長十四）に薩摩藩の軍隊が琉球国に侵入してからは、その実体は薩摩に支配されたが、名目的には独立国の体裁を維持していた。その琉球国が日本本土の歴史と合体したのは一八七九年（明治十二）に日本政府が琉球処分を強行して以来のことで、たかだかこの一二〇年のことにすぎない。

日本本土と奄美・沖縄は黒潮の洗う東アジアの沿岸に、花づなのように連なる大小多くの島々から形成されている。南方諸国からの文化は黒潮にのって島づたいに北上し、日本本土に定着した。

たとえていえば、日本本土と沖縄は母を同じくし、父を異にする兄弟である。母は民俗や言語などの基層文化を指す。父は歴史である。沖縄は本土と別の歴史の道を長い間歩みつづけてきた。しかしそのことが、琉球王国の文化を独特なものにした。

琉球国は一五世紀初頭に最初の統一王朝が誕生する前後から、盛んに海外貿易をおこない、日本本土・朝鮮・中国・南方諸国の間の交易を媒介する重要なキーストーン（要石）の役を果たしてきた。それを如実に物語るのが現在、沖縄県立博物館に所蔵されている「万国津梁《ばんこくしんりょう》の鐘《かね》」である。この鐘は一五世紀の半ば、時の王・尚泰久《しょうたいきゅう》の命で鋳造され、首里城正殿に掛けられていたものである。その鐘銘は漢文で記されているが、大意はつぎのごとくである。

「琉球国は南海の勝地にして、三韓（朝鮮）の秀を鐘《あつ》め、大明《たいみん》（中国）を以《もっ》て輔車《ほしゃ》となし、日域《にちいき》を以て唇《しん》歯《し》となす（輔車・唇歯は互いが密接に助け合い、離れにくい関係にあること）。この二の中間に在りて湧《ゆう》出《しゅつ》するの蓬莱《ほうらい》島なり。舟楫《しゅうしゅう》を以て万国の津梁《しんりょう》（かけ橋）となし、異産至宝（異国の産物や至上の宝）は十方刹《せつ》（国中）に充満せり」

この銘文は琉球王国が海外貿易によって富み栄えたありさまをよく伝えている。

それは琉球国の古謡をあつめた『おもろさうし』の中でも高らかに歌われている。巻十三「船ゑとのおもろ御さうし」の中に次の歌がある。

真南風《まはへ》鈴《すず》鳴りぎや
真南風《まはい》さらめけば
唐《たう》 南蛮《なばん》

又
貢《かきへ》 積《つ》で 奉《みおや》せ
追手《おゑちへ》鈴《すず》鳴りぎや
追手《おゑちへ》 さらめけば
（南風がそよ吹けば、鈴鳴丸は唐や南蛮の貿易品を積んで国王に奉れ。追風がそよ吹けば――の意。
巻十三―七八〇）

この中の「鈴鳴り」は船名であって、真南風《まはへ》の比喩ではない。しかし、鈴鳴りという語は、南風がそよそよ吹くときの音にかよい、また、貿易品を一杯に積む「鈴生り」とも同音である。しかも「すずなり」と「さらめけば」は、サ行の音のくりかえしなのである。

そこで、この詩句を読む者は、海の彼方から幸をもたらす南風が鈴のように鳴ると思い、同時に、貿易品を満載した船が南の追風を受けてひしめき鳴る姿を想像する。つまり、鈴鳴りは南風の比喩であり、またあたかも積荷をのせた船の比喩であるかのように、快い錯覚となって耳に響くのである。

琉球王国の文化の独自性

『おもろさうし』の時代は、日本本土でいえば鎌倉末期、室町、戦国、安土桃山の三〇〇年間に相当する。当時の琉球王国の文化は、日本本土、朝鮮、中国、東アジア、ジャワにまたがる広い貿易圏をぬきにしては考えられない。交易による富の蓄積を背景にした王国の自足と矜持。それは古琉球以前の固有文化に、外国の新文化をとり入れ、それを混然と一体化した魅力ある文化を形成させた。

たとえば『おもろさうし』の古謡につづいて沖縄の社会に盛行した琉歌は、短歌の音数律とは異なる八八八六の形式をもちながら、和歌はもちろんのこと、室町時代の『閑吟集』などの影響をうけている。琉歌にともなう楽器の三線《さんしん》は、一五世紀初頭に中国から琉球に伝えられて、永禄年間（一五五八―一五七〇年）に琉球から泉州《せんしゅう》の堺にもたらされ、三味線の原型となったとされる。こうして琉球は日本本土と抒情的な歌謡を奏する楽器を共有しながら、独特な工夫を重ねていった。

あるいは流球の陶磁器は中国や高麗または薩摩などから陶工を招き、また陶工を派遣して技術をまなび、壺屋《つぼや》に代表される陶業を発展させた。さらに沖縄の代表的な染物である紅型《びんがた》や麻の織物である宮古上布、八重山上布を忘れることはできない。糸芭蕉の繊維で織った涼し気な芭蕉布も、その普段着として、人々に愛用されたが、これらの中でもとくに高級な上布や芭蕉布は貢物として、中国や薩摩に献上された。

沖縄独特の古謡や琉歌、それに三線を基調とする音楽や舞踊などを動員し、日本本土の能・狂言、文楽、歌舞伎などの芸能を深くとり入れて完成させた物語が組踊である。こうしてみると琉球には歌謡、文学、音楽、芸能、工芸など、独立王国にふさわしい文化の一切があった。それらは日本本土の影響を色濃く受けたとはいえ、同時に日本本土にみられない独自性も充分に発揮したものであった。

比類なき美しさを誇るグスク

たとえば、今も残るグスクは流球時代の城と訳されているが、その機能の一つとして敵を防禦《ぼうぎょ》する施設であることは日本本土の城と共通しているとしても、いかめしさが微塵もなく、なだらかで、女性的な曲線の城壁に囲まれていて、外見も雰囲気もまったく違っている。戦闘用でなく、墓所や祭祀《さいし》のための拝所としてのグスクもあり、また倉庫に使用されたと思われるグスクもある。これらのグスクは琉球王国の拠点である豪族の居城であったとされたところもあって、かつては実用に供せられたが、その比類のない美しさを高く評価する人が多い。

グスクと並ぶ神聖な拝所にウタキがある。ウタキは本土の御嶽《おたけ》が訛ったものと思われるが、けわしい山岳をあらわすものではまったくなく、海岸近くの平地でも、神を祀るところはウタキである。わずかな木陰の空地に、小石を並べて聖地のしるしとしているだけの、建造物が何もないという点で、鳥居も拝殿や本殿もなかった時代の神社の原型である。その原初的な姿を今にとどめているという点で、限りなく重要な存在である。

ウタキには石製や陶磁器の香炉の灰に線香をさして拝むのだが、線香に火をつけることも、つけない場合もある。香炉は家の中では屋敷神や火の神を祀る場所にも供えられる。沖縄の火の神信仰はきわめて古く、固有のものであったが、室町時代のはじめ、中国から道教が伝わり、カマド神の信仰ももたらされて、中国風に線香を用いるようになったと思われる。

沖縄では仏教の影響は上層階級にとどまり、庶民層にはほとんど普及しなかった。今日でも、飛鳥や奈良、京都の寺院に接して違和感をおぼえるという沖縄の人々は少なくない。仏教の影響が希薄であったために、沖縄では個人の意識の内面化がおこなわれなかったが、中世の欠落がかえって強烈な古代性を現代まで温存させるのに役立った。沖縄は古代日本を映す鏡である、といわれる。日本本土の人間が沖縄にひきつけられるのは、仏教が渡来しない前の古代日本の姿を今でも捉えることができるからである。それとともに、日本本土と違った歴史を歩んだことで、ヤマト（日本本土）風ではない独特な文化と意識をはぐくんだ社会に、新鮮な魅力をおぼえるのである。

とはいえ、琉球王国にも影の部分があった。それは宮古や八重山だけに課せられた人頭税で、一六三七年（寛永十四）から一九〇三年（明治三十六）一月まで、じつに二六六年間、宮古・八重山の人民を苦悩のどん底におとしいれた。宮古・八重山はみずからの犠牲のもとに、琉球王国の栄光を支える任務を背負わされたのである。

（「ユネスコ世界遺産年報」6、二〇〇一年三月）

神・人・自然が織りなす悠久の島々

島歌の由来

――一九五三年に奄美諸島が日本に復帰してから、今年でちょうど五〇年になります。「南島論」を提唱するなど、長年、南島をフィールドワークしてこられた谷川さんですが、民俗学者の視点から何かお話願えませんか。

★（谷川）そうですね。奄美諸島は沖縄より早く、昭和二八年一二月二五日、鹿児島県の管轄に入りますが、戦後それまでの八年間はアメリカの統治下にありました。政治的・経済的には米軍に支配されていたのですが、この時期に奄美では「赤土文化」といって、独自の文化運動が一斉に花開きます。奄美ルネッサンスともいいます。本土復帰を求める気運の中で様々な劇団や雑誌、民謡がつくられました。

ところが本土に復帰すると、本土の官僚組織に従わなくてはいけませんから、活気のあった文化活動もだんだん衰退していきます。アメリカの支配下にあるとはいえ、沖縄の方が活動的だとうらやむような状況さえ生まれました。面白いものですね。

振り返ってみれば、奄美は被支配の歴史を背負った地域です。明治維新の前は、薩摩藩の収奪にあえぎ、その前は琉球王国の辺境として厳しい支配の下に置かれます。一六〇九年薩摩藩の琉球征伐によって、琉球王国から離脱した奄美は薩摩藩に属することになりましたが、その中で地理的に薩摩藩に近い島々と沖縄に近い島々では経済に違いが生まれていきます。

薩摩藩に近い奄美大島、徳之島、加計呂麻島、喜界島では米に代わって強制的にサトウキビを栽培させられます。ところが沖縄に近い与論島、沖永良部島では米の栽培が許される。両者に対する扱いが違うわけです。一四二九年成立した琉球王国は、クーデターを機に王統が第一尚氏から第二尚氏へと移行します。その第一尚氏時代、沖永良部島までは琉球王の子供が支配する属領となりました。それが尾を引き、薩摩藩も直轄地にしなかったということでしょう。

――そうした奄美の歴史的影響は大きいと。

★ええ。民謡などをみてもそうです。沖縄に近い沖永良部島までは、琉歌にとても近くて音階が明るい。それが徳之島になるとすごく暗くなる。昨今沖縄では島歌が流行していますが、もともと島歌というのは奄美の言葉なんです。「島」の意味は「集落」。奄美で集落ごとにうたわれていたものが本来の島歌なんですね。

その島歌が僕は大好きで、四、五年続けて奄美の島歌ばかり聞きに通ったことがあります。本土にはみられないような高音のウラ声でうたう。それが何とももの哀しく、甘美な歌なんです。沖縄の属領、薩摩藩による収奪、奄美はどこにも逃げ場がない、そんな想いがどこか漂っている。まるでそぎたった断崖に立っているような感じの歌ですよ。

島歌は若者に引き継がれ、一七、八歳の新人がどんどん生まれています。奄美では歌の名人を「歌者（ウタシャ）」といいます。その一人の元ちとせさんはすっかり売れっ子になりましたが、地元では坪山豊さんが第一人者として有名です。本職は船大工で宴会や宴席などでうたってます。もともと島歌は男性がうたっていました。そこでは「ウタカキ」といって、古代の「歌垣（掛け合い）」が奄美に残っています。一人がうたう。それを聞きながら相手が切り返す。やがて男女間で行われるようになると、切り返せない女性は、「参りました。あなたの好きにして下さい」と武装を解かなくちゃいけない（笑）。だから女性は必死になって機転をきかせてうたう。それがまた面白いんですね。

古代、天皇が歌垣をした話が『古事記』や『日本書紀』にも出てきます。女をめぐって天皇と恋人の男が掛け合うのですが、男の方がずっとうまくて天皇は負けてしまう。どうしても女を手にしたい武烈天皇は、結局、鮪臣《しびのおみ》と呼ばれるその男を殺す。恋人を殺された影媛という女が泣きながら葬式に行く時の歌が『日本書紀』に出てきます。そのように歌の掛け合いは、古代から奈良の海石榴市《つばいち》などで行われていました。ただ今では掛け合いの伝統はだんだんなくなり、単独でうたう形が定番になってきたようです。

ハブは恐い

――奄美はハブが生息するなど、自然は美しくも厳しいところです。

★奄美の山は、宮古などに比べてずっと高いんです。宮古では一番高いところでせいぜい一一〇メートルぐらいしかなく、「太平山」と呼ばれるぐらい島自体が平たい。それに対し、奄美の山々は五〇〇から六〇〇メートルはあるでしょう。山が高く、谷が深いのでハブが生息する。雨が降って山から洪水があふれる時、そのハブが一緒に流れてくるわけです。蛇はじめじめした水辺が好きですから。

今はどうか知りませんが、昔はどの家も屋外にハブよけの棒が置いてありました。ハブがきたらそれで抑える。一度嚙まれたら毒性が強いから死んでしまいます。今でも一年のうちに何百人と犠牲者が出るそうです。沖縄が復帰する前のことですが、加計呂麻島という奄美大島から船で三〇分ぐらいの島を訪ねた時、島民の爺さんや婆さんたちが「ハブだけは恐い。ハブがいなきゃなあ」とつぶやいていたのを今でも忘れません。

ハブに関する話はたくさんあります。奄美にすむ私の知り合いの奥さんから聞いた話ですが、ある日トイレに入ってお尻をぱっとまくった途端に天井からハブが飛んできた。運良くちょっとの差でハブは便器の壺に落っこちて、命びろいしたそうですが、それ以来彼女は怖くなって、名瀬に移り住むようになったといいます。丁度ハブは、春先の暖かい風が吹き、雨がしとしと降ったりしたあとに出てくる。ところが不思議と宮古島には一匹もいないんです。だから僕は宮古島がとっても好きなんだな（笑）。そういうとみんなから冷やかされますが、そのぐらいハブは恐いのです。

――山にハブが生息しているということですが、その山を切り開いてサトウキビを作らせた……。

★それは恐かったと思いますよ。そうした中で、江戸時代の住民は現金でなくて現物のサトウキビで納税しなければならないから大変でした。不作になれば、零細農民は納税できません。そうすると彼らは、大土地を所有している農民のところへ身売りをする。納税しない代わりに自分を労働力として提供するわけです。「家人（ヤンチュ）」「黒糖奴隷」と呼ばれる人々です。中には何百人もの「家人」を抱える大地主もいました。

やがて人々の間に、サトウキビがあるがゆえにわれわれはこんなに苦労するという感情が芽生えてきます。もうサトウキビが憎らしくてしょうがない。沖縄本島にサトウキビをもたらした儀間真常は、換金作物をもたらしたということで恩人扱いされていますが、奄美にサトウキビをもたらした直川智は、恩人どころか一番の憎まれ人になってしまう、皮肉なものです。結局あまりに恨まれるものだから、奄美に居られなくなって台湾に逃げていく。人々に良かれと思ったことが新たな苦しみをもたらす。その反転の心理が奄美にはあるんですね。それが島歌にもよく現れています。

「天降女」伝説

――奄美というと、シャーマニズムなど、神とのつながりが強いところですよね。

★奄美には「女」にまつわる神話が古くから伝承されてきました。「天降女（アモレヲナグ）」。女の神様が天から降りて来る話です。農民が山に行くと、峠に目も覚めるようなきれいな女がたたずんで微笑んでる。農民はもう目をぱちくりして、こんなきれいな女性はみたことがないと驚く。近くに寄ると、女は峠の山水を柄杓ですくって「お飲みなさい」と農民にすすめる。「天降女」は神話の話だから実際の姿はみえないはずですが、峠に女がいるとてっきりこれは「天降女」と思いこんでしまうんですね。その誘惑に負けないよう、山で美しい女に出あったら、絶対に水を飲まないよう気をつけろと村では言い伝えられています。そうしないと命を取られてしまうと。

これは神に仕える女が男を相手にする遊女になっていくプロセスをあらわしているんです。白拍子の静御前は義経の妾だった人ですが、神に仕える巫女でもありました。つまり巫娼です。ドイツの哲学者、オット・ワイニンゲルは、「女には二通りある。一つは主婦型、一つは娼婦型」と指摘しましたが、外に出て男に酒を勧めたり、気の利いた話をするのが大好きな社交的な女性を奄美では、「外に出る」が転じて「づれ」といいます。家を空けて帰らない猫を「どら猫」といいますが、僕はそれと関係があるとふんでいます。「づれ」たちは、例えば秋の村の収穫祭などにおめかしして出かけます。彼女たちがたまたま峠の道で休んでたりすると、日頃そういうものを見慣れていない農民たちには非常に美しく神々しいというか、この世の人ではない「天降女」のように思えてしまう。それで男をたぶらかす危険な女だから気をつけろ、柄杓の水を飲むなとなっていくわけです。

実はこの「天降女」が「づれ」に転化していくプロセスには、もう一つ意味があります。先ほどお話ししたように、一家の主人が農奴（家人）になれば衣食住すべてが地主の管理下に入るため、家庭生活は崩壊します。その結果、後ろ盾の男たちを失った女達が余る。それを「余水女（アマレオナグ）」という。もともとは天降（アモリ）女だったものが男たちが農奴になるため結婚できないので、余（アマレ）女になるという、悲しい運命も含まれているのです。

歌手の安室奈美恵さんの「安室」は、この「アモリ」から来ています。奄美に「安室（アムロ）」という地名がありますが、そこは天女が来て水浴する場所という伝承があります。祭祀をつかさどる女性を沖縄や奄美ではノロ（祝女）といいますが、そのノロが体を清める泉や川が「安室」なんです。

――遊女のお話が出ましたが、奄美でも遊郭はあったのですか。

★それらしきものはありました。ただ、吉原のような純粋な遊女屋というよりも宿屋で客の相手をする人といったもので、そこはもっと未分化です。奄美は鹿児島と沖縄をむすぶ島々ですから港町が多い。帆船時代、船は沖縄本島と鹿児島の山川港との間を往来しました。

沖縄から奄美に向かうのは夏場で、船は南の風を受けて北へ進みます。逆に帰りは北の風を受けて南へと向かう。帆船は風がないと全く動きません。そのため強い北風が吹き出す冬場まで待つことになります。その間滞在する船頭達の身の世話をする、いわば現地妻みたいなのが奄美の港町にいたんですね。

でもそれはやむを得ない面もあります。男だからいうわけではありませんが、洗濯や炊事など世話する人間がいなければどうにもならないことがある。船頭の妻の方も旦那の世話をしてもらえるということで、現地にいる女性を有り難がっていたと思います。一晩に何十人の男性を相手にする日本本土の遊郭の悲惨な世界とはまるで違う、何か人間らしい生活を求める余地が実際奄美にはあったということでしょう。

巫女と遊女

――沖縄では辻《つじ》が有名ですね。

★『辻の華』という大変面白い本があります。これは辻の遊女であった上原英子の自伝です。「辻」は那覇にあった遊郭のことですが、沖縄大空襲で一夜にして灰になってしまいました。戦前は非常に栄え、辻は沖縄紳士の社交場でもありました。商売、政治……、様々な話題が交わされたそうです。

ユニークなのは、辻は遊女たちが自給自足的な生活をおくる場所でもあったということです。豚を飼ったり、糸車をまわして布を織ったりしました。遊女達は個室を与えられ、そこで通ってくる男を待つ。共同炊事場があって男達にちょっとした料理も用意する。講談社の初代社長、野間清治さんは戦前、沖縄で中学の先生をしていた時、辻から学校に通ったといわれています。

辻は女人政治です。ふたつのブロックがあって、運営のトップは女です。男は門番で用心棒的にいるだけで、運営には一切関与しません。しかも男が行くのにも紹介状がいります。それをもとに、辻では興信所を使って男の身元を調べます。行いは正しいか、借金はないか。踏み倒されたら困りますからね。それに合格しないとだめで、いきなり見も知らない男が行っても受け付けてくれないわけです。

こうしてみると、巫女と遊女というのはどこか共通があるような気がします。これは僕の考えですが、一人の男に従属しないということ。神に仕える巫女は神への帰属がはじめにある。遊女の場合は、神は抜きにして不特定多数の男性とつき合う。一人の男に従属しないのです。

沖縄や奄美では巫女であるノロはなるべくおとなしい男性と結婚します。それもよその集落の男性です。たばこを持ってこいというと、ハイといって持ってくるような旦那を選ぶ。神様にお祈りしている時に、旦那に「腹が減った、早く飯作れ」なんていわれても祈りを中断できないでしょ。「ちょっとご飯炊いてきます」なんてできませんよね（笑）。

沖縄本島から少し離れたところにある伊平屋島に、「クマヤガマ」というノロやユタ（巫女）たちが巡礼していく洞窟があります。そこで昔、三人の女性と出会いました。「どこから来たんですか」と聞くと、「名護から来ました」という。しかもみんな中年なのに独身だというではありませんか。「一生旦那なんて持ちません」「こうして巡礼の旅に出ると何日も帰れない。そうなれば旦那に叱られて神に仕えるどころではなくなってしまう。自分たちは神の意志に従って生きていかなくてはならないから独身です」と、まあ語るわけですね。後で聞いたら、名護の薬屋の奥さんなどで真っ赤なウソだったんですが（笑）。

ただ彼女たちの言葉どおり、神に奉仕する女というのは神の言葉が絶対なんです。それが夫の意向に妨げられることがあってはならない。だからできるだけおとなしい男と結婚する。もうほんと虫も殺さないような男性と。少なくとも私が知っているノロはみんなそうです。だからといって、独身を通すわけでもない。やはり女性にとっては神様だけに仕えるのでは物足りない面もあるんでしょう。現世の幸せというか、家庭の幸福も求めたい。それはよく分かります。

宮古島の森を守る

――話が変わりますが、谷川さんが「宮古島の神と森を考える会」を結成してから今年で一〇周年を迎えます。

★はやいものですね。一〇年前、宮古島で滞在していた小さなホテルで地元の新聞を読んでいたら、ちょっとした記事が出ていました。「一九七二年の沖縄復帰から二〇年間に宮古島の森が半減した」というのです。日本列島の森林率はだいたい七〇％だといわれています。ところが沖縄県全体では四九％で五割を切る。宮古島にいくとおどろいたことに、森林率は一六％に減る。つまり宮古群島全体の面積の一六％しか緑の部分がない。沖縄復帰時には三二％あったのに、二〇年間で半減したというのです。このままいけば二〇年後にはほとんどなくなってしまう。これは困った、せっかく縁があって宮古島に関わってきたのだから、ここで宮古島の森を守る運動を起こそうと思い至ったのがはじまりです。

宮古島の森は、ただの自然の林ではありません。「御嶽（ウタキ）」という神を祀るための場所が何百とある。ウタキがいわば森の要になってるわけです。その森が消え、重要な神行事が消えていくことに対し、時代の趨勢だからといって手をこまねいているよりは、何か抵抗して僕なりに手伝うべきだ。まあ大きくいえば、人類なんていつか滅びるわけだし、人間の歴史は虚しいといえば虚しい。でも消滅する人間の一生の中で、何か自分の納得することを通したいというのが僕の考えです。

宮古島では神に仕える人を「ツカサ（司）」と呼びます（ノロと同じ）。昔はそのツカサに選ばれることは誇りだった。ところがこの頃はだんだん神に仕えることが重荷になってきたんですね。「神事にばかり時間を費やしている」と、旦那や家族につきあげられる。ツカサがいなくなれば神事も消えていきます。哀しいことですが、これが現実なんです。

そういう中で、「宮古島の神と森を考える会」を立ち上げ、三年くらい前からアカギ（イチイ）などの樹木を植え始めました。昨年は三〇〇本植えました。今年はもっと植える予定です。樹を植えるって楽しいんですよ。こんなに楽しいことはない。自分の生命を樹に託するような気持ちが出てくる。限られた自分の生命を樹に受け継いでもらうというかな。そんな気持ちになります。

昔、孫娘が結婚する時タンスにしようと、お爺さんが桐の樹を植えたといいます。きっとぐんぐん大きくなった桐でタンスを作ると思うだけで、自分の有限の生命が延長されたような気持ちになるんでしょうね。実際樹を植えてみて分かりました。ヨーロッパの映画にも、ただ樹を植えるだけの映画があります。私はもう歳ですから、樹も人も後を継いでいく人が増えて行けば、こんな嬉しいことはありません。

会を発足した当時は、神行事や信仰の儀式を守ることの方に力を入れていました。しかし守られるもののあれば、衰退していくのもあります。今年は儀式がおこなわれても次の年は駄目だったりする。だけど植樹はそういうことはない。その中で、宮古島が宮古島である所以は——これは沖縄全体に言えることですが——やはり「神」に親しいということ。そのために濃密なヴォルテージの高い島であり得る。いくら神事が減ってきているとはいえ、本土に比べればまだまだ何十倍と濃密です。リゾート地として生き残っていくのができるかどうか、僕は疑問です。

四、五年前、私どもの会の行事でアイヌの人たちを呼んで、宮古島のツカサたちと一緒に浜辺で祈ったことがあります。その後アイヌの人から音沙汰が無いのでちょっと残念ですが、その時は日本列島の北と南をつなげて焚き火をして祈った。感動して泣いている人もいましたよ。アイヌの人たちは体型や顔立ちが宮古島の人間ととても似ているんです。こういう貴重な経験を風化させない努力をしていきたいですね。

宮古島への想い

——谷川さんは、特に宮古島への想いが深いようですが。

★先島でも八重山列島と宮古列島ではずいぶん違います。どちらかというと、八重山列島は沖縄本島とのつながりが深く、観光的です。島々もばらばらで、与那国島、波照間島、西表島、小浜島などが遠心的に位置しています。その点、宮古列島は宮古島を中心に、池間島、来間島、伊良部島が求心的に集まっているため、統一的な世界を把握することができます。しかも宮古列島は八重山列島ほど観光化されていません。

今ではほとんど考えられないことなんですが、一九七二年の復帰前に八重山を訪れた時、宿泊した民宿の女将さんに「あなたの娘さんが仮に宮古島の男と結婚でもするようなことがあったらどう考えるかね」と聞いてみると、「ちょっと考えるわね。いきなり賛成とはいえないよ」と答えました。宮古の人間は一段低くみられる。それで宮古の男たちはずっと苦労してきた。そのせいか人々の結束力はとても固い。「アララガマ（荒々しい感情）」といって、宮古には激しい精神があるといわれます。

また宮古では、神事や祭祀を司る人々にヒエラルキーがありません。たとえば沖縄本島では「聞得大君（キコエオオギミ）＝王妃」を頂点にした、トップ・ダウン式のノロ組織が形成されてきました。ノロは各間切（まぎり、行政区域）ごとに王府より任命される、いわば王府公認の神女だったわけです。ですから村の祭りなどでも、大変整っていて美しいのですが、どこか王国の影というか、権力の影みたいなものがちらついてしまう。ところが宮古の祭りには、沖縄のような組織化されたノロが存在しないせいか、王国のもつ権威みたいなものはみられません。その分、無秩序で原始的ともいえますが、僕にはそれがとても魅力的にみえるんです。

――ノロとユタの役割はずいぶん違いますか。

★沖縄ではユタとノロの役割ははっきり分かれ、ノロの祭りにはユタが参加できません。宮古の場合はそこがもっと未分化で、ユタとノロが截然と分かれない場合があります。民間の霊能者であるユタはノロと違い、琉球王国時代ずいぶん警戒されました。ユタは託宣するからです。日照りが三年間続いて、それは王国の政策が間違っているせいだといわれたら困ります。そこで政治的な批判を恐れた琉球の王府は、幕末にユタ狩りをして死刑にしたこともあります。魔女裁判と同じですね。

もちろん流言飛語を流すユタもいました。小学校を建てようとする時、「ここの木を切るとタタリがある」といわれれば、土地の人は考え直さないわけにはいかない。墓を大事にしない、先祖を供養しないからタタりがあるといわれれば、誰だって怖い。そうやって民衆がどんどんタタリを恐れるようになると政治不安につながっていく。王国はそれを取り締まったわけです。宮古でも昭和のはじめ頃は、国体を危うくするという理由で同じような取り締りがあったと聞きます。ただ比較的少なかった。戦後はないですよ。

――宮古にはヒエラルキーがないということですが、家系というものにもあまりこだわらないそうですね。

★ええ。宮古では、ふつうの庶民はほとんど家系図というものをもっていません。家という観念が昔からないため、先祖返りとか祖先崇拝といった概念もない。本土では何代目だとか、家系というものを大事にします。沖縄本島は琉球王国の時からすごく系図がやかましい。男の長男を大事にし、今でも女性には頭首や家督を継がせないんです。

宮古の女性で、沖縄本島に嫁に行った人を知っていますが、ずいぶん虐待されたといいます。宮古から来ただけで気にくわない。それに女性だということで大変ひどい目にあったそうです。さすがに今ではそこまでの差別は無くなってきていると思いますがね。

そういうのに対し、宮古には「なに、くそ」という「アララガマ」があったから、人頭税の廃止を求める農民の蜂起も実現できたのでしょう。八重山では蜂起できなかった。

こういう話があります。中村十作たちなど島民の代表が人頭税廃止を政府に請願することを決意した。ところが貧しくて東京に上京するにも旅費がない。困っていたら、人頭税に当てる粟が保管されている宮古島の倉庫の番人が、なんと夜中に倉の中の粟を全部運びだしてそれで旅費をつくった。もちろん後で牢獄に入れられます。その時の思いっきりのよさはいかにも宮古らしい。気性が激しい分、よく喧嘩もする。だけどそこが宮古の魅力なんです。やっぱり僕は「南島」という鮮やかな切り口がほしいんだな。

自治への道

「悠々たる琉球弧」。柳田国男は南島をこう表現しましたが、僕はこの表現がとても好きです。奄美大島の北に「十島灘」という、海の難所があります。そこで北上して九州西海岸に行く黒潮と太平洋に行く黒潮が分かれる。「十島灘」では東シナ海から太平洋にむかう黒潮は、落差があって轟音を立てて滝のように流れるため、帆船時代はたくさんの船が沈んだそうです。この十島灘を境に言語も文化も本土と切れます。

私が思うに、十島灘から南、つまり奄美諸島以南は独立したほうがいい。完全独立という意味ではなくて、自治権をもっと与える。今や地方自治が叫ばれる時代です。南島といっても、言語が近い奄美と沖縄は一つのグループに入りますが、先島諸島になると距離的にも三〇〇キロ離れ、言語も文化もまた違ってくる。それぞれの特性を生かし、独自性を発揮して好きなように行政を進めたほうがずっと面白くなるはずです。

復帰前は、沖縄では教育委員などは選挙で選ばれていました。下から吸い上げる力があったんです。ところがだんだん任命制になって、日本の官僚制度が南島に入り込むようになると政治がつまらなくなります。私はよくいうんですね。日本と沖縄は母は同じである、しかし父が違うと。母は言語と民俗、父は歴史です。言語と民俗が同じだから互いに切れない関係にある。同母ではあるんだけれども、歴史が違う。そのため本土に対する違和感を持つのは当たり前なんです。それを一番強く感じたのは、ある沖縄の知識人が「自分達は京都や奈良に行っても全然郷愁がわかない。それよりは違和感がものすごい」と語った時です。確かに沖縄にはお寺がありません。仏教が入っていないんですから。僕ははっとしました。

そもそも沖縄は明治一二年（一八七九）までは薩摩が支配していたとはいえ、少なくとも表面的には独立国でした。それからたかが一二〇年です。鉄器が沖縄に入ってきたのは鎌倉時代。それまでは牛の骨や木で農機具を作ってました。本土では弥生時代のはじめから入っていますから、一五〇〇年の差がある。八重山でも暦が入ってきたのは一八世紀頃だといいます。「でいごの花が咲く頃に母が死んだ」「さしば（鷹）が飛ぶから種を撤こう」。こうして人々は「自然暦」に任せて生活してきた。だから奄美や沖縄の人は自然にとても敏感なんです。そういう違いにもっと目を向けて、それぞれの地域に根ざした政治や文化が育まれていけるよう努力することが必要だと思います。

（『理戦』七四・秋、二〇〇三年一〇月）

ご挨拶——歌碑建立除幕式にて

このたび、佐渡山安公・政子ご夫妻をはじめ、会員の皆様の御好意で、宮古島の南の海を一望に見渡す高台の「太陽が窯」邸内に私の歌碑を建立することができ、心からお礼を申し上げます。建立に当たっては発起人代表の佐渡山正吉先生をはじめ、多くの方々のご協力があり、その数でも百五十人余にのぼりました。「宮古島の神と森を考える会」「青の会」の会員やその他の有志の方々のご友情の賜物がなければ、この歌碑は夢想のまま、私の胸にとどまったことでありましょう。

かえりみますと、私が宮古島に足を踏み入れましたのは復帰前の一九六九年のことで、私の齢も五十歳に届きませんでした。それが今、八十歳を過ぎた老翁としてこの場所に立っております。その間、三十数年、私はまるでサシバのように毎年宮古島に通いました。そして昔ならば、常世びとの仲間に入る齢になって、本日のような慶事にめぐりあうことができ、感慨深いものがあります。

戦前の宮古島では年頭拝《にんつう》みという行事がありました。元日の朝早く、一家の老人が衣服をあらため上がり框や縁側に端座しますと、村の女性や子供たちが老人を礼拝しにやってきます。老人は盆の上に固めた塩を置き、その塩をひとつまみずつ、女性や子供たちの口に入れてやるのです。この塩を黄金塩《くがにまーす》と呼びました。このとき老人は常世びとであり、素朴でおごそかなその儀式は、常世びとがこの世の人に対する親愛にあふれた祝福だったのです。

私はこのような儀式を正月行事として行ってきた宮古島を心から敬愛してまいりました。その宮古島に年齢だけは常世びとにふさわしい私の歌碑が建つことは、かけがえのない喜びであります。

悠々たる先島の歩み。空と海にかこまれた大地に生きる屈託のない人々と喜びを分かち合いながら宮古島の浜辺の珊瑚礁の砂に、残りの人生を溶け込ませたいと念願しています。

（「谷川健一歌碑建立除幕のしおり」二〇〇三年一一月六日）

宮古島と私の歌碑

私は一九六九年、今から三十数年前に、先島《さきしま》に足を踏み入れましたが、それ以来、先島の虜となっていきました。沖縄本島と宮古島の間は三百キロの海で隔てられています。広大な海にかこまれた先島には、権力や権威からもっとも遠い人々が、屈託のない生を送っていました。自分の中の余剰物を取り除きたい衝動をもって、先島に初めて触れたとき、私には今までにない喜びが自分に湧くのを感じました。そのときの感想を次のようにひそかに呟いたことがあります。

〈私は、小さな者達が、好きだ〉

〈海と、空と、大地に生きるもっとも単純ないとなみがあれば充分だ〉

それから、私は数え切れない位、いくたびも先島に足を運びました。とりわけ宮古島は八重山のように風景に見るべきものがない島なのに、その底に人を魅きつける強靱な力を秘めていることを感じました。多くの本土からの渡来者がそうであるように、私も宮古で自分が癒されていくのをおぼえました。私の場合はそれに加えて、民俗学研究の上での、貴重な示唆が宮古島にあったということもあります。本土では見出せない、しかも宮古島民も気が付かない民俗資料が宮古島には埋もれていました。それは記紀の時代より更にふるい日本の古代世界の手がかりを与えるものでした。私の民俗学は沖縄を抜きに形成することは不可能でした。それも先島、とりわけ宮古島によって作られたといっても過言ではありません。私が宮古島の神行事や巫女の儀礼に立会うことがしばしばであったとしても、それらを研究対象として見たことは一度もありません。そのことは今から十年前、「宮古島の神と森を考える会」が発足され、それが今もつづいているという事実が明らかに示していると思います。宮古島の神祭や神行事がとだえないために、またその舞台の森が消滅しないために、ということをひたすら祈念してきた会です。

この会は、宮古島と本土とをあわせて二百数十名の会ですが、私共は会の趣旨をつらぬくために、及ばずながら努力を払ってまいりました。数年前から、宮古島に樹を植える運動もはじめています。このようにして、宮古島は私の第二の故郷のような存在になったのです。

いつの頃からか、私は先島のどこか離れ島の渚で死にたいという願望が年々に強くなっていくのをおぼえました。それはかならずしも宮古でなくてもかまわないのですが、先島の離島の渚の白い砂の上に、行き倒れの格好で死ぬのを夢みました。もとより、先島に生活していない私の上に、このようなことが実際おこるとは考えられません。したがって夢想にとどまることは百も承知ですが、だからといって私に快い夢想を捨てるわけにはいきませんでした。というわけで、せめて短歌にその気持ちを敍べようと思い立ったのです。今から十年近く前、私は歌集『青水沫』を上梓しました。その中に「花礁」をうたった数首を収めました。花礁というのは、珊瑚礁が季節によって花のように美しくなることをいいます。この花礁はあさい海底にあってもよく、また干瀬にあってもよいのです。

潮ひきしあとの花礁《はなぜ》の夕あかり神の作りし島にて死なむ
やどかりの裔《すゑ》のしるしを針突《はつき》せし女《おみな》らの島の砂にまじらむ
みんなみの離《ぱな》りの島の真白砂《ましらご》にわがまじる日は燃えよ花礁も

「やどかり」は南島では「あまん」と呼びます。「あまん」から人間が生まれ出たという伝承が南島に残っています。自分を「やどかり＝あまん」と同じ次元におくことが私の願望です。

このたび「宮古島の神と森を考える会」副会長の佐渡山政吉氏や同会事務局長の佐渡山安公氏と政子氏夫妻の御発意で、私の歌碑を宮古島に建てようというお誘いがありました。

これが本土の話であったならば、たとい私の郷里の水俣であっても、私は全く取り合わなかったでしょう。水俣は私が生まれ育った土地柄ではありますが、それだけのことであり、真の故郷と思うにはいたりません。

しかし、宮古島の場合は違います。そこでお誘いを受け入れようとする気持ちに次第に傾いて、結局のところ、私の夢想をなんらかの形で残しておきたいという心境が生まれたのでした。歌碑には、先の歌の中の最後の一首を選びました。やや墓碑銘のような感じがしないわけではありませんが、私の切実な気持ちを伝えるものとなっています。

歌碑は佐渡山氏御夫妻の御好意により、その邸内の、南の海を一望に見渡す高台に建つことになりました。前面の青い大海原には一条の干瀬《ひし》が横に走って、それに白波のあがるのが見え、無限の思いを誘う場所です。

このたびの歌碑を建てるのにあたっては、「青の会」「宮古島の神と森を考える会」その他有志の方々のあつい御協力を忘れることはできません。皆様のこうした御友情の賜物がなければ、この歌碑はいつまでも私の胸の中だけに収められて終わったことでしょう。（十一月朔日）

（「青」6号、二〇〇四年一月）

大交易時代の誇り高い王国——渡英子歌集『レキオ 琉球』

渡英子も沖縄病のひとりと言ってよいであろう。沖縄に住むことができることになったのをこの上なく喜んでいる。渡英子の歌風はのびやかな古代調で線は太い。その詠風は沖縄の大らかな空気にきっと合うだろうと私は期待していた。果たして渡は、沖縄滞在三年にして期待にたがわぬ新しい歌集を世に送った。題も「レキオ　琉球」である。琉球の大交易時代、ポルトガル人は琉球を、敬意をこめてレキオと呼んだ。その呼称は今も沖縄を指す言葉として何とも新鮮にひびく。この題を選んだことで、琉球という古風な重い世界に爽やかな異国の風が吹いていることを感じる。題名の勝利である。

内容を見てみよう。そこにはまず

わたくしは億年の過客、雨雲を機体はぬけて濃き虹に遭ふ

という荘重で濃密な挨拶歌がある。この歌集が沖縄観光の歌とは全く次元を異にしていることをはっきり示している。次の一歌

美《ちゅ》ら島に波の寄る見ゆみづからを蓬莱島と呼びし琉球《レキオ》は

こうして私たちは大交易時代の誇り高い王国の姿に出会う。

囀りをミセセルのごとく聴くときに城の森の髪騒立てり

夕町は海のひとでの菫いろ太陽《てだ》容れし海の賜ひし光

ゑけ、あがる月の清《ちゅ》らさや島闇のうつくしければ遠流《をんる》にあらず

みな古代風でゆったりと堂々としている。本土とちがう沖縄の季節をたくみにうたう歌もある。

一月の座間味にザトウ鯨来てそれが沖縄の冬のはじまり

冬ごもり桜咲きたる南島に春のたまごはねむりたるまま

さり気ない歌ではあるが心に残る歌もある。

白粥はほのかに煮えて東洋の一小国となりゆくもよし

この歌は今日の日本をうたっているが、昔の平和な小国琉球への愛着と郷愁に通うものがある。

集中にはからずも私の歌の引用があり驚いた。

みんなみの離《ぱな》りの島の真白砂《ましらご》にわがまじる日は燃えよ花礁《はなぜ》も

という拙歌をふまえて、

真白砂に足跡ふかく刻みたる青銅の神の髪炎《も》ゆるかも

と渡英子は応じている。その返歌のみごとさに感服することしきりであった。

（「琉球新報」二〇〇五年一〇月二日）

ウタキ〈神の森〉を守るために――原初の生命宿して

今から十年ほどまえ、一九九四年五月二十二日、私は沖縄の宮古島に滞在していた。その日の朝ホテルで地元の新聞を開くと、まだ眠りから覚め切らない私の眼は釘付けになった。

それには宮古群島の緑が一九七二年の沖縄の本土復帰後二十年間に半減したと報じられていた。総面積にたいする森林の割合、すなわち森林率は日本本土で六七％もあるが、沖縄県全体になると四七％、それが宮古群島ではわずか一六％に減ってしまったというのである。おそろしいような速さで宮古の緑は姿を消しつつある。それで更に二十年も経ったら、宮古は緑のない裸同然の島になることは必定である。現にあちこち歩くと、圃場整備の名目のもとに、島中が赤土でむき出しになって、無残な、目をおおう姿を呈している。無用な道路修理もいたるところで目に付く。

私は地元新聞の記事を読んで愕然とした。私は本土からの一介の旅人に過ぎないが、このような現状を捨てて置くことを自分に許すことはできないと思った。私が復帰以前から毎年宮古に通って飽きないのは、宮古に他島にはない神祀りがおこなわれてきたからである。神祀りがおこなわれるのはウタキと呼ばれる聖地であり、その聖地はおおむね森や林にかこまれた小さな空間である。その空間は鳥居もなければ拝殿もなく、ただ聖域を示す小さな石が置かれているだけである。

しかし私はそこに立つと、本土の神社では味わうことのないすがすがしい信仰心をおぼえる。いかめしい神社や寺院の閉ざされた世界とはちがった、原初的で開かれた、透明な空気がゆれ動いている。これを可能にしているのはウタキの存在であり、そのウタキがやがて存亡の危機に見舞われようとしている。

私は宮古の緑をこれ以上後退させないための運動を起こそうと即座に決心し、宮古島の友人の協力を得て準備にとりかかった。

その日からちょうど半年目の一九九四年十一月二十三日に、宮古島平良市の一角で「宮古島の神と森を考える会」が発足した。

それ以来、この会は一年も欠かさず、年一回のシンポジウムを宮古島の各地で開き、今日にいたっている。十二回目の今年は十一月二十七日に池間島の公民館で開かれた。会場には五名のツカサが正面の壇上に並んだ。ツカサというのはウタキの神に仕える女性のことである。池間島の神行事をとりしきるツカサの選出は三年ごと、クジおろしによって決まる。クジおろしには、五十歳から五十四歳までの島の女性の名前を一人ずつ一枚の紙に書き、その紙をまるめて盆に載せて、なんどか揺すって盆から落ちた者を神のお告げとしてツカサときめる。

こうした伝統的な方法は神託と見なされ、以前はツカサに選ばれることを無上の光栄として受取られていた。しかし神行事が、家庭では主婦であり母であるツカサの日常を束縛することは否定できない。年間五十日は神行事に奉仕しなければならない。ということで辞退者があいつぎ、ツカサの数がそろわず、池間島の神行事はながらくとだえたままになっていた。その間、私共「宮古島の神と森を考える会」は手をこまねいている訳ではなかった。池間島では二回もシンポジウムを開き、必死になってツカサの誕生をうながしたが、それも空しかった。

しかし今年の二月、なんと二十年ぶりに池間島の五名のツカサが顔をそろえたのだ。ツカサが不在のときには、宮古島全体でも第一の聖地と云ってよい池間のオハルズウタキにはいることは禁止されている。オハルズウタキは池間島の深い森の中にあり、宮古中の魂の集まると信じられているところであり、オハルズの神は宮古の人々の生命をつかさどるとあがめられ、人々の尊崇をあつめている。オハルズウタキの存在は、宮古島だけでなく、日本本土の人々にも光と希望を与える生命《いのち》の主《ぬし》の神であり、地域神を越えた普遍性をもっているからだ。私共の会はこのオハルズの神を守らねばならぬと決意した。そのために宮古島と本土を問わず、ささやかな支援の輪を作るべく動き出そうとしている。

池間島でのシンポジウムの朝、私共の会員は五名のツカサに伴われてオハルズウタキに詣でた。聖地の入口から拝所までは、はだしで歩かねばならない。素足の裏の感触が心地よかった。大地から伝わる神の気配にしばし時をわすれた。

（「毎日新聞」二〇〇五年一二月九日）

実行者の魂　笹森儀助

笹森儀助の名著『南島探験』のとびらには、彼の肖像写真がかかげてある。南島の驟雨《しゅうう》をしのぐコウモリ傘をさし、炎暑をさける芭蕉布の尻をからげ、わらじを穿き、頭にはつばの広い帽子をかぶり、首からはクバの葉のうちわをつるしている。すねをまるだしにしているが、右足は沖縄で罹《かか》った風土病のために大きく腫《は》れあがっている。年の頃は五十になろうとして、白髪のまじったあごひげを生やしている。痩せてはいるが、筋肉はしまり、長期の旅行に耐えてきた身体つきをしている。そして老いの影がしのびよろうとしているのに、どこか遠くを見るような目つきをしている。

この一枚の写真に、笹森儀助のフィールドワーカーとしての面目は遺憾なく示されている。

笹森は「実行者の魂」をもっていた。彼は最初、近代日本をリードする中央の政治に望みをつないでいた。憲法が発布されて明治二十三年十一月に議会政治が開かれると、大きな期待をよせた彼は、二十三、二十四年の二年間、議会が開かれている間じゅう、毎日のように傍聴に出かけて、熱心に議会の討論に耳を傾けた。しかし、二十四年三月になると、ふっつりと議場に近づかなくなった。彼は政治家が国家の大義を論じながら、かげでは私利私欲にとらわれていることに、愛想をつかしたのである。

それから一カ月後の明治二十四年四月から、彼の大旅行がはじまる。笹森儀助の「実行者の魂」が目をさましたのである。そのとき彼はすでに四十七歳になっていた。その手はじめが、七十日間にわたる日本国内の西南地方の旅行で、『貧旅行之記』と題する手記が残っている。文字通りの貧乏旅行であった。

あくる明治二十五年の六月には、政府の軍艦に乗せてもらって、占守島《シュムシュ》やエトロフ島など、千島列島を探検した。このときも苦難つづきの旅で、現地人の捨てた掘っ立て小屋に泊ったり、食べものがないので、クマザサの芽や葉を食べて飢えをしのいだりした。

そして南島への旅行は三度目にあたる。当時の沖縄はマラリヤのような流行病やおそろしいハブなどの毒蛇のまちかまえている島であった。もし熱病に罹って命をおとしたら、自分の身体を東京の大学病院に提供して医学研究の実験材料にしようと考え、家族と水盃をして青葉につつまれた故郷の弘前城下を出発した。

明治二十六年（一八九三）、日清戦争のはじまる前年の五月十日のことである。彼は捨て身の探検をしようとしていた。

笹森儀助は七月五日、宮古島に着いた。そこで彼が見た異様な光景は、女たちが暗い機屋《はた》で宮古上布を織る姿であった。上布は貢布つまり租税のかわりになるもので、それを織る十五歳から五十歳までの女たち自身は、洗いざらしの短かい木綿の単衣を着ていた。機屋の隅では母親の織女が連れてきた乳飲み子が蚊や蝿にたかられながら、泣きわめいていた。

これは人頭税《にんとうぜい》といって江戸初期以来、先島《さきしま》（宮古、八重山）だけに課せられた不当で苛酷な税を納めるための労働であった。そのあと彼は八重山にむかったが、マラリヤの巣とおそれられている西表島《いりおもて》でも人頭税は容赦なく圧《の》しかかっていた。日頃は三度の食事に芋しか食べない貧しい島民がマラリヤにおびえながら、水田地帯で貢納のための稲を作った。儀助はいたるところで村が死滅し、廃村になっている光景と出会った。彼は義憤に耐えず、日記に細かく記す。八重山では水田のない村にも米納を命じ、その村民にマラリヤのはびこる西表島の水田で働かせている、と悲憤の涙をながしている。

笹森儀助の先島の旅は、まさしく探検の名に値するものであった。鳩間島《はとま》、西表島、与那国島《よなぐに》など不便な離島をたずね、塗炭《とたん》の苦しみに呻吟《しんぎん》している人たちの訴えを聞き、それを克明に日記に書いた。しかしその日記は村の人口や生産額などの数字をあげた冷静で無駄のない文章で、感情的なものではない。笹森は国防的見地から、日本国の最南端の先島を視察した人物である。しかも彼の行動の軌跡は、人頭税とマラリヤに苦しむ離島の民と接触することで、期せずして告発者の旅となった。その旅の日記をまとめた『南島探験』は、明治二十六年の沖縄先島の社会を映し出した不朽の記録として、百年後の今日まで残り得ている。

南島の旅から帰った翌年、笹森儀助は大島島司に任命され、奄美大島に赴き、そこで島民の生活向上をはかった。なかでも明治二十八年に四カ月をついやして、十島を巡回調査したときは、台風に遭って笹森の一行は一時行方不明を伝えられ、軍艦を派遣して救助されたほどであった。このときの記録が『拾島状況録』である。

笹森の旅は無用者の漂泊でもなく、文人の煙霞《えんか》癖でもない。といって政府高官の視察旅行でもない。憂国の志を抱きながら辺境の民と生活を共にし、辺境の民の立場に立って考えることに終始した。その視座から当局の政策の無能を摘発した。といって自由民権運動のように政府を糾弾する運動には加担しなかった。彼の政治信条はむしろその反対側にあった保守的なものである。その保守を徹底することで、つねに土地と人民の側に立って行動した。大島島司のときは鹿児島の悪徳商人とたたかって奄美の農民の収益を守った。そのことが鹿児島商人のにくしみを買って、明治三十一年には大島島司をやめてしまった。

その後、明治三十二年には、朝鮮にわたって東海岸地方を調べ、またシベリヤを旅行した。このように彼の旅行癖はとどまることを知らなかったが、つねに彼は単独者で、孤影をひきずっていた。その飄々とした姿、遠くを見るような目つきが、笹森儀助の人となりを物語っているように私には思われる。

（「Ｆｒｏｎｔ」一九巻二号、二〇〇六年一一月）

国境　海の境界へ——与那国島と波照間島

国境の島、与那国島は、琉球弧の最西端にあり、台湾島までは一一〇キロしかない。そこで年に何度か、よく晴れた日には、台湾島が見える。つまり与那国島はさらに西方に島のあることを意識しているのである。戦前に、那覇にしか旧制中学がなかった時代、八重山の人々は台湾の中学に通う例が多かった。また終戦直後の与那国は、台湾と沖縄を結ぶ密貿易の中継地として賑わい、島の人口が一万二〇〇〇人にふくれあがったことがあった。

政治の画定線を越えて民間の交易がおこなわれた時代、与那国島は日本国の最前線にあったが、取り締まりが厳しくなり、彼我の往来が困難になると、与那国島は人口が激減し、辺境の島としての宿命に甘んずるほかなくなったのである。

私が与那国島を訪れたのは約四〇年前の昭和四四（一九六九）年のことで、その頃は孤島苦を肌で感じるような島であった。島にはオンボロのバス一台しかなかった。「久部良《くぶら》バリ」とか「トゥングダ（人升田《ひとますだ》）」というような、人頭税《にんとうぜい》（一人につき一定額を課す税金）時代の哀話が残っていた。人頭税は寛永一四（一六三七）年から明治三六（一九〇三）年一月まで、二六六年間、宮古・八重山だけに課せられた税で、先島諸島（宮古・八重山）の人民を苦悩のどん底に陥れた。

与那国島の島民が、人頭税のない「南与那国島」（パイドナン）を目指して、逃散した話が伝わっている。ちなみにドナンは与那国を呼ぶ現地語である。同様な話は、波照間島にも残っている。波照間島民四五名が

「南波照間島」（パイパトロー）に向けて帆をあげたという話であるが、この幻の島の存在は、人頭税の続いていた明治二五（一八九二）年まで信じられていた。同年、沖縄県知事が海軍省に南波照間島の探索を要請したが、これに対して海門艦長は「所在も不明の島嶼を探索するの道なし」と断ったことが報じられている。

南与那国島や南波照間島の伝説は、最果ての島の人たちが、自分たちの島が人頭税に苦しめられる島だという意識に耐えきれず、もう一つ、南の果てに自由な島を想定したユートピア幻想である。

波照間という語は「果てのウルマ」に由来するという説がある。ウルマを、琉球を指す古語と見なすところから生まれた俗語であるとはいえ、波照間島の置かれた孤島としての位相をよく伝えている。

与那国島も波照間島も日本文化の南限であるが、そこで使用する言語には明らかに南方とのつながりがあると思わせるものがまじっている。私が与那国を訪れたとき、島の医師に聞いた話だが、フィリピンのマニラでは「ダガ」という語はネズミを指すが、八重山でもダガということであった。

また沖縄ではキビナゴに似た小魚を「スルル」というが、台湾の東南海岸にある蘭嶼でもスルルという。これら彼我の言葉の一致は単なる暗合といわれるべきものでは決してなく、琉球の島々と南方との民衆の間に確実な交流のあったことを示すものと考えられる。

民衆にとって国境は壁ではなかったのだ。

（「プレジデント」二〇〇八年八月号）

島の人々の夢を誘うユートピア幻想

祭祀には、祝女《ノロ》はおおぜいの女どもや男どもをひきいて拝所《うがんじょ》ですわる。その配列は、祝女がひとり神前にもっとも近くすわり、つぎに女どもがすわる。男どもはもっとも後方である。

私は竹富島では祭祀を見る機会がなかったが、私の友人の写真家の井上博道君は数年前、その幸運な機会を得た。かれは神の前での男女の不平等にびっくりしたが、祝女のえもいえぬ威厳にも打たれた。拝所で、祝女が拝跪《はいき》する、つづいて女どもが拝跪する、そのあと祝女が最後列の男どもに対し、ふりむくでもなく、ただゆっくりと顔のむきを変えて、

「それ」

と、のみ言った。その低い声に、男どもは雷に打たれたようにしていっせいに平伏した。たいしたものでした、と井上君はそれを拙宅でまねしながら、何度もいった。

司馬遼太郎『沖縄・先島への道』「波照間の娘」の章より

奄美《あまみ》から沖縄にかけては、海の彼方に神の島があるという信仰がある。神の島を奄美ではネリヤ、沖縄本島ではニライ（カナイ）、宮古《みやこ》ではニツジヤまたはニイリヤ、八重山《やえやま》ではニーラと呼んでいる。これらの語の「ニ」は古代日本の「根の国」の「根」を意味する。根は原点であり、万物発祥のところである。奄美や沖縄では人間にもっとも必要な火も稲も、海の彼方の神の島からもたらされると信じられている。

また害虫や疫病もそこから人間の世界に送られてくると思われていた。

女は男よりも霊威が高い

神は季節を定めて、あるいは祭りごとに訪れる。そこで人々は海岸の砂浜で神を迎えるため、供物をささげて祈る。その中心になるのは奄美と沖縄本島ではノロ、宮古や八重山ではツカサと称せられる神に仕える女性たちである。

奄美・沖縄では神に仕えるのは女性に限られている。女は男よりも霊威（セジ）が高いと言われている。すなわち女は男よりも神に近い存在と見なされて敬意を払われている。ノロやツカサは祭りのときは神として振る舞い、その夫、父親、息子は、ふだんは自分の妻であり、娘であり、母である女性を礼拝するのである。

沖縄では日本本土の神社にあたるものを御嶽《うたき》と呼んでいる。御嶽は樹木にかこまれたわずかな平地であり、神を礼拝するときの場所を示す小石が置かれているだけで、他に建造物は一切ない。これは日本の神道の原始的な光景を今も保っているのである。

石垣《いしがき》島の石垣市にある宮鳥《みやどり》御嶽のように神殿と鳥居があるのは日本本土の影響であって、けっして御嶽の本来の姿ではない。御嶽に祀《まつ》られる神は海の彼方からやってきた神や地元の古い時代の有力者などが多い。

沖縄の神々は、砂漠の民の神が天から来るのとはちがい、海から来る。古い日本語でも、宗教的な空のことをアマ（アメ）と言い、同時に海をもアマというように、海というのは神聖者が渡来してくる道なの

である。神聖者が渡来するには、出発する島が要る。南波照間《はえはてるま》島は、そういう理由で幻出してきたもので
あるもしれない。

司馬遼太郎『沖縄・先島への道』「那覇へ」の章より

御嶽はまったくの自然で目立つものはないが、それでいて聖なる敬虔《けいけん》さがある。岡本太郎《おかもとたろう》は沖縄を訪れて
御嶽のことを、「何もないことの眩暈《めまい》」と評した。

終わりを告げない南への憧憬

沖縄の島々は珊瑚礁《さんごしょう》のリーフにとりまかれている。リーフは干潮時には姿をあらわし、満潮時は波間に姿を没する。このリーフのことを沖縄本島ではヒシ、宮古ではピシ、八重山ではピーと呼んでいる。干瀬《ヒシ》の手前はイノーと称する浅く、碧玉《へきぎょく》を砕いたような青い海である。干瀬の彼方はどす黒い波のうねる外洋である。そこには島の人々の夢を誘う世界が開けている。

日本人の南への志向性は沖縄の島々を南下して八重山にいたるが、そこでも終わりを告げない。八重山にいくと、さらにその南への憧憬《どうけい》が生まれてくる。沖縄に見られるのは「南の島」の信仰である。沖縄本島や宮古島ではその信仰は伝承の領域にとどまっているが、八重山では具体的に南方諸域と関わりをもっている。

昔、八重山の農家では三月下旬の雨のしとしと降る晩にクイナが飛んでくるのを、「南の島」から豊年の神のさきがけとしてやってきた鳥として、松明《たいまつ》をもって迎えたと言われる。

また八重山では大浜用偏《おおはまようへん》という人が一七九一年に、安南国《あんなん》（ベトナムか）に漂着して、そこの豊年祭に使

われた弥勒面《ミルク》と祭の衣裳をもってきたという言い伝えがあって、八重山民謡の「弥勒節」にそのことがうたわれている。歌の一節は「大国から弥勒菩薩が八重山にお越しになった。島をお治め下さるように、島の統治者として」というものである。八重山の豊年祭では布袋《ほてい》の面をかぶった弥勒神が行列の先頭に立って練り歩く。

南への志向は八重山においてもっとも強烈であったと考えられる。与那国島《よなぐに》のさらに南に南与那国島《パイドナン》があり、波照間島《はてるま》のさらに南に南波照間島《パイパトロー》がある、と八重山では信じられていた。

一八九二（明治二十五）年に沖縄県知事から海軍省に南波照間島の探索を要請したが、これに対して海門艦長は「所在も不明の島嶼《とうしょ》を探索するの道なし」と断ったということが報じられている。南与那国島や南波照間島の伝承は、人頭税《にんとうぜい》の苛酷さに耐えきれず、島を脱出することをはかったという逸話にも示されるように、南の果てにもう一つの自由な島を想定したユートピア幻想である。

海の彼方に神の島があるという信仰と、現実のユートピアを南へ求める幻想は交錯して、沖縄の人々の信仰の深層を形成している。

（「週刊司馬遼太郎　街道をゆく」8　朝日新聞社、二〇〇五年三月二〇日）

南島交易と博多——琉球・南蛮貿易への始点であり終点であり

柳田国男は晩年の大作『海上の道』の中でクロモジの匂《にお》い、ズズダマの遊び、椰子《やし》の実の見聞、宝貝との出会いなど、身辺の思い出を、日本民族渡来の起源という大きな主題に結びつけて論じている。しかも悠揚迫らざる筆致で自説を展開しているのは、柳田ならではのみごとな光景であるというほかない。

しかし柳田が『海上の道』を世に問うたのは、一九六一年であり、それ以来、半世紀のあいだ、南島に関わる研究はいちじるしく進捗《しんちょく》している。なかんずく、ここ十数年の遺跡の発掘、遺物の発見はめざましいものがある。

私は最近、その成果を踏まえて、『甦る海上の道・日本と琉球』（文春新書）と題する小著を公にした。私はその中で、黒潮の北上という大自然の海上の道に配慮しながらも、逆に南下の道、すなわち日本本土から南島へさまざまな文物が堰《せき》を切ったように流入した時代のあったことに着目した。

平安時代末期から鎌倉時代初期にかけて、南海産の夜光貝、法螺《ほら》貝、宝貝または赤木などを求めて南島との交易がはじまった。それにもっとも活躍したのは博多の商人だったと思われるが、宋商人も加わっていたことは、博多に「唐房」「大唐街」と呼ばれる地名があったことでもたしかめられる。

宋商人の居留地と見られる「唐防」という地名が、博多の東の福津市津屋崎にも残っていて、そこからは十二世紀頃の中国製陶磁器が出土している。

薩摩半島の旧金峰町と旧加世田市（双方とも現南さつま市）の間を流れる万之瀬《まのせ》川の河口近くにも「唐房」「唐仁原」の地名が残っている。万之瀬川の流域の持躰松《もったいまつ》遺跡からは中国製の陶磁器が数千点も出土しているので、この付近に宋商人が居住していたとしてもおかしくない。

更に眼を南に転ずると、奄美大島の宇検村に属する焼内湾の海底から、十二、三世紀の中国産の青磁、白磁が数百点発見された。これらの陶磁器は、中国南部の港から日本に向かう途中、奄美大島の海底に沈んだと推定され、その目指す最終目的地が博多であったことはほぼまちがいない。その交易路の中間点にあったのが薩摩半島の持躰松遺跡である。

博多商人はまた、長崎県西彼杵半島の西海市大瀬戸町の特産である滑石から作った石鍋の粗型を博多で完成品にした上、南島に運んだと思われる。石鍋は琉球の最南端の波照間島でも見つかっており、博多商人の交易への飽くなき欲望が、南島の果てまで及んでいたことを示している。

琉球弧の宮古・八重山では十世紀頃まで、土器をもたない石器時代が千年近くもつづいていた。沖縄本島でも、気の遠くなるような長い間、貝塚時代であった。しかし十一、十二世紀頃に日本本土から到来した石鍋に刺激されて、石鍋を模倣した新しい土器が作られると、琉球社会はそれまでの「原琉球」から一挙にグスク時代の「古琉球」へ飛躍をとげた。

十五世紀の半ば、琉球王国の尚泰久王の時代、首里には多くの寺院が建てられたが、その梵鐘《ぼんしょう》の一つは筑前芦屋の鋳物師の手になると推定され、北九州の鋳物師たちが琉球に渡航して鋳造をおこなったと考えられている。彼ら「廻船鋳物師」はおそらく博多の港から南島へ向かったのであろう。

その頃、博多の俗僧道安が朝鮮国王に献じた琉球最古の地図がある。その「琉球国図」を収録した朝鮮の史書『海東諸国記』には、博多は「琉球南蛮の商船所集の地」と記されている。まさに博多は琉球や南蛮貿易の始点であり終点でもあったのである。

ここにして思うのは博多の位置は「魏志倭人伝」の「奴国《なこく》」以来あらゆる世紀を通じて揺らぐことがなかった、という事実である。博多はアジアの大陸諸国との交流の玄関口であっただけでなかった。南島貿易は、博多からはじまり、博多に終わったとも言える。そこで活躍した博多商人と宋商人の役割については今後一層の解明が望まれる。

（「西日本新聞」二〇〇七年五月九日）

宮古島のノロシ

私は一九六九年から沖縄通いを始めた。沖縄が復帰する数年前のことで、とくに先島と呼ばれる宮古や八重山には文明からとりのこされたような生活があちこちに見られた。

宮古本島の下地《しもじ》の海岸から目のまえに来間島《くりま》が横たわっている。その間には烈しい潮流が流れている。今はりっぱな橋がかかっていて、車で来間島にゆけ、橋の上から風景を楽しむことができる。それは沖縄が復帰してだいぶ経ってからのことである。

当時は舟で渡るしかなかった。その渡し舟は来間島の海岸につながれている。もとより大声を出しても届くような距離ではない。そこでどうするか、下地の海岸の船着場の所に積んである藁に火をつけてノロシをあげる。すると来間島から舟を出して、乗客を迎えにやってくる、という仕掛けになっている。来間島でノロシを確認すれば、舟は数十分でやってくるが、もし、ノロシを見落としたのであれば、それまでである。そこで時には数時間も待つことがあった。それでも宮古島の人びとは気にする風もなく、迎えの舟が来るのをのんびりと待ちつづけていた。

その頃、宮古島の北部の島尻《しまじり》という部落では、毎年、祖神祭《おやがみ》が行われていた。その最後の日は壮絶であった。島尻部落の突き出た岬の上で、十数人の神女たちが輪を作って、午後一杯神歌をうたいつづけた。神女たちは皆五十をすぎた年配の女性たちで、なかには七十を越した老女もまじっていた。幾日も山ごもりして断食したあげく、最後の日を迎えるのであるから、疲労は極点に達し、神女たちはめいめいに長い木の杖で、身体を支えながら、えんえんと神歌をうたっている。そのうち、やっと日が暮れると、岬の一角に備えてあった藁の山に部落の男が火をつけた。ノロシをあげて対岸の大神島にいる神女たちに、島尻部落の祖神祭が終了したことを報告したのである。夕闇の中で赤く燃える炎はまことに印象ぶかかった。

復帰前の宮古島ではノロシのような素朴な伝達のための信号がまだ活用されていたのである。

今回は未開社会までさかのぼることができるノロシが近世まで日本各地で利用されていた実体が、地名にどのように残されているかを見ることにした。

特に私に興味深かったのは、幕末の紀州藩有田郡と熊野の由来についての報告であった。ノロシに使う狼糞を集め、丁寧に計量している。この記録で注目されるのは、紀州の山岳に幕末まで狼がかなり生きていたという事実である。狼は肉食獣であるから、その糞は固く、火をつけると煙は真直ぐに空高く昇っていく。ノロシに最適である。

能登半島の突端に狼煙《のろし》という地名があるくらいであるが、狼糞がノロシに実際に使われていたという実例はきわめて珍しい。日本狼は一九〇五年（明治三十八年）、奈良県での記録を最後に姿を消し、以来、その生存は確認されないで今日にいたっている。しかし、その後も狼を見かけたという噂はたえない。

（「全国地名研究交流誌　地名談話室」二六・二七合併号、日本地名研究所　二〇一一年六月六日）

英祖王と高麗・南宋

浦添城跡の北側の崖下に、「浦添ようどれ」がある。むかって右側が英祖《えいそ》王、左側が尚寧王の墓室となっている。英祖王の墓室の入り口には、四つの通風穴がある。墓の外面は漆喰を白く塗ってあり、白亜の美しい建物だ。

琉球王府の正史『球陽』によると、英祖王は一二六一年に浦添に墓（浦添ようどれ）を造営し、そのころ菩提寺として極楽寺を創建している。その後、第二尚氏の時代に尚寧王が修築して、一族の遺骨を移築した。

「ようどれ」というのは、もともと夕凪のことで『おもろさうし』にも見える語句である。死者は夕凪のように静かな場所に憩うということから墓の別名とされた。「浦添ようどれ」は単に「ようどれ」とも呼ばれている。以上のことから、この「ようどれ」はもともと英祖王が自らの墓のために建てたもので、島津の琉球侵略のときの琉球王尚寧の墓室は、英祖王の墓室につぎ足したものにすぎないことがわかる。英祖王については在世中の文献には登場しないが、『中山世鑑』には英祖は一二二九年に生まれ、一二九九年に没したとある。またそのあとの『中山世譜』によると、英祖は南宋の景定元年（一二六〇）に即位したことになっており、浦添に墓を築き、極楽山と名づけたともある。同書にはさらに咸淳《かんじゅん》年間（一二六五―七四）、英祖王は輔臣に命じて、浦添城の西に寺を建て、極楽寺と名づくとある。そのいきさつとして、補陀落僧がどこからとも知れず異域から舟に乗ってやってきて、那覇にたどりついた。英祖王の命によって、浦添に精舎をかまえ極楽寺と名づけ、僧はその寺の従持となった。これは琉球における仏僧のはじめであったが、ながい年月を経て寺は荒廃し、いまではなくなってしまった、とも記されている。

　右の一連の文章を整理してみると、墓と寺の名はともに極楽山と呼ばれ同じ名である。そこで極楽寺と「浦添ようどれ」は一体のものとして営まれていたことが判明する。極楽寺は「浦添ようどれ」の北側にあったとみられる。『中山世譜』には英祖が寺を建てたのは咸淳年間とあるが、咸淳元年（一二六五）とする『琉球年代記』（山田政忠、一九六九年刊）の説もある。それによると、南宋末期に宋僧の禅鑑という者が寧波を出発し琉球に渡来して浦添に極楽寺を建てたというものであり、その説を裏付ける明確な史料はないが、南宋が滅亡したのは一二七九年である。その直前の咸淳元年に禅鑑が祖国の難をのがれて琉球に渡来したというのは、不自然ではない。

ところで、二〇〇二年の調査で英祖王墓内で高麗系瓦片が発見された。このことから高麗の技術者（工匠）が渡来し、瓦を焼いたことがあったと想像される。

このことは、さらにつぎの推論をみちびく。

元の高麗支配に徹底して抵抗した「三別抄」を名乗る軍隊は、江華島、珍島《ちんどう》と転戦し、最後の拠点、済州島で、一二七三年に元軍のために滅ぼされたが、その年、一二七三年は干支では、癸酉《みずのととり》にあたっている。ところが浦添で発見された高麗瓦にも癸酉の文字が記されていることから、もしかしたら高麗の三別抄の残党が琉球まで逃れてきて、浦添で英祖王のときに瓦を焼いたのではないかという推測もされている。もとより確かな証拠があるわけでもないが、この話が先日ＮＨＫで放映されたとき、私は耳をそば立てた。このことは想像にすぎないにしても、あり得ない話ではない。こうして歴史への好奇心は無限にひろがっていく。

英祖王に関するものとしては『おもろさうし』巻十五に英祖王をうたった歌謡がある。

　伊祖伊先（ゑぞゑぞ）の、石ぐすく
　あまみきよが、たくだる、ぐすく
又伊祖伊祖の、金ぐすく

私はまるでギリシア古謡のようなこの素朴な詩句のひびきが好きだ。「石ぐすく」「金ぐすく」は堅固なグスクと解せられる。「あまみきよが、たくだる」はアマミキョが作ったという意であるが、琉球神話の開闢神であるアマミキョに対して、ヤマトから鉄器を作る技術をたずさえて南島にやってきたアマミキョがある。前者を「古《こ》渡《わた》り」のアマミキョとすれば、後者は「今来《いまき》」のアマミキョである。右の『おもろさうし』のアマミキョは、ヤマトから築城技術をもってきた「今来」の工匠をさしている。彼ら工匠は硬い石の表面を鉄の斧で削平してグスクを築いた。英祖王をうたったのは、ほかにも『おもろさうし』巻十五に載っている。

一　伊祖《ゑぞ》の、戦思《いくさも》ひ
　月の数《かず》、遊《あす》び、立《た》ち
　十百度《ともと》、若てだ　栄《はや》せ
又意気地、戦思ひ
又夏は、しけち、盛《も》る
又冬は、御酒《さけ》、盛《も》る

（戦上手な英祖王は、吉日ごとに祝宴を開いている。夏も冬も勝いくさの酒盛りを催している。すぐれた若い王をたたえよ）という意である。こうした月見の宴はヤマトからの影響と思われるが、それにしても、南国の明るい月の光のもとでの、大らかな宴のさまが思い浮かぶ。

英祖王のころ、浦添市前田の浦添グスクには高麗系瓦葺きの正殿が造営されていたと考えられる。しかし、さきの『おもろさうし』の歌は、浦添市伊祖《いそ》にあった伊祖グスクをうたったものである。伊祖は英祖王が生まれたところで、伊祖グスクは浦添市前田の浦添グスクの支城のような役割をしていたようである。

これまで見たところから、琉球の歴史は十三世紀には、南宋や高麗や日本など、東アジア諸国の交流圏のなかで展開していたようすがはっきりうかがわれる。これに元も加えるべきであろう。『中山世譜』によると、英祖王の時代一二九六年、元が琉球を攻略するために福建省から兵を発したが、国人が力をあわせて防戦したので、元軍はなすところなく、琉球人百三十人を捕虜として帰ったという。これは『元史』にもとづく記事であるから、たんなる巷談ではない。この一事からも、琉球がはやくから東アジアを巻き込んだ政治の動向と無縁でなかったことが分かる。

（『琉球王権の源流』榕樹書林、二〇一二年六月）

明るい冥府

一

一九六九年、はじめて沖縄通いを始めたとき、私は海岸の風景に心を奪われた。真白い珊瑚礁の砂にくるぶしを埋めながら白波のあがる干潮の風景を眺めるのが好きだった。きらきらと太陽のかがやく青い空は、急にくもって驟雨《しゅうう》が訪れる。それも一瞬で、再び明るい空に戻る。生は白で、死は青だ。それが一日の間に目まぐるしく交替する。そこには死者を永久に閉じこめる息の詰まる世界はない。

私は戦時中、西欧思想とくにカトリシズムに深く傾斜した。その動機のひとつには、時局の先棒を担ぎ、国策の尻馬に乗った国家神道への嫌悪があったことは紛れもないが、やがて、カトリシズムが日本の伝統的な思想風土との間に埋めがたい異和感があることに気がついた。そこで、戦後になって私はカトリシズムに興味を失ってしまったが、それでもなお、たとえばダンテの『神曲』の地獄篇に描かれたような、陰惨な冥界の風景は、長いあいだ残像となって、心の底にこびりついていた。それが沖縄通いをくりかえしていくうちに、いつの間にか消え去っていく快さをおぼえていた。

沖縄の島々はまわりを暗礁でとりかこまれている。この暗礁は満潮時には波間に没するが、潮が引くと姿をあらわし、まわりに白波があがっている。この暗礁を沖縄本島ではヒシ（干瀬）、宮古ではピシ、八重山ではピーと呼称を異にしている。ヒシの内側は潮が引くと底がみえるほど浅いが、太陽の光線が海底の砂に反射すると、目もさめるような碧玉色にきらきらとかがやく。島民は干潮時を見計って魚貝をとり、流木を拾う。これに対してヒシの外側の外洋は急に深くなり、青黒い浪がうねっている。昔は島民も行かない他界であった。沖縄の海はヒシを境にして現世と他界の二重になっている。

死者たちはヒシの彼方の世界で、生の苦患から解放され、しばらく休息しているが、やがてこの世に再生する。死者の世界は薄暮のひかりにひたされていて、暗黒ではない。「明るい冥府」である。

沖縄の死者の世界には高級宗教の発明した他界のように何ら人を恐怖と惑乱においこむものはなかった。というのも、もっとも古い時代には、現世の延長としての来世が存在するばかりであった。もとは葬式や洗骨が海の引潮にあわせて、また嫁入りが夜の満潮時を見計らっておこなわれたように、生と死のちがいは満潮と干潮のちがいくらいのものであったろう。そして、潮の干満がくりかえされるように、死者はまた生者となって再生し、転生することをうたがわなかった。

男の赤ん坊の童名（わらび名）に父方の祖父の童名をつけるのも、転生の思想のあらわれである。「三十三回忌をすぎると、魂は祖先の天にいる。毎朝、草には空から露がおり、家畜はその草をたべる。人は家畜をたべる。このようにして魂は再生する」と述べた糸満の古老のはなしをシャルル・アグノエルは書いている。また、生前に喘息もちだった人の中に、死んで洗骨の儀式のときには「自分はかめの中に入れられるのは苦しいからしないでくれ」と頼む人が池間島にあったことを野口武徳はつたえている。これらは仏教の輪廻思想というよりはもっと古い原始的な再生または転生の思想である。この再生または転生にむけての願望の投影として、いつまでもニライカナイ（常世）の島は存在するであろう。

二

明治の初め頃までの宮古島では、長寿の老人の家では「拝み塩」の儀式がおこなわれていた。正月元日の朝はやく一家の老人は上りがまちや縁側に威儀を正して端座し、村の女や子どもたちを待ち受けた。老人の前には、盆の上に丸く盛った塩が置かれていた。それを「黄金塩《くがにまーす》」と呼んだ。「まーす」は塩を指す南島方言である。老人は拝みにきた女子どもの口にその塩をひとつまみずつ入れてやった。その所作はローマ法王が信者の口にひと切れのパンを入れてやって祝福するのと何の変りもなかった。

古代日本では長寿を保った老人は「とこよびと」と呼ばれた。長生きして自然死をまっとうすることをもって、もっとも望ましいとする考えは、沖縄もおなじであった。沖縄芝居では幕が揚って最初に口上を述べる翁は「ニライの大主《うふしゅ》」であり、また竹富島の種とりの行事のとき、祭の開始にあたって、種子のはいった籠を腰に下げて祝福する翁は、海をわたってきた祖霊とおもわれていた。ここには生者も長寿の老人となれば、他界の住人とおなじであるという考えが背後にある。生と死の境目は今日ほど截然としたものではなく、人が死ぬことは、ユングの考え方を借りるならば、はかり知れないほどの厖大な無意識の記憶の堆積にひとつを積み重ねることであり、長寿の老人はその顕現とも化身ともおもわれたのである。

沖縄で長寿の自然死がもっとも理想とされ、尊《たつ》とばれたのは次の事実からも分かる。

宮古の池間島や大神島などでは、一年足らずで死んだ幼児をアクマと呼び、水死人や自殺者などの事故死者をキガズン（怪我死）と呼んで、もっともきらう。海浜の砂にうめたり、先祖の墓とは異なった洞穴に投げ入れておく。宮古の多良間島や伊良部島の佐良浜では、七十歳以上の老人が死んだときだけ（池間島では五十歳以上）、豚を殺して会葬者にふるまう。これから考えると、これといった病の果ての死でもなく、不慮の死でもなく、老衰に近い自然死を死んだ長寿者だけが時を定めて村にかえってきて、現世の人びとに祝福を与える資格をもつとみなされていたことは察しがつく。

三

『日本書紀』によると、神武東征の軍が熊野灘にさしかかると、暴風が起って、危く船が沈みそうになった。神武の兄の稲飯命《いなひの》は、自分の母は海神なのに、どうして自分をこんなに苦しめるのか、と言って剣を抜き海に入って鋤持神＝鰐になった。また神武の兄の三毛入野命《みけいりの》は、自分の母や叔母は海神なのに、どうして大きな波浪を起して、自分を溺れさせるのかと恨み、浪の穂を踏んで常世郷《とこよのくに》に往《い》った、とある。『古事記』では「御毛沼《みけぬ》の命は波の穂を跳《ふ》みて、常世の国に渡り来し、稲氷の命は妣の国として海原に入りましき」となっている。

このうち「神武紀」にみられる熊野灘の神話の根底には古代の水葬の習俗があり、それが常世の国の幻影を海彼《かいひ》に描き出し、後世の補陀落渡海《ふだらくとかい》につながったと考えられるのである。

尾畑喜一郎によると、和歌山県田辺では波打際に人を葬ったことがあるという。そこは潮の干満の烈しいところで、死骸が自然に沖へ引かれていくように葬ったとされている。しかも百年前までは、干潮時にその場を横切ることを「トカイ」と呼んでいたという。この言葉は補陀落渡海をまざまざと想起させずにはおかない。このトカイという言葉には、もともと水葬の意味が籠められていることを知る。

水葬の習俗はもとより仏教渡来以前から日本列島にあったにちがいなく、それが神話的な表現として、死者の魂の赴く常世と名づけたとおもわれるのである。古代人の理想郷である常世が、仏教渡来以後、観音の浄土である補陀落と重なりあうのは、むしろ自然であったのではあるまいか。

ここに仏教以前の思想が仏教に薫染された観念が生まれたあとも一本の道としてつながるという独特の構図がみられる。すなわち常世の思想は、後代に補陀落渡海の行為として再現したとも言えるのである。

補陀落渡海は補陀落寺のある那智勝浦がもっとも有名である。補陀落寺の千手堂には、補陀落渡海のために屋形船《やかたぶね》を作ったときの、その屋形の板が本堂の壁板として使用されている。補陀落渡海の僧はこの寺の住職が多かったようである。那智駅のホームのすぐ近くには、補陀落渡海の船の出発した錦浦がある。しかし、補陀落渡海は熊野以外にもあった。高知県や鳥取県のほかに、大阪の天王寺の海にもあり、また熊本県にもあったことが知られている。

卑近な例であるが、漁師たちは海で水死人が流れているのに出会うと、「今日は大漁に出会う」と喜んで、丁重に屍体をあつかった。これは水葬に処せられた者が、常世の島の人である、という考えが根底にあると察せられると折口信夫は言っている。

四

補陀落信仰は南島にも中国から波及していたとおもわれる。

『琉球年代記』によると一二六五年には、首里の近くの古都浦添に補陀落山極楽寺を建てて、宋の僧禅鑑《ぜんかん》禅師が住んだとあり、また、はるか下って尚寧王《しょうねいおう》（一五六四〜一六二〇）のときに補陀落山龍福寺を再興したともある。

『三国名勝図会』をみると、大隅国に正八幡宮を再建し、のちに同国桑原郡浅井村に金峰山神照寺三光院を開いた日秀《にっしゅう》上人は、願心をおこして舟山島普陀山《しゅうざんとうふだ》（中国浙江省）に到って観音を拝し、帰途、舟が琉球についたので、琉球では真言を伝えた。日秀上人のことは『中山伝信録』や琉球の史書にもその名前が出ている。

このように補陀落は遠く天竺にあるが、近くは中国の舟山島の普陀山とおもわれていた。その観音の浄土に渡航し参詣することは、わが国の宗教者にとって無上の光栄と信じられていた。

ここに興味があるのは中国の史書『史記』が伝える呉王の最期である。越王は呉の首都の蘇州を包囲してこれを陥落させた。越王勾践《こうせん》は呉王夫差《ふさ》を甬東《ようとう》の地に移して、百戸の釆邑《さいゆう》を与えて居住させようとした。夫差はこれを謝絶して自殺をとげた。甬とは浙江省の寧波《にんぽう》の付近を指す。その東とあるから、甬東はまさしく舟山列島の中にある。そこが呉王夫差の終焉の地として与えられようとしたということは、みのがしがたい挿話であると私は考える。

倭は呉の太伯の後裔なりと自称したということが中国の『魏略』に出ているが、また『魏志』東夷伝には、倭国は中国の浙江省紹興県にある会稽《かいけい》や福建省閩侯《びんこう》県の付近の東治《とうや》の東にあるとされており、倭国が揚子江の付近から南部の地方とふかい関係にあったことが示唆されている。このように呉国とつながりのある舟山列島は、日本列島に渡来した海洋性のつよい文化の根拠地のひとつと称すべきところであった。

その舟山列島には、五島列島から男女群島をへて一直線にむかう海の道が開けていた。かつての遣唐使船も、五島の福江島の西端にある三井楽《みいらく》の柏港で飲料水を積み込むと、あとはびょうびょうたる東シナ海の荒波に身をまかせたのであった。

そこは舟山列島付近にいる古代中国の海人族、越族が日本列島に渡来する海上の道であった。穀物や果実が常に熟していると描かれた常世を舟山列島付近に想定することは一向に不思議ではない。いわばそこは倭の原郷として、理想化されたところであった。その舟山列島が観音の浄土とみなされて、日本人の憧憬の地となった。このことは、常世思想の再生とみなしても差支えないのである。

五

日本の神話は国生みの直後から常世と現世との間の意識の分裂を伝えている。たとえばイザナキの命はイザナミの命が死ぬと黄泉の国に自分の妻をたずね、その死屍を盗見したばかりに追いかけられ、イザナミから絶縁を言い渡される。またスサノオ命はアマテラスのために罪を犯したかどで追放され、妣の国にいきたいと泣きわめきながら根の国に下りていく。さらにトヨタマヒメは、夫のヒコホホデミが自分のお産をしている産屋をのぞきみしたことを憤って、わだつみの国の海神宮に帰ってしまう。

ここで注目すべきは、禁忌を犯したかどで拒否されるのがすべて男であるということだ。すなわち、イザナキ、スサノオ、ヒコホホデミの男性の三人はイザナミ、アマテラス、トヨタマヒメの女性の怒りを買い、両者の間に葛藤が引きおこされ、疎外と断絶がおとずれる。

この対立葛藤を黄泉の国、根の国、妣の国、わだつみの国、海神宮などの他界と天つ神の支配する現世との対立とみることができる。

常世の観念には、現世から他界をのぞみ、その分裂をいたましくおもい、それだけその合一への係恋《あこがれ》に身をまかせる感情がこめられている。だがしかし、ニライカナイには現世と他界との分裂や対立はみられず、相互の信頼のきずなは失われてはいない。そこはむしろ神の住む島から現世をながめる視座が含められている。ニライの大主《うふぬし》が祝福を与える儀礼が沖縄では現在も行事化していることは前に述べた。

常世が現世から他界へのまなざしであるとすれば、ニライカナイは他界から現世へのまなざしである。一方には求めて得られない翹望があり、他方には慈愛にみちた庇護の感情がある。

日本における悲劇の誕生が英雄時代と称せられる神人分離の時代、すなわちヤマトタケルの時代に始まるというのは、ギリシヤ神話などをモデルにした所説である。そうではなく、日本ではすでにイザナキ、イザナミの二神の破局から、かつて往来可能であった現世と他界との断絶が始まるのだ。

失われた楽園へのなげきが日本神話の神代の巻をつらぬくライトモチーフである。この点では創世記に似ているが、ヘブライ神話が父なる神を求めているのに対して妣の国への身をこがす思慕が記紀をつらぬいているところに特色がある。それだけに妣の国の別の表現でもある常世は、日本人の意識の中に、くりかえし、ひそかな係恋と哀愁の旋律を奏でるのである。


（『日本人の魂のゆくえ』冨山房インターナショナル、二〇一二年六月）

付記

一、「谷川健一コレクション」は、小社より刊行された『谷川健一全集 全二十四巻』（二〇一三年五月完結）に未収録の作品を収載した。
一、各巻をテーマ別に分類、構成し、おおむね発表順に並べた。
一、「谷川健一コレクション2　わが沖縄」は、一九七四年までの作品を「わが沖縄―初期評論3」とし、それ以降のものを「琉球・沖縄・奄美と日本」として構成した。
一、収載した論稿のほとんどが、今回初めて書籍としてまとめられるものであるため、本文は各作品末に掲載した初出紙誌に準拠し、単行本収録のものはそれを参考にした。また、発表時のタイトルを補足・変更したものもある。
一、収録作品には、今日の人権意識からすれば、不当・不適切と思われる語句を含むものがあるが、著者の被抑圧者・被差別者に寄り添った思想を忠実に再現することが大切と考え、原文どおりとした。
一、形式上の整理・統一は必要最小限にとどめ、なお次のような訂正・整理を施した。
　1　明らかな誤記・誤植は訂正した。
　2　漢字は原則として通用の字体に改めた。
　3　難読字には振り仮名を付した。

装幀
難波園子

挿画
安仲紀乃

［谷川健一コレクション 2］
わが沖縄

2020年2月27日　　第1刷発行

著　者：谷川健一
発行者：坂本喜杏

発行所：株式会社冨山房インターナショナル
〒101-0051　東京都千代田区神田神保町1-3
TEL 03-3291-2578　FAX 03-3219-4866
URL:www.fuzambo-intl.com

印刷：株式会社冨山房インターナショナル
製本：加藤製本株式会社

ISBN 978-4-86600-082-4 C0339